国家中等职业教育改革发展示范学校建设项目成果
国家中等职业教育改革发展示范学校建设系列教材

庆阳旅游资源

主　编　张　潇　王志强
副主编　王颖隆

西南交通大学出版社
·成 都·

图书在版编目（CIP）数据

庆阳旅游资源 / 张潇，王志强主编 —成都：西南交通大学出版社，2014.9
国家中等职业教育改革发展示范学校建设系列教材
ISBN 978-7-5643-3381-2

Ⅰ. ①庆… Ⅱ. ①张… ②王… Ⅲ. ①旅游资源－庆阳市－中等专业学校－教材 Ⅳ. ①F592.742.3

中国版本图书馆 CIP 数据核字（2014）第 204874 号

国家中等职业教育改革发展示范学校建设系列教材
庆阳旅游资源
主编 张 潇 王志强

责任编辑	吴 迪
特邀编辑	黄淑怡
封面设计	墨创文化
出版发行	西南交通大学出版社 （四川省成都市金牛区交大路 146 号）
发行部电话	028-87600564 028-87600533
邮政编码	610031
网 址	http: //www.xnjdcbs.com
印 刷	四川川印印刷有限公司
成品尺寸	170 mm×230 mm
印 张	12.5
字 数	226 千字
版 次	2014 年 9 月第 1 版
印 次	2014 年 9 月第 1 次
书 号	ISBN 978-7-5643-3381-2
定 价	28.00 元

序

庆阳是一块博大丰饶的土地，堪称“高天厚土”。庆阳所属的董志塬，历史上称之为“溥原”“大原”，今天人称其为“天下黄土第一原”，因为它是人类迄今为止发现的世界上面积最大、土层最厚、保存最完整的黄土原面，其平畴沃野，一望无际。庆阳所属的子午岭，为中国黄土高原上面积最大、植被最好的水源涵养林，有“天然水库”的美誉，其草深林密，绵延千里。这里四季分明，雨量充沛，物华天宝，地利天时，“这里的冬天是真正的冬天，千里冰封，万里雪飘；这里的春天是真正的春天，阡苍陌翠，遍野葱茏；这里的夏天是真正的夏天，莺歌燕舞，万紫千红；这里的秋天是真正的秋天，蒹葭苍苍，白露为霜”。正是这得天独厚的地理位置和气候条件，成就了这里灿烂的文明。

据史料记载，人类始祖黄帝就曾在这里与庆阳人岐伯谈医论道，因而不仅有了《黄帝内经》的问世，而且有了“岐黄故里”的称谓。周先祖不窋“教民稼穑”，“务耕种、行地宜”，开启了农耕文化的先河，史称“周道之兴自此始”。今天，镇原开边的鸡头山、正宁五顷原的“黄帝冢”、庆城东山的周祖陵，西峰温泉的“公刘庙”都赫然见证着庆阳历史文化的久远绵长、灿烂辉煌。庆阳优越的地理位置和自然环境，也使庆阳历史上多次发生征战，成为血与火的战场。在这样生与死、死而生的历史劫难中，庆阳既成了关中文明的保护区，也成了关中文化的创造区。黄河文明与黄土文明、华夏文明与戎狄文化得以交融交汇，由此造就了庆阳历史文化的纷繁壮丽。在近代革命历史上，庆阳成了“硕果仅存”的革命根据地，成了中央红军长征的落脚地和抗日战争的出发点。正是庆阳富庶广袤的土地，为革命力量的生存壮大提供了丰厚的物质资源，而庆阳人忍辱负重、博大宽宏的襟怀也成了滋养革命的精神食粮。

在这漫长的历史发展过程中，庆阳这块土地孕育了发达的农业文明，也积淀了丰富的历史文化，涌现出了一批杰出的历史人物。上古名医、医学鼻祖岐伯，汉代丞相公孙贺，骠骑将军公孙敖，西部都护甘延寿，义阳侯傅介子，《潜夫论》的哲学家王符，西晋思想家傅玄，北魏临朝称制十数载的胡太后，明朝古文化运动的倡导者“前七子”的领袖李梦阳，清朝率“董字三营”抗击沙俄侵略的董福祥，民国以“伤寒”“针灸”名越三陇杏林的梁希灏，“鸡毛传贴”点燃陇东农民起义烈火的张九才，“学富五车、才高八斗”、主张“教育救国”的甘肃文化名人慕寿祺，留美博士、地质学家赵元贞，电影文学剧本《红河激浪》的原型赵德荣（赵铁娃），《刘巧儿》的原型封芝琴，全国劳模张占明，优秀民间诗人歌手孙万福等，为庆阳留下了丰厚的精神财富。

一直以来，我们对庆阳的认识都只是停留在庆阳的层面，也就是说，我们只是站在现存景观看庆阳，而没有将其置于更大的历史背景之中。如果站在中国这个背景下来看庆阳，那么，庆阳属中国的西部，却又属于西部的东部；属中国的北部，却又属于北部的南部。秦长城与秦直道交错并存，既展现了中国农耕文化与游牧文化的抗争与磨合，也见证了中华民族东联西结、南北交融的历史进程。有专家指出：“庆阳地区的考古资料、文献资料、民俗资料，都蕴含了中华民族人文历史丰富多彩的思想内容和文化意义。”出版本书目的就在于让人们从更深的层面了解和认识庆阳，从而更好地传承庆阳历史文化，建设庆阳美好家园。

目　录

第一章 绪 论

【经典案例】

旅游资源在旅游业中的地位

高质量的旅游资源——世界文化遗产有力地促进了旅游业和地方经济的发展。2000年，中国国家旅游局全面推出的“世界遗产世纪游”，就以中国的世界遗产的招牌，吸引海外游客，取得了良好的效果，也获得了较高的经济效益。

1. 地处西南边陲的小城丽江，仅2000年，就接待了海内外游客258万人次，旅游综合收入13.44亿元，占丽江地区国民经济总产值的50%。联合国教科文组织官员理查德认为，丽江的经济繁荣在很大程度上归功于当地自1997年被列为世界文化遗产以来的旅游业的发展。丽江的发展证明，旅游业可以给居住在文化遗产地及附近的人们带来不可比拟的经济发展机遇。

2. 黄山在1990年被批准为世界双重遗产后，吸引了世界各地的游客，其旅游年收入从几百万元迅速猛增到2亿元。

3. 承德避暑山庄和外八庙，1994年申报世界遗产成功后，第二年的游人就增加了十分之一。

4. 山西平遥1997年列入《世界遗产名录》后，1998年门票收入由申报前的18万元一跃而至500多万元，当年旅游综合收入更是高达4 800万元。

高质量的旅游资源——世界遗产促进了旅游，旅游带来了发展，这样的经验，在中国的任何一处世界遗产地都有验证。上述内容均说明，以具有一定吸引力的旅游资源为基础，旅游业得到了发展。以上4个旅游地旅游业的发展，虽然有其他因素的影响，例如科学的管理、广泛的宣传、深入的旅游开发等，但仍是以一定的旅游资源为基础，旅游资源在旅游业发展中具有极其重要的意义。

（资料来源：肖自心：《旅游资源与开发》，中南大学出版社2005年版）

思考：什么是旅游资源？

第一节 旅游和旅游资源

一、旅 游

旅游（tour）来源于拉丁语的“tornare”和希腊语的“tornos”，其含义是“车床或圆圈；围绕一个中心点或轴的运动”。这个含义在现代英语中演变为“顺序”。后缀-ism 被定义为“一个行动或过程；特定行为或特性”，而后缀-ist 则意指“从事特定活动的人”。词根 tour 与后缀-ism 和-ist 连在一起，指按照圆形轨迹移动的行为或人，所以旅游是指一种往复的行程，即指离开后再回到起点的活动；完成这个行程的人也就被称为旅游者（tourist）。

“旅游”从字义上很好理解。“旅”是旅行，外出，即为了实现某一目的而在空间上从甲地到乙地的行进过程；“游”是外出游览、观光、娱乐，即为达到这些目的所作的旅行。二者合起来即旅游。所以，旅行偏重于行，旅游不但有“行”，且有观光、娱乐的含义。

随着社会经济的发展，旅游的形式和内涵在不断地扩展，所以，对“旅游”这个词国内外尚没有统一的定义，但大家对“旅游”的理解基本一致。

（一）艾斯特定义

目前全球旅游界长期沿用的旅游定义出自瑞士两位教授的笔下。汉沃克尔和普拉普夫在 1942 年合写的《普通旅游学纲要》中写道：“旅游是非定居者的旅行和暂时居留而引起的一种现象及关系的总和。这些人不会因而永久居留，并且主要不从事赚钱的活动。”这个定义于 20 世纪 70 年代被旅游学科专家联合会（AIEST）所采用，因此简称“艾斯特（AIEST）定义”。

这个定义引入了旅游的社会属性，但是，这个定义强调的是，旅游活动中必将产生经济关系和社会关系，即强调了旅游的综合性内涵。同时也把旅游看作是一种由旅游者与目的地居民的关系所构成的综合现象，正是这种“关系论”和“综合论”思想，使得此后的旅游定义总是受到它的束缚。从某种意义上说，这个较早又较权威的旅游定义，也是后来衍生出的种种旅游定义的渊源之一，人们发现在它实行的多年中，不足之处较多，特别是在统计方面不易操作。

（二）维也纳经济大学旅游研究所对旅游的定义

20 世纪 50 年代，奥地利维也纳经济大学旅游研究所对旅游的定义：“旅游可以理解为是暂时在异地的人的空余时间的活动，主要是出于休养；其次是受教育、扩大知识和交际的目的；通过参加这样或那样的组织活动，改变有关的关系和作用。这个定义强调的是，旅游的基本目的是消遣和增长知识。

（三）世界旅游组织 1995 年定义

1995 年，世界旅游组织（The World Tourism Organization，WTO）和联合国统计委员会给旅游下了一个定义："旅游是人们为了休闲、商务和其他目的，离开他们惯常的环境，去到某些地方以及在那些地方停留的活动。"

此定义先说明旅行的目的是休闲、商务和其他，其次是离开惯常的环境，去另一个地方（为了在统计上易于区分，规定这种在外地的暂时停留不超过一年）。还明确说明了旅游包括商务旅游。世界旅游组织的统计手册中也指出：游客在惯常环境以外进行这种商务旅行"是因为与他的职业或与所在的工作单位的经济活动有关"，并且对许多商务游客来说，"其出行及其出资的决定往往不是本人做出的"。尽管商务旅行本身可能是为了游客所在企业的经济利益即"从事赚钱活动"，但这与通过所从事的活动从访问地获取报酬的劳工和移民等非旅游者具有明显的差别。WTO 1995 年将艾斯特定义中的不确切的笼统的"不从事赚钱活动"的提法舍去，这样在概念上就自然地将商务旅游包容在内。因为商务旅游者也会从本次旅行所从事的商务活动中取得报酬，但这些报酬是商务旅游者为其所在企业工作而由本企业发给的，不是从访问地获得的。这个定义还强调旅游是离开惯常环境的旅行。对此我们应注意"惯常"和"距离"这两个方面。比如，对于一个每天乘坐高速火车上下班的铁路员工而言，其跨越的距离可能相当远，但他并没有离开惯常的环境。而可能离他并不很远的另一个地方，却并非惯常的环境。

基于上面的分析，本书以世界旅游组织（WTO）1995 年对旅游的定义为准。

二、旅游资源

旅游资源是构成旅游业发展的基础。在国外，旅游资源被称为旅游吸引（物）（tourist attraction），是指旅游地吸引旅游者的所有因素的总和。

在我国，随着旅游业的发展，"旅游资源"这一名词已被人们认同，并广泛得到应用。许多学者对这一概念进行了有益的探讨。然而到目前为止，由于人们着眼点的不同，对旅游资源这一概念的具体界定存在着不同的认识，因而提出了许多"旅游资源"概念的阐述，如：

凡是足以构成吸引旅游者的自然和社会因素均统称为旅游资

源。(《旅游概论》编写组)

旅游资源是在现实条件下，能够吸引人们产生旅游动机并进行旅游活动的各种因素的总和。(陈传康)

凡能激发旅游者旅游动机的，能为旅游业所利用的，并由此而产生经济效益和社会效益的自然和社会的实在物。(孙文昌)

自然界和人类社会凡能对旅游者产生吸引力，可以为旅游业开发利用，并可产生经济效益、社会效益和环境效益的各种事物和因素，都可视为旅游资源。(国家旅游局开发司)

旅游资源是指通过开发后能够吸引旅游者的客观存在物。就是在自然环境和人文环境中，可以引起旅游者的兴趣并可加以利用的物质条件。(钱今昔)

凡是自然力和人类社会造成的，有可能被用来规划、开发成旅游消费对象的物质或精神的诸多因素，都可以视作旅游资源。(杨时进)

旅游资源是指由旅游地资源、旅游服务及其设施、旅游客源市场三大要素构成的相互吸引、相互制约的有机系统，是有关这三大要素相互间吸引向性的总和。(杨振之)

旅游资源是指经过开发后对旅游者产生吸引力，并能为旅游业所利用产生经济效益、社会效益及生态环境效益的有形及无形因素。(马勇)

凡能为人们提供旅游观赏、知识乐趣、度假疗养、娱乐、休息、探险猎奇、考察研究以及人们之间友好往来和消磨闲暇时间的客体和劳务都可以称为旅游资源。(郭来喜)

凡能够吸引旅游者产生旅游动机，并可能被利用来开展旅游活动的各种自然、人文客体或其他因素，都可称之为旅游资源。(甘枝茂、马耀峰)

可以看出，在众多的阐述中，他们的共同点是旅游资源必须对旅游者有一定的吸引力。他们的不同点主要是对旅游资源具体内容的概括与表述的差异。随着旅游业的不断发展，对旅游资源认识的深化，关于旅游资源的概念必将会取得较为一致的认识。

作为一个科学概念的定义，应该体现其基本属性与内容，阐述准确，语言简练。基于上述要求，本书把旅游资源的概念界定为：目前已经利用或尚未利用的，能吸引旅游者进行旅游活动的各种自然事物、文化事物或其他客观事物，都可构成旅游资源。

对旅游资源之所以如此定义和表述，有几点必要的说明：第一，这一定义强调的是，旅游资源是旅游目的地能够促使旅游者来访的吸引力本源；第二，虽然表现这一吸引力的核心因素是某一或某些具体事务，但是该事物吸引力真正得以发挥，实际上同以它为核心所形成的活动环境有关；第三，某一事物作为旅游资源的地位不是永恒的，它今天能对旅游者具有吸引力，它今天就具有作为旅游资源的地位，如果有朝一日它失去了这种吸引，也就不再是旅游资源了。

旅游资源是旅游业赖以存在和发展的物质条件和基础，在人类的旅游活动中占有十分重要的地位。任何旅游点，都必须有景可赏，有物可观、可玩。旅游者对旅游目的地的选择首先考虑的就是旅游资源，旅游资源的审美性和欣赏价值越高，就越能吸引旅游者。它的吸引力的强弱程度往往可以成为影响旅游规模大小和客源多少的决定性因素。

三、旅游资源的特点

旅游资源是旅游目的地借以吸引旅游者的重要因素，也是旅游开发的必备条件之一。正确认识旅游资源的特点，对合理开发、充分利用旅游资源，发展旅游业有促进作用。旅游资源既有一般资源的共性，也有它自己的许多特性。

（一）多样性

旅游资源的概念内涵丰富，因而其表现形式和内容都是多样的、丰富多彩的。它可以是自然事物，也可以是人文事物，还可以是社会事物；既可以是历史留存下来的事物，也可以是当代人造的事物；既可以是有形的事物，也可以是无形的事物，凡此等等，多种多样。旅游资源多样性特点，从根本上讲是由旅游消费者的兴趣及其出游动机的多样性决定的。例如，山水风光、文物古迹、民俗风情固然是可供开发利用的三大系列旅游产品，除此之外，我国的烹调艺术、各具地方风格和特色的八大菜系以及与此相关的饮食文化，也是人文旅游资源中具有非凡魅力的一张王牌，吸引着无数的海外食客和美食家。

（二）地域性

各种旅游资源既是地理环境的组成部分，同时它们的形成和存在又受到地理环境的影响和制约。随着环境区域的变化，旅游资源也存在着一定的地域差异，例如热带风光、高山冰雪、沙漠驼铃、椰林竹楼、林海雪原等，均和不同的地理环境有关。不仅自然旅游资源如此，人文旅游资源的分布也同样受到地理环境的影响，存在着区域差异。人们在长期的生存发展中，为了求得自身较好的生存，便顺应自然、适应自然，因而创造出的各种人文景观、灿烂的文化，也受到一定的地理环境的影响，打下了一定的区域烙印。例如在居民建筑中，黄土高原的窑洞、牧区的帐篷与毡房、西南地区亚热带的竹楼、华北地区的四合院等，都与一定的区域差异密切相关。

（三）不可移动性

各种旅游资源都分布在与之相适应的地理环境和区域环境中，带有强烈的地方色彩和地域特征，这是旅游资源个性特征的体现，而与之适应的环境是个性特征及内涵存在的必要条件。离开了必要的条件，他们的个性，特殊的内涵及吸引力也就消失或者大大降低。例如，把秦兵马俑运到外地去展出，脱离当地环境，人们就难以感受到两千年前秦军兵强马壮、气势磅礴的阵容，以及秦始皇统帅百万大军叱咤风云统一中国的宏伟业绩。许多仿造的旅游景观，尽管应用了高超的技术，甚至于以假乱真，但它们仍然不可能与真景实景的魅力相提并论，因为他们在游客心目中的感受毕竟不是原物，旅游意义自然不如原地原物那么浓厚。因此旅游资源的开发利用一般应当在当地进行，因为旅游是旅游者移动到旅游资源地的活动，不应把资源运到其他地方再加工利用的活动。而事实上，有不少旅游资源也难以迁移，例如名山名水，森林湖泊、文物古迹等。

（四）文化属性

一般的旅游资源都具有一定的文化内涵，即蕴藏着一定的科学性和自然的或社会的哲理，所以旅游活动本身才成为一种文化交流活动。人们通过观光、游览、参与、体验，可以得到各种知识和美的享受，丰富人们的知识，提高人们的智力水平，增加人们的美感，例如，各种科学馆给人们提供了学习科学知识，探索自然奥秘的条件；各种历史博物馆可以帮人们回顾历史、了解历史；各种奇峰异石、森林、湖泊、瀑布等优美的自然风光不仅给人美的感受，而且都有一定的科学原理，能增长人们的知识、激发人们的思维。旅游资源的文化内涵虽然是吸引旅游者的一个重要方面，但要获得这种文化享受，通常与旅游者的文化修养、精神境界有密切关联。文化素质与精神境界的高低，直接影响到旅游者对观赏对象文化内涵的认识水平。这正是某些文化内涵深刻的观赏对象，反而引不起某些旅游者的兴趣的重要原因。旅游的开发者不仅应深入研究旅游资源的文化内涵，而且应该采取合理的措施使其文化内涵能充分地展现在旅游者的面前，增加对游客的吸引力。

（五）时津性

自然景观受到气候或其他因素的影响，常有季节性、周期性的变化。不同的季节，不同的气候条件下，自然景观有所不同，甚至有些自然风景只在特定的季节或时期里出现。例如，吉林的树挂只能在入冬时出现，北京香山及南京栖霞山的红叶在深秋才能看到。同样的自然景物在不同的季节里展现出不同的风姿。旅游胜地九寨沟四季景色各有千秋，春时嫩芽点绿，瀑流轻快；夏来绿荫围湖，莺飞燕舞；秋至红叶铺山，彩林满目；冬来雪裹山峦，冰瀑如玉。一些人文景象或活动都是在特定的季节或时间里出现。“天下壮观无”的钱塘江大潮，最佳观赏时间是农历 8 月 16 日到 18 日，过了这段时间这个奇景就会消失。由于自然景观的季节变化，因而出现了旅游的旺季和淡季。掌握这个规律，调整旅游活动内容，制定不同季节的旅游价格，做到淡季不淡，是旅游开发者应该重视的问题。

（六）易损性

与传统的物产资源相比较，旅游资源属于非消耗性资源，只要管理和利用得当，当可用之不竭。这一认识在逻辑上并无问题。真正的问题在于这一认识逻辑的前提，即管理和利用得当，在现实中往往难以得到有效的保证和实现。因此，旅游目的地国家和地区如果对其旅游资源的使用不合理或者维护不当，这些资源也很容易遭到损害甚至破坏。有形的旅游资源是如此，无形的旅游资源也有同样的问题。一项使用过度的有形资源可能会因此而逐渐损毁，无形的旅游资源如果维护不当，短期内同样也难以恢复。

（七）可创新性

随着时间的发展，旅游消费者的兴趣、需要以及社会时尚潮流都有可能会发生变化。这使得人造旅游资源的创新成为可能。此外，在传统旅游资源匮乏的地区，当地为了发展旅游业，也可能会凭借自己的经济实力人为地创造某些旅游吸引物。新加坡旅游业的发展就是这方面的典型。另外，无论是以迪斯尼乐园为代表的各类主题公园，还是我国山东潍坊的国际风筝节、洛阳的牡丹花会、世博园，等等，几乎无一不是旅游吸引物创新的例证。

第二节　旅游资源与庆阳旅游业的关系

一、庆阳简介

庆阳地处祖国大西北，陕甘宁三省区的交会处。位于甘肃省东端，在陇东黄土高原之上，全市辖七县一区，总面积27 119平方公里，总人口260万人。

庆阳是一块神奇的高天厚土。地处黄河中上游，最典型的黄土高原沟壑区，沟壑纵横、梁峁交错是其基本的地理特征。境内的董志塬，是世界上保存最完整、面积最大、土层最为深厚的黄土塬，被誉为“天下黄土第一原”。横亘境内的子午岭原始森林，是一座黄土高原上的天然水库，它使庆阳依然保持着蓝天碧水的天然生态环境。庆阳石油、煤炭贮量丰富，这里是长庆油田的发祥地，也是长庆油田的生产区；已探明的煤贮量达1 342亿吨。

庆阳是中华民族的发祥地之一。中国第一块旧石器就出土于庆阳；“南佐疙瘩遗址”作为人类重要的文化遗址被列为国家级重点文物保护单位；庆阳出土的“黄河象”化石、“环江翼龙”化石，世界为之瞩目。开凿于北魏永平二年的北石窟寺以及遍布境内的佛塔、石刻，都是极为珍贵的文化遗存。这里是中医学理论的奠基人、《黄帝内经》作者岐伯的故乡，故有“岐黄故里”之称，开创中国先周文明的周先祖就是从这里“教民稼穑”，走向兴盛。出生于庆阳的东汉思想家王符、西晋学者傅玄、明代文坛“前七子”领袖李梦阳等历史名人，在中国思想史、文学史上占有重要位置。

庆阳民俗文化独树一帜。以香包、陇绣、剪纸、皮影为代表的民俗文化底蕴深厚，这里是中国周祖农耕文化之乡、香包刺绣之乡、道情皮影之乡、民间剪纸之乡、窑洞民居之乡、荷花舞之乡、徒手秧歌之乡、民歌之乡、书画之乡。

庆阳是甘肃省唯一的革命老区。它是中央红军长征的落脚点和抗日战争的出发地，是原陕甘宁边区的重要组成部分。光荣的革命历史，不仅留下了大量的革命遗迹，而且产生了辉煌的红色文化。曾风靡全国的评剧电影《刘巧儿》的原型封芝琴就是庆阳人，曾唱遍全国、至今仍然传唱不衰的歌曲《咱们的领袖毛泽东》《绣金匾》《军民大生产》就诞生在庆阳。这里有纪念意义的革命遗址20多处，红色旅游资源独具一格。

悠久的历史，创造了灿烂的文化；深厚的黄土，孕育了独特的风俗民情；火热的革命斗争，锤炼出了红色文化精品。历史文化、民俗民间文化、红色文化一脉相传，使庆阳成为一个文化底蕴深厚的地方；独特的地形地貌和民俗风情又构成了庆阳的黄土高原风情画卷，使庆阳成为一个独具魅力的地方。

2004年在中央电视台举办的“我最喜爱的西部名城评选”中，庆阳被评为“最具艺术气质”的西部名城。

近年来，庆阳旅游业的发展实施政府主导、品牌带动和可持续发展三大战略，大力开发以“黄、红、绿、古”为代表的周先祖农耕文化游、黄土风情游、红色旅游、森林生态游、文物古迹游、农业观光游、休闲度假游、民俗风情游和淡季旅游的体系产品，努力推动旅游产品上档次、上质量、上规模，吸引不同国家、不同地区、不同年龄、不同心理需求的游客前来旅游。全市现有较大的旅游景区14处、国内旅行社16家、国际社门市部4家，有6条旅游精品线路、16家星级涉外旅游饭店。较大的宾馆、饭店、招待所和培训中心有12 000多张床位，全市旅游业直接就业人员1万人左右。全市交通便利，西平铁路长庆桥站距庆阳市区60公里，庆阳飞机场距市区8公里，电力供应充足，通讯网络便捷，商贸流通繁荣，城市功能完善。从旅游“食、住、行、游、购、娱”六大方面，构成了较为完善的旅游服务网络。

二、旅游资源与庆阳旅游业的关系

旅游资源是旅游开发和建设的对象物，是旅游业发展的重要依托性因素。它之所以如此重要是因为：

1. 各种旅游活动的开展，都要以一定的旅游资源作为基础

所谓旅游业，就是以旅游市场（旅游需求）为对象，为旅游活动的开展创造有利的条件，并向旅游者提供所需的商品及服务的综合性产业。不开展旅游活动，也就不会有旅游业的产生和发展；而旅游活动的开展又离不开旅游者和吸引旅游者的各种旅游资源。旅游资源是吸引旅游者产生旅游动机，并进行观赏旅游、参与体验的客体，没有旅游资源这个客体，就不会产生旅游动机，也就不会有旅游活动，更不会有为旅游活动创造有利条件和为旅游者服务的旅游业。事实上，只要我们认真地分析，就会发现目前开展的各种旅游活动都是以一定的旅游资源作为基础的。例如，自然赋存的客观实体，历史遗存的或现代人工创造的人文景观，或者能够吸引游人的其他因素。

2. 旅游资源质量的优劣，对庆阳市旅游业的发展有重要影响

旅游业能否得到快速的发展，其影响因素很多，但在其他条件相似的情况下，旅游资源本身质量的优劣具有十分重要的意义。旅游资源质量越高，对旅游业发展越有利。所谓旅游资源的质量，主要是指旅游资源所具有的旅游价值的高低，它包括旅游资源的美学特征、休闲娱乐价值、文化历史价值、

科学研究价值等。价值越高，对游客的吸引力越大，旅游市场就越广阔，游客也就越多，旅游业的发展也就越快。湖南省规划要建成旅游大省，就是以它拥有张家界世界文化遗产及6个国家级风景区、3个历史文化名城等系列特色旅游资源为根据的。北京、西安、桂林、杭州、昆明等地之所以会成为吸引国内外游客的热点城市，其中很重要的原因就是这些地方有知名度高、吸引力大的特色旅游资源。许多地区区位条件、基础设施、经济发展水平优于桂林、西安、昆明的城市，其旅游业的发展却落后于上述几个城市，其原因是那里缺少高质量、有特色的旅游资源。

旅游业具有"一业兴，百业旺"的综合效应，既可直接扩大消费，也可带动其他消费，对交通、住宿、餐饮、文化、娱乐、会展等有明显拉动作用；对金融、物流、信息等新型服务业具有积极的促进作用。近年来，庆阳旅游业快速发展，成为新的经济增长点。基于丰富的旅游资源和一系列的发展机遇，庆阳市市委、市政府更加重视旅游业的开发，确立了大力开发"红、黑、绿、黄"四大优势资源的战略思路，明确提出把以红色旅游为重点的旅游产业作为加快现代服务业发展的着力点和突破口。市上成立了旅游产业开发工作协调领导小组，出台了《关于加快旅游业发展的意见》，将旅游发展基金由原来的30万元增加到100万元。此外，还编制了《庆阳市旅游业总体规划》《庆阳市革命红色旅游景点开发建设纲要》和《庆阳市红色旅游发展规划》。以创建"红色旅游大市"为目标，着力培育 "红色文化、农耕文化、岐黄文化"品牌形象，坚持多渠道筹资，不断加快优势旅游资源开发，推动旅游产业快速发展，以南梁为中心的红色旅游景区建设取得重要进展，以周祖陵为重点的人文绿色景区建设成效显著，以道路为关键的配套设施建设快速推进。自2003年以来，全市旅游开发投资近3.2亿元，是前20年投资的总和，全年共接待海内外游客47.5万人次，旅游业总收入达7 074万元。

目前，庆阳旅游综合实力大幅提升，带动作用明显增强，基础设施建设力度不断增大，接待能力不断提升，旅游品牌效应已经显现，旅游管理水平不断提高，服务质量明显提高，旅游环境整治取得初步成效。但是庆阳旅游也还存在一些突出问题，如旅游资源开发挖掘得还不够，旅游精品少、产业规模小、经营粗放、管理水平不高等。

【讨论与思考】

1. WTO 1995年对旅游是如何界定的？
2. 什么是旅游资源？请举例说明。
3. 旅游资源的特点有哪些？

第二章　旅游资源的分类与评价

第一节　分类概述

一、分类的概念、意义及目的

（一）分类的概念

所谓分类，是指根据事物的特点分别归类。它是根据分类对象的共同点和差异点，将对象区分为不同的种类的一种逻辑方法。以比较为基础，通过比较识别出事物之间的共同点和差异点，然后根据其共同点归并为较大的类，根据差异点将事物划分为较小的类，从而将事物区分为具有一定从属关系的不同等级的系统，这就是分类。

旅游资源的分类，是根据旅游资源的相似性和差异性进行归并或划分出具有一定从属关系的不同等级类别的工作过程。在所划分出的每一种类别（类型）中，其属性上彼此有相似之处，不同类别（类型）之间则存在着一定差异。例如根据成因可把旅游资源区分为自然旅游资源与人文旅游资源两大类别，其所有的自然旅游资源均为天然赋存的，自然界形成的，而所有的人文旅游资源均是人为作用下形成的，两者之间的成因存在着明显的不同。自然旅游资源与人文旅游资源两大类别，根据各自内部的差异还要进一步划分出次一级类型，从而形成具有一定从属关系的不同等级的类别系统。

（二）分类的意义及目的

科学的分类是一项重要的基础性研究工作。旅游资源的分类具有重要的意义。

首先，分类可以使众多繁杂的旅游资源条理化、系统化，为进一步开发利用、科学研究提供方便。五花八门的旅游资源各有特点，通过比较，认识、归纳及划分，所形成的不同的旅游资源系统，实际上是一个关于旅游资源有关资料的存取系统（即信息系统），为人们从整体上或局部（分门别类）认识旅游资源创造有利条件。区域性旅游资源分类系统的建立，又可为区域旅游开发提供一定的科学依据。不进行旅游资源的分类，杂乱无章的旅游资源个体就难以被人们认识和利用，使人陷入烟云迷雾之中。因此旅游资源分类是研究、认识旅游资源及开发利用旅游资源的重要基础，具有重要的实践意义。

其次，旅游资源的分类过程，实际上是人们加深对旅游资源属性的认识过程。分类总是通过分析大量旅游资源属性的共性或差异性，分出不同级别的从属关系及其联系。通过不断补充新的资料，提出新的分类系统，或通过对不同地区、不同类型的旅游资源分类，都可以从不同侧面加深对旅游资源属性的认识，甚至发现、总结出某些新的规律性认识，从而促进有关理论水平的提高。因此旅游资源分类也具有一定的理论意义。

由上所述，可以看出，旅游资源分类的目的在于通过各种分类系统的建立、补充，加深对旅游资源整体或区域旅游资源属性的认识，掌握其特点、规律，为进一步开发、利用、保护及科学研究服务。

二、分类的原则和依据

（一）原　则

分类的原则是分类的准绳、标准，只有遵循一定的原则才能保证分类的科学性和实用性。作为旅游资源分类的原则主要有：

1. 相似性与差异性原则

即不能把不具有共同属性的旅游资源归为一类，所划分出的同一级同一类型旅游资源，必须具有共同的属性，不同类型之间应具有一定的差异。

2. 对应性原则

所划分出的次一级类型内容，必须完全对应于上一级类型的内容，不能出现下一级内容超出上一级或少于上一级内容的现象，否则就会出现逻辑上的错误。例如地质地貌旅游资源的分类，应包括所有的地质地貌旅游资源，不能只包括地质旅游资源或地貌旅游资源，也不能包括非地质地貌旅游资源。

3. 逐级划分的原则

即分级与分类相结合的原则。旅游资源是一个复杂的系统，它可以分为不同级别、不同层次的亚系统。分类时，可以把分级与分类结合起来，逐级进行分类，避免出现越级划分的逻辑性错误。例如可以把旅游资源先分为高一级的自然旅游资源与人文旅游资源，然后对其分别再进行划分次一级类型．如果需要还可再向下划分更低一级类型。

4. 分级别或分系列的类型划分

不同级别或不同系列的类型划分，可以采用不同的依据（标准）。不同级别的类型划分不能采用相同的依据（标准），对每一类型直接划分次一级类型，必须采用相同的依据（标准），否则会出现分类的重叠。此外，分类系统还应简明扼要，具有实用性。

（二）依　据

要进行分类，除了应遵循基本原则外，还必须要有一定的具体依据（标准），即必须根据旅游资源本身的某些具体属性或关系进行分类。由于旅游资源的属性、特点及事物之间的关系是多方面的，因而分类的标准也是多方面的，人们可以根据不同的目的要求选取不同的标准进行分类。常见到的标准主要有：

1. 成　因

成因是指旅游资源形成的基本原因、过程。例如，人文旅游资源是人为的，自然旅游资源是自然界赋存的，天然形成的地貌旅游资源按成因可分为流水作用的旅游地貌、风力作用的旅游地貌、溶蚀作用的旅游地貌等。

2. 属　性

属性是指旅游资源的性质、特点、存在形式、状态等，例如自然旅游资源中的地质地貌旅游资源、水体旅游资源、气候旅游资源、生物旅游资源等，它们的性状不同，因而可以区分为不同的类别。

3. 功　能

功能是指能够满足开展旅游活动需求的作用。有的旅游资源可以满足开展多种旅游活动的需求，因而具有多种旅游功能。根据旅游资源功能的不同可以把旅游资源区分为不同的类别，例如观光游览型、参与体验型、购物型等旅游资源。

4. 时　间

时间指旅游资源形成至今时间的不同．据此可将旅游资源区分为不同的类别。例如依据时间因素可把建筑旅游资源区分为古代建筑与现代建筑。

5. 其　他

例如开发利用情况、管理级别、旅游资源质量高低等，均可作为不同目的要求的分类依据。

三、分类的方法

如何进行具体的分类？作为区域性旅游资源的分类，通常在大量收集各种旅游资源（或景点）资料的基础上，可按以下步骤进行：

首先，确定分类的目的要求，明确是普通的一般性旅游资源分类，还是有特殊目的要求的专门性旅游资源分类，并参照一般分类原则和依据，结合实际确定相应的分类原则和依据。

其次，通过比较分析，初步建立分类系统，把各种旅游资源分别归入不同的类型。这一过程可采用逐级划分与逐级归并相结合的方法进行。所谓逐级划分，是指由上而下的分类，即把所有旅游资源看成一个群体（即整体或大的系统），按照一定依据的相似性和差异性，首先划分出高级类型（即大类或支系统），然后再分别向下逐级细分出不同的类型。所谓逐级归并，是指由下而上的分类，即由旅游资源个体开始，按照一定依据，把相同的首先归并为最基本的小类型，然后再根据某些相似性和差异性，再逐步归并为较大类型或大类。

再次，通过补充、调整，完善分类系统。在初步分类、建立分类系统的基础上，再自上而下或自下而上，逐级对比分析，是否符合分类原则和目的要求，所采用的依据是否恰当，分类系统是否包含了所有应划分的分类对象（即旅游资源）。如有不妥之处，应进行补充、调整，最后形成一个符合要求的科学的分类系统。

最后，在完成上述工作的基础上，还应写出简要说明，其内容包括该项旅游资源分类的目的要求、原则、依据以及分类结果等。对区域旅游资源的分类成果，应尽可能利用计算机建立旅游资源信息系统，以便于补充调整和应用。

第二节　分类方案简介

不同的旅游资源类型有不同的属性。分类的目的要求依据不同，便形成了多种分类方案，择其主要的介绍如下：

一、《旅游资源分类、调查与评价》中的分类

2003年，由中华人民共和国国家质量监督检验检疫总局发布的《旅游资

源分类、调查与评价》，提出了一种以旅游资源普查为目的的应用性分类方案。该方案主要根据旅游资源的性状，即现存状况、形态、特性、特征进行分类。共划分为 8 个主类、31 个亚类、155 种基本类型，详见表 1.1。

表 1.1　2003 年中国旅游资源分类表

主类	亚类	基本类型
地文景观	综合自然旅游地	山丘型旅游地；谷地型旅游地；沙砾石地型旅游地；滩地型旅游地；奇异自然现象；自然标志地；垂直自然地带
	沉积与构造	断层景观；褶曲景观；节理景观；地层剖面；钙华与泉华；矿点矿脉与矿石积聚地；生物化石点
	地质地貌过程形迹	凸峰；独峰；峰丛；石（土）林；奇特与象形山石；岩壁与岩缝；峡谷段落；沟壑地；丹霞；雅丹；堆石洞；岩石洞与岩穴；沙丘地；岸滩
	自然变动遗迹	重力堆积体；泥石流堆积；地震遗迹；陷落地；火山与熔岩；冰川堆积体；冰川侵蚀遗迹
	岛礁	岛区；岩礁
水域风光	河段	观光游憩河段；暗河河段；古河道段落
	天然湖泊与池沼	观光游憩湖区；沼泽与湿地；潭池
	瀑布	悬瀑；跌水
	泉	冷泉；地热与温泉
	河口与海面	观光游憩海域；涌潮现象；击浪现象
	冰雪地	冰川观光地；常年积雪地
生物景观	树木	林地；丛树；独树
	草原与草地	草地；疏林草地
	花卉地	草场花卉地；林间花卉地
	野生动物栖息地	水生动物栖息地；陆地动物栖息地；鸟类栖息地；蝶类栖息地
天象与气候景观	光现象	日月星辰观察地；光环现象观察地；海市蜃楼现象多发地
	天气与气候现象	云雾多发区；避暑气候地；避寒气候地；极端与特殊气候显示地；物候景观
遗址遗迹	史前人类活动场所	人类活动遗址；文化层；文物散落地；原始聚落
	社会经济文化活动遗址遗迹	历史事件发生地；军事遗址与古战场；废弃寺庙；废弃生产地；交通遗迹；废城与聚落遗迹；长城遗迹；烽燧

续表 1.1

主类	亚类	基本类型
建筑与设施	综合人文旅游地	教学科研实验场所；康体游乐休闲度假地；宗教与祭祀活动场所；园林游憩区域；文化活动场所；建设工程与生产地；社会与商贸活动场所；动物与植物展示地；军事观光地；边境口岸；景物观赏点
	单体活动场馆	聚会接待厅堂（室）；祭拜场馆；展示演示场馆；体育健身馆场；歌舞游乐场馆
	景观建筑与附属型建筑	佛塔；塔形建筑物；楼阁；石窟；长城段落；城（堡）；摩崖字画；碑碣（林）；广场；人工洞穴；建筑小品
	居住地与社区	传统与乡土建筑；特色街巷；特色社区；名人故居与历史纪念建筑；书院；会馆；特色店铺；特色市场
	归葬地	陵区陵园；墓（群）；悬棺
	交通建筑	桥；车站；港口渡口与码头；航空港；栈道
	水工建筑	水库观光游憩区段；水井；运河与渠道段落；堤坝段落；灌区；提水设施
旅游商品	地方旅游商品	菜品饮食；农林畜产品与制品；水产品与制品；中草药材及制品；传统手工产品与工艺品；日用工业品；其他物品
人文活动	人事记录	人物；事件
	艺术	文艺团体；文学艺术作品
	民间习俗	地方风俗与民间礼仪；民间节庆；民间演艺；民间健身活动与赛事；宗教活动；庙会与民间集会；饮食习俗；特色服饰
	现代节庆	旅游节；文化节；商贸农事节；体育节

二、两分法分类系统

所谓“两分法”分类方案，是指把旅游资源首先分为自然旅游资源与人文旅游资源两大系列的一种分类系统，这是目前最常见、应用广泛的一种分类方案。许多学者在完善这一分类方案方面做了大量研究工作，但由于认识上的差异及所采用的依据不同，对自然旅游资源及人文旅游资源进一步细分的过程及结果有所不同，因此目前还没有一个真正被普遍认同的两分法分类方案。

三、按照旅游资源的功能分类

旅游资源功能分类的主要目的在于认识和充分发挥各种旅游资源的作

用，为开展多种形式的旅游活动服务。根据旅游资源的不同功能，把旅游资源分为以下类型：

1. 观光游览型旅游资源

此类型旅游资源以各种优美的自然风光、著名的古建筑、城镇风貌、园林建筑为主，以供旅游者观光游览和鉴赏，旅游者从中获得各种美感享受，借以陶冶性情。

2. 参与型旅游资源

也有人将其称作体验型旅游资源，包括冲浪、漂流、赛马、渔猎、龙舟竞渡、游泳、制作、品味、访问、节庆活动、集市贸易等。旅游者可以置身其中，亲自参与活动，可以得到切身的体验，以乐在其中，乐在其身。

3. 购物型旅游资源

它包括各种土特产、工艺品、艺术品、文物商品及仿制品等旅游商品，主要供旅游者购买。

4. 保健休疗型旅游资源

它包括各种康复保健、度假疗养设施与活动，例如疗养院、度假村、温泉浴、沙浴、森林浴、健身房等。旅游者从中得到体质的恢复与提高，或对某种慢性疾病的治疗。

5. 文化型旅游资源

它包括富有文化科学内涵的各类博物展览、科学技术活动、文化教育设施等。旅游者从中可以获得一定的文化科学知识，开阔眼界，增长阅历。

6. 感情型旅游资源

它主要包括名人故居、名人古墓、各类纪念地等，可供开展祭祖、探亲访友、怀古等旅游活动，以表达旅游者的思古、怀念、敬仰、仇恨等感情。

四、按照旅游动机对旅游资源分类

（1）心理动机，例如宗教圣地、重大历史事件、探亲等。

（2）精神动机，例如科学知识、消遣娱乐、艺术欣赏等。

（3）健身动机，例如休疗养院、体育运动设施等。

（4）经济动机，例如土特产、购物品等。

（5）政治动机，例如国家政体状况、各种法律、革命纪念地等。

五、按照旅游资源的增长情况分类

（1）可再生旅游资源，例如动植物旅游资源。

（2）不可再生旅游资源，例如地质地貌旅游资源。

（3）可更新旅游资源，例如某些人文景观及旅游商品。

六、按照旅游资源的价值及管理级别分类

（1）国家级旅游资源。

（2）省（市）级旅游资源。

（3）县级旅游资源。

本书将庆阳市旅游资源按照《旅游资源分类、调查与评价》中的分类方法进行分类。

第三节　旅游资源评价

一、旅游资源共有因子综合评价

旅游资源共有因子综合评价是依照旅游资源基本类型所共同拥有的因子对旅游资源单体的价值和程度进行的认识和评定。这一评价不以 155 种旅游资源基本类型的个性因子作为依据，而是找出它们的共有因子。这些因子必须反映旅游资源自身的特性，即资源价值评价因子。为了发挥这些因子的作用，可将它们中一些类别近似的因子进行合并，成为一个价值评价的组合因子，如将观赏价值、休憩价值、使用价值组合成为“观赏休憩使用价值”，这样的价值组合可以称为“价值组合因子”。在依据这些组合因子对旅游资源进行评价时，可以依据全部因子或其中的一两项因子对其进行评判。除了资源价值外，还有另外一些要素，即外界对旅游资源的认知程度和社会影响，如知名度、影响力等也可以成为旅游资源的评价因子。

二、共有因子评价体系

按照《旅游资源分类、调查与评价》的分类体系对旅游资源单体进行评

价。该系统设评价项目和评价因子两个层次，评价项目分别为："资源要素价值""资源影响力""附加值"；评价因子分别为：资源要素价值包括："观赏休憩使用价值""历史文化科学艺术价值""珍稀奇特程度""规模、丰度与频率""完整性"；资源影响力包括："知名度和影响力""适游期或使用范围"；附加值包括："环境保护与环境安全"等，详见表 1.2。

表 1.2 旅游资源共有因子综合评价赋分表

评价项目	评价因子	评价依据	赋值
资源要素价值（85分	观赏游憩使用价值（30分）	全部或其中一项具有极高的观赏价值、游憩价值、使用价值	30～22分
		全部或其中一项具有很高的观赏价值、游憩价值、使用价值	21～13分
		全部或其中一项具有较高的观赏价值、游憩价值、使用价值	12～6分
		全部或其中一项具有一般的观赏价值、游憩价值、使用价值	5～1分
	历史文化科学艺术价值（25分）	同时或其中一项具有世界意义的历史价值、文化价值、科学价值、艺术价值	25～20分
		同时或其中一项具有全国意义的历史价值、文化价值、科学价值、艺术价值	19～13分
		同时或其中一项具有省级意义的历史价值、文化价值、科学价值、艺术价值	12～6分
		同时或其中一项具有地区意义的历史价值、文化价值、科学价值、艺术价值	5～1分
	珍稀奇特程度（15分）	有大量珍稀物种，或景观异常奇特，或此类现象在其他地区罕见	15～13分
		有较多珍稀物种，或景观异常奇特，或此类现象在其他地区很少见	12～9分
		有少量珍稀物种，或景观异常奇特，或此类现象在其他地区少见	8～4分
		有个别珍稀物种，或景观异常奇特，或此类现象在其他地区较多见	3～1分
	规模、丰度与几率（10分）	独立型旅游资源单体规模，体量巨大；集合型旅游资源单体结构完美、疏密度优良级；自然景象和人文活动周期性发生或频率极高	10～8分

续表 1.2

评价项目	评价因子	评价依据	赋值
资源要素价值（85分）	规模、丰度与几率（10分）	独立型旅游资源单体规模，体量较大；集合型旅游资源单体结构很和谐、疏密度良好；自然景象和人文活动周期性发生或频率很高	7～5分
		独立型旅游资源单体规模，体量中等；集合型旅游资源单体结构较和谐、疏密度较好；自然景象和人文活动周期性发生或频率较高	4～3分
		独立型旅游资源单体规模，体量较小；集合型旅游资源单体结构较和谐、疏密度一般；自然景象和人文活动周期性发生或频率较小	2～1分
	完整性（5分）	形态与结构保持完整	5～4分
		形态与结构有少量变化但不明显	3分
		形态与结构有明显变化	2分
		形态与结构有重大变化	1分
资源影响力（15分）	知名度和影响力（10分）	在世界范围内知名，或构成世界承认的名牌	10～8分
		在全国范围内知名或构成全国性名牌	7～5分
		在本省范围内知名或构成省内名牌	4～3分
		在本地区范围内知名或构成本地区名牌	2～1分
	适游期或使用范围（5分）	适宜游览的日期每年超过 300 天，或适宜于所有游客使用和参与	5～4分
		适宜游览的日期每年超过250天，或适宜于80%左右的游客使用和参与	3分
		适宜游览的日期每年超过150天，或适宜于60%左右游客使用和参与	2分
		适宜游览的日期每年超过100天，或适宜于40%左右游客使用和参与	1分
附加值	环境保护与环境安全	已受到严重污染或存在严重安全隐患	−5分
		已受到中度污染或存在明显安全隐患	−4分
		已受到轻度污染或存在一定安全隐患	−3分
		已有工程保护措施，环境安全得到保证	3分

三、评价步骤和方法

（一）判　断

面对一个具体旅游资源单体，要依次根据评价因子的实际要求和评价依据的提示，从整体上判断该单体属于每项评价因子的哪一个档次。判断时要站在宏观的立场上，考虑该单体在全国同类型旅游资源中的地位。如某一单体的观赏休憩使用价值属于第三档次（全部或其中一项具有较高的观赏价值、休憩价值、使用价值），完整性属于第一档次（形态与结构保持完整）等。判断时，还要掌握一个原则：在某单体遇到“价值组合因子”时，可以符合全部评价内容，也可以只符合其中一项或两项评价内容（如“观赏休憩使用价值”中的观赏价值、休憩价值、使用价值），只要符合就都可以得分。

（二）计　分

判断决定单体属于某一档次，对该单体在此档次内的价值大小，在赋值区间范围内进行微调，并确定一个因子评价赋值分数。在某单体遇到“价值组合因子”时，符合全部评价内容（如“观赏休憩使用价值”中的观赏价值、休憩价值、使用价值），可以将得分提高，只符合其中一项或两项评价内容，得分可以相对低一些。

（三）旅游资源评价等级的确定

依据旅游资源单体的评价，得出该单体旅游资源综合因子评价赋分值。依据旅游资源单体评价总分，将旅游资源评价等级指标分为五级，从高级到低级依次为：

五级旅游资源，得分值≥90分；

四级旅游资源，得分值≥75～89分；

三级旅游资源，得分值≥60～74分；

二级旅游资源，得分值≥45～59分；

一级旅游资源，得分值≥30～44分；

未获等级旅游资源，得分值≤29分。

其中五级旅游资源称为“特品级旅游资源”；五级、四级、三级旅游资源被通称为“优良级旅游资源”；二级、一级旅游资源被称为“普通级旅游资源”。

【讨论与思考】

1. 旅游资源分类的意义？
2. 旅游资源分类的方法有哪些？
3. 旅游资源共有因子综合评价的步骤和方法是怎样的？

第三章　地文景观类旅游资源

【经典案例】

黄山，是中国5A级旅游景区、国家级风景名胜区、全国文明风景旅游区示范点，是中国十大名山之一，在“中华十大名山”排名中居第四位，位于安徽省南部黄山市境内，是安徽旅游的标志。黄山原名黟山，因峰岩青黑，遥望苍黛而名。后因传说轩辕黄帝曾在此炼丹，故改名为“黄山”。黄山集世界自然与文化双遗产、世界地质公园三项最高旅游胜地称号于一身。

黄山位于安徽省南部，属黄山市管辖，传说是中华祖先——轩辕黄帝修身炼丹而飘然成仙的地方。黄山南北长约40公里，东西宽约30公里，山境面积约1 200平方公里，精华部分为160.6平方公里的黄山风景区。黄山千峰竞秀，万壑峥嵘。有名可指的就有72山峰，其中“莲花”“光明顶”“天都”三大主峰，均在海拔1 800米以上，拔地擎天，气势磅礴，雄姿灵秀。黄山原名“黟山”，唐玄宗在天宝六年（747年）改“黟山”为“黄山”。

黄山处于亚热带季风气候区，地处中亚热带北缘、常绿阔叶林、红壤黄壤地带。由于山高谷深，气候呈垂直变化。同时由于北坡和南坡受阳光的辐射差大，局部地形对其气候起主导作用，形成云雾多、湿度大、降水多的气候特点，接近于海洋性气候，夏无酷暑，冬少严寒，四季平均温度仅20℃左右。

黄山经历了造山运动和地壳抬升，以及冰川和自然风化作用，才形成其峰林结构。黄山有七十二峰，素有“三十六大峰，三十六小峰”之称，主峰莲花峰海拔高达1 864.8米，与光明顶、天都峰并称三大黄山主峰，为36大峰之一。黄山山体主要由燕山期花岗岩构成，垂直节理发育，侵蚀切割强烈，断裂和裂隙交错，长期受水溶蚀，形成花岗岩洞穴与孔道。全山有岭30处、岩22处、洞7处、关2处。黄山的第四纪冰川遗迹主要分布在前山的东南部。

1990年12月12日，黄山被联合国教科文组织列入“世界自然和文化遗产名录”。世界遗产委员会对黄山的评价是：黄山，在中国历史上文学艺术的鼎盛时期（16世纪中叶的“山水”风格）曾受到广泛的赞誉，以“震荡国中第一奇山”而闻名。2002年，黄山被授予中国国家地质公园（第二批）称号。2004年入选首批世界地质公园，成为同时获得世界文化和自然遗产以及世界地质公园三项最高荣誉的旅游胜地。2007 年入选“中华十大名山”，列中国名山第四位，仅次于泰山、珠峰、峨眉山。

联合国世界遗产系列邮票于 2013 年 4 月 11 日发行，黄山入选其中。联合国发行的世界遗产邮票全套 6 枚，分别是万里长城、西安秦兵马俑、敦煌莫高窟、北京故宫、拉萨布达拉宫和黄山。

来自黄山市旅游部门的统计数据表明，2013 年共接待游客 274.6 万人，实现营收 12.94 亿元，净利润 1.44 亿元。

（资料来源：据百度—黄山介绍整理）

思考：举例说明你了解的地文景观类旅游资源。

第一节　地文景观类旅游资源概述

一、地文景观

（一）概　念

地文景观是指地球的内营力、外营力相互作用于地球岩石圈而形成的各种现象与事物的总称。

外营力作用也称外力作用，主要能源来自太阳能。它主要包括风化作用、剥蚀作用、搬运作用、沉积作用和成岩作用。地壳表面直接与大气圈、水圈、生物圈接触，它们之间发生复杂的影响和作用，从而使地表形态不断发生变化。

内营力作用也称内力作用，是由来自地球内部能量的影响而形成的，如地球内部放射性元素产生的热能、地球自转产生的旋转能和重力作用，主要表现为地壳作用、岩浆活动、变质作用和地震。

（二）地文景观类旅游资源

存在于地球表面和表层，由岩石圈物质组成的景观类型，称为地文景观类旅游资源。这个主要是由于长期遭受地球内力和地表外力的作用，形成了千变万化的地质、地貌景观，其中不少可以构成为旅游资源。它包括七小类：

1. 山地类

山地类主要是指风景名山、历史文化名山和冰雪山峰。

中国的五岳名山：东岳山东泰山（五岳独尊，四大奇观：旭日东升、晚霞夕照、黄河金带、云海玉盘)、西岳陕西华山(五岳最高山,华山天下险)、北岳山西恒山(道教圣地)、中岳河南嵩山(佛教少林寺之地)、南岳湖南衡山(五岳独秀)。

中国四大佛教名山:山西五台山(文殊菩萨道场,有"清凉佛国"之称)、四川峨眉山(普贤菩萨道场,三大奇观:日出、云海、佛光,"峨眉天下秀""雄秀西南")、安徽九华山(地藏菩萨道场,称"莲花佛国""佛国仙城")、浙江普陀山(观音菩萨道场,称"海天佛国")。

中国四大道教名山:湖北武当山(道教第一名山)、四川青城山(青城天下幽)、安徽齐云山(乾隆誉为江南第一名山)、江西龙虎山(道教正一派发源地)。

还有天下闻名的山东崂山(道教名山);安徽省黄山(黄山四绝:奇松、怪石、温泉、云海)、天柱山和琅琊山;浙江省雁荡山(东南第一山,有"寰中绝胜"之称)、天台山(佛教天台宗发源地)和天目山;江苏云台山和镇江三山(金山、焦山、北固山);福建武夷山(三三秀水清为玉,六六奇峰翠插天)和鼓山;全国著名的避暑胜地——江西省庐山(四大奇观:瀑布、奇峰、云海、植被)、素有"江湖锁钥"之称的鄱阳湖石钟山、革命根据地井冈山(朱德题名"天下第一山");湖北"神农架";湖南武陵源风景名胜区(包括张家界、索溪峪、天子山)、岳麓山(宋代四大书院之一——岳麓书院)、毛泽东的故乡——韶山;北京香山、景山和玉泉山;四川乐山(乐山大佛);重庆缙云山;贵州梵净山;广西桂林山水;广东省四大名山丹霞山(中国红石公园)、西樵山、鼎湖山(有"北回归线绿宝石"之称)和罗浮山;海南五指山;台湾阿里山和玉山;云南玉龙雪山;吉林长白山;辽宁千山和医巫闾山;天津盘山(京东第一名山);南京钟山;世界最高峰——珠穆朗玛峰等。

国外的名山有:德国黑林山、希腊奥林匹克山、非洲屋脊——乞力马扎罗山、欧洲阿尔卑斯山、美国落基山、日本富士山、朝鲜金刚山,等等。

2. 峡谷类

峡谷是指谷地深狭,两坡陡峻的河谷地文景观。峡谷风光以气势磅礴为总体特征,以"险、雄、幽、隐"为其主要美学特征。

世界著名的峡谷有:西藏雅鲁藏布江大峡谷位于"世界屋脊"青藏高原之上,平均海拔 3 000 米以上,长达 496.3 千米,险峻幽深,侵蚀下切达 5 382 米,它的长度超过曾号称世界之最的美国科罗拉多峡谷(长 440 公里),深度超过了曾号称世界之最的秘鲁科尔多峡谷(深 3 200 米左右)。具有从高山冰雪带到低河谷热带季雨林等九个垂直自然带,是世界山地垂直自然带最齐全、完整的地方，这里群集了许多生物资源，包括青藏高原已知高等植物种类的2/3，已知哺乳动物的1/2，已知昆虫的4/5以及中国已知大型真菌的3/5，堪称世界之最。

著名的“东非大裂谷”亦称“东非大峡谷”或“东非大地沟”，裂谷宽约几十至两百公里，深达1 000～2 000米，谷壁如刀削斧劈一般，长度相当于地球周长的1/6，气势宏伟，景色壮观，是世界上最大的裂谷带，有人形象地将其称之为“地球表皮上的一条大伤痕”。东非大裂谷是全非洲最高的地带，总面积500多万平方公里，占非洲面积的1/6多，非洲的几座海拔在4 500米以上的高峰，全部分布在这个自然区内。东非大裂谷几乎跨越了东部非洲所有的国家，其中以在埃塞俄比亚境内为最长。

位于美国亚利桑那州西北部科罗拉多河中游、科罗拉多高原的西南部的科罗拉多大峡谷，是地球上最为壮丽的景色之一。有人说，在太空唯一可用肉眼看到的自然景观就是科罗拉多大峡谷。科罗拉多河是北美洲主要河流。它从落基山脉发源流向西南，进入墨西哥西北部。全长2 330千米。流经怀俄明、科罗拉多、犹他、新墨西哥、内华达、亚利桑那和加利福尼亚七个州，在科罗拉多高原上共切割出19条主要峡谷，其中最深、最宽、最长的一个就是科罗拉多大峡谷。该峡谷起于马布尔峡谷，终端为格兰德瓦什崖，全长446千米，是世界上最长的峡谷之一。峡谷顶宽6～28千米，最深处1 800米。从谷顶到谷底需3～4小时。谷底两岸的宽者小于1公里，窄处仅120米。两侧的谷壁呈阶梯状。谷底水面不足1 000米宽，夏季冰雪融水下注，水深增至18米。山石多为红色。从谷底至顶部沿壁露出从前寒武纪到新生代各期的系列岩系，水平层次清晰，岩层色调各异，并含有各地质时期代表性的生物化石，故有“活的地质史教科书”之称。

长江三峡是万里长江一段山水壮丽的大峡谷。西起重庆奉节县的白帝城，东至湖北宜昌市的南津关，自西向东由瞿塘峡、巫峡、西陵峡组成，全长193千米。三峡两岸高山对峙，崖壁陡峭，山峰一般高出江面1 000～1 500米。最窄处不足百米。三峡是由于这一地区地壳不断上升，长江水强烈下切而形成的，水力资源极为丰富。

云南省丽江的金沙江虎跳峡是中国最深的峡谷之一。在云南省丽江纳西族自治县石鼓东北。长江上游金沙江到此急转北流，号称“长江第一弯”。峡谷长16千米，右岸玉龙雪山主峰海拔5 596米，左岸中甸雪山海拔5 396米，中间江流宽仅30~60米。两岸山岭和江面相差2 500~3 000米，谷坡陡峭，蔚为壮观。江流在峡内连续下跌7个陡坎，落差170米，水势汹涌，声闻数里，为世界上最深的大峡谷之一。

3. 岩溶地貌

地表水及地下水对可溶性岩石进行化学作用（溶蚀和沉淀）和机械作用后（流水的侵蚀、沉积、重力坍塌、坍陷和堆积等）所形成的地貌，成为岩溶地貌或喀斯特地貌。它是以溶蚀为主的地貌。岩溶地貌常见的具有旅游价值的地表形态有石芽与溶沟、落水洞、竖井、漏斗、天生桥、峰林、峰丛、孤峰等，地下岩溶形态有溶洞、地下河、地下廊道、洞穴堆积等。

我国著名的岩溶地貌有：南路南石林是最典型的石林，面积 2.7 万公顷，游览区 80 公顷，怪石嶙峋，雄伟壮观，造型奇特。既有“万千石笋拔地起，森严刀剑指向天”的威严气势，又有“阿诗玛”“母子偕游”“双鸟渡食”等栩栩如生的象形山石，被称为巨大的“天然雕塑博物馆”。

我国湖南桑植县城西 15 公里的九天洞，为亚洲第一大溶洞，洞内面积 250 万平方米，30 个支洞交错相连，可分上、中、下三层，有 36 个大厅，12 处瀑布，5 座天生桥，3 个天然湖，共有 9 个天窗与外界相通，洞中石柱林立，乳钟浮悬，石幔遍布，形态各异。

贵州省黎平县天生桥高 78.8 米，宽 112 米，拱高 38.8 米，跨度 118.9 米，是世界最大的天生桥。

4. 干旱风沙地貌

我国干旱风沙地貌主要分布在西北、内蒙古等省区的内陆盆地或高原地区。旅游意义较大的景观类型主要有：沙漠、戈壁、雅丹地貌等。

所谓雅丹地貌，指的是河湖相岩层经风力侵蚀后形成的大片险峻崎岖地形，“雅丹”在维语中的意思就是“陡壁小丘”。我国的雅丹地貌以新疆的罗布泊洼地、乌尔禾“风城”，将军戈壁上的“魔鬼城”最为典型。

5. 黄土风景

中国黄土高原是黄土及黄土地貌分布最集中的地区，北起长城，南抵秦岭，西起青海日月山，东到太行山，总面积 41.56 万平方公里。陕西洛川、甘肃庆阳黄土较厚，可达 150～200 米，兰州最厚达 400 米；晋西、陕西、陇东、豫西等地一般厚 50～100 米，其他地方多在 50 米以下。

连绵不断、波状起伏的高原，首先给人以宏伟开阔、意境深远之感，特殊的黄土梁峁，水土流失形成的千沟万壑、形态各异的黄土桥、黄土柱、黄土塔、黄土洞、黄土林以及层层梯田、黄土窑洞等，这些天然的或人为的景观不仅有很好的观赏价值，也吸引着越来越多的科学工作者前来考察和研究。

我国黄土地貌景观区域差异较大，梁峁丘陵沟壑以陕北延安、安塞、米脂及晋西离石、兴县等地最为典型；高原沟壑以陕西洛川、富县、长武，甘肃庆阳等地最为典型；黄土长坡梁峁丘陵沟壑以甘肃秦安、甘谷、静宁等地最为典型；黄土梁峁宽谷丘陵沟壑，以陕西白于山河源区，宁夏西吉、彭阳，甘肃永登、皋兰、会宁等地最为典型。

6. 生物化石点

生物化石点是指保存在地层中的地质时期的生物遗体、遗骸及活动遗迹的发掘地点。例如各地出土的恐龙化石。

二、地文景观与旅游的关系

地文景观是自然环境重要的组成要素之一，不同的地文条件影响到自然环境，进而提供了不同的旅游资源。地质地貌条件是自然景观存在的基础和前提，因为地质地貌不仅对一个自然风景区的构成起着骨架作用，还是许多自然旅游资源形成的必要条件。它可以单独构景，直接形成旅游资源。例如，新疆将军戈壁上的“魔鬼城”是在强烈的风蚀作用下，地表被雕塑成各种奇形怪状的形态，如石蘑菇、石笋、石亭、楼阁等。

地文景观表现出的千姿百态，可以给人们形成奇特美、雄伟美、畅旷美、幽深美、险峻美等多种形态美的享受。某些特殊的地文景观可以吸引人们开展一定的旅游活动，例如具有一定高度的山地，可以开展登山、蹦极等运动。

第二节 庆阳市地文景观旅游资源

一、董志塬

董志塬是全国所有的黄土高原残原中，面积最大，保存最完整，黄土层最厚的一片黄土高原，从而赢得了“天下黄土第一原”的美称。

董志塬位于庆阳市中南部，地处泾水之北，位于马莲河和蒲河两大河流之间，原面面积 910 平方公里。原面东起马莲河西岸，西到蒲河东岸，南至长庆桥，北过驿马以北的桐川乡，直接野狐沟，南北最长处 110 公里，东西最宽处 50 公里，黄土层厚度达 150～200 米。

盛夏时节，当游客从董志塬腹地的庆阳市机场乘机起飞，舷窗下便会呈现一个平畴无垠、公路纵横、屋舍棋布、麦浪似海的大平原。四周那神雕鬼塑的沟壑，犹如起伏的黄海波涛烘托着这块大平原。

董志塬位于六盘山之东，因六盘山又名陇山，故以董志塬为中心的黄土残原总称陇东黄土高原。它是大自然鬼斧神工的杰作。据考证，数百万年前，这里是一片满布沼泽的稀树草原，随着喜马拉雅版块的升高，东亚大陆季风气候的形成，西伯利亚的狂风搬来层层黄土，形成了现在的黄土高原。

古往今来，不少文人墨客赞美过董志塬的辽阔坦荡。清末诗人李良栋写道："深谷峻坡山无峰，万顷千畴出横空；娲皇补天欲取土，始将峰巅移苍穹。"这位诗人以神奇的想象，描绘了董志塬奇特的地貌特征，并假设了董志塬的成因。

二、兴隆山

东老爷山又称兴隆山，位于环县东北部的陕、甘、宁三省交界处，海拔 1 774 米，是闻名遐迩的道教名山，自古有"鸡鸣听三省"的美誉。这里，有轩辕黄帝升天、周太子降生、金公鸡叫鸣、关老爷显灵、林道士成仙的神奇传说，有毛泽东、彭德怀带领红军长征留下的历史足迹。这里，"二龙戏珠"奇特山势壮观逼真、巧夺天工，16 座元、明、清古建庙宇楼阁错落有致、古朴典雅，苍松翠柏栉比鳞次、映带左右，优美的自然风光与宏伟的道教宫观和谐相衬，浑然天成，是休闲观光、求仙问道、红色旅游的绝好胜地，现为省级文物保护单位。

三、环江翼龙化石出土遗址

环江翼龙化石 1978 年 5 月发掘于庆阳市庆城县三十里铺乡的环江东岸，是中国发现的时代最早（晚侏罗世）、个体最大（翼展 2 米）的翼手龙类翼龙化石。因它发掘于环江河岸，故称为"环江翼龙"。该标本现藏于中国科学院古脊椎动物与古人类研究所。

环江翼龙的发现，为研究庆阳远古地理环境和古气候提供了珍贵的资料。通过环江翼龙化石，人们看到，早在一亿多年前，庆阳一带是个湖河密布、丛林繁茂、巨兽出没的地方，在庆阳这块深厚的土层下面，依然掩埋着一亿多年前一个恐龙称霸世界的时代。

环江翼龙化石的发现，是中国古动物学界，特别是翼龙研究的一件大事。这是因为地层中保存的行走在陆地的恐龙化石十分丰富，而翼龙化石却格外贫乏和稀少，在我国更是稀缺和罕见。庆阳翼龙发现之前，仅仅在新疆准噶尔发现过翼龙化石，尚且是白垩纪的翼龙；而庆阳翼龙是比准噶尔翼龙更早、更原始的晚侏罗纪翼手龙类翼龙。

四、黄河古象化石出土地遗址

黄河古象化石，1973 年 1 月发现于甘肃合水县板桥乡穆旗村的马莲河畔，因其挖掘于黄河流域，故取名“黄河古象”。古象化石身高 4 米，体长 8 米，仅一双门齿就长达 3.4 米。据科学家判断，这是地球上早已灭绝了的一种剑齿象。它生活在第四纪更新世早期，距今 250 万年左右。它以全球仅有而成为旷世珍宝。1999 年，“黄河古象”的发掘，跻身 20 世纪甘肃十大文化盛事之列。

古象化石运到北京后，专家们经过一系列综合研究，认为它是世界上早已灭绝的剑齿象化石。个体保存如此完整的化石在我国仅此一例，在当今世界上也是独一无二的，从而引起了学术界的极大关注。古象化石原件标本现在北京自然博物馆陈列展出。

“黄河古象”的发现，不仅为古生物学研究提供了完整而可靠的资料，而且为探讨陇东黄土高原形成前后的生态环境提供了难得的依据。它驮载着沧海变桑田的绚丽画卷，昂首阔步向我们走来。

【讨论与思考】

1. 什么是地文景观？
2. 地文景观包括哪些类型？

第四章 遗址遗迹类旅游资源

【经典案例】

周口店北遗址博物馆

周口店遗址属全国重点文物保护单位，位于北京市西南房山区周口店镇龙骨山北部，是世界上材料最丰富、最系统、最有价值的旧石器时代早期的人类遗址。联合国教科文组织世界遗产委员会 1987 年 12 月批准周口店北京猿人遗址为世界文化遗产。

周口店遗址博物馆坐落在北京城西南房山区周口店龙骨山脚下，是一座古人类遗址博物馆，始建于 1953 年。1929 年，中国古人类学家斐文中先主在龙骨山发掘出第一颗完整的“北京猿人”头盖骨化石，震撼了全世界。之后，周口店遗址成为了世界文化遗产、国家 AAAA 级景区、全国重点文物保护单位、全国百家爱国主义教育示范基地。周口店遗址距北京市区约 48 公里，是世界著名的古人类和古脊椎动物考古遗址，是“北京人”的发祥地。

周口店遗址博物馆自然环境优美，遗址内长年绿树成荫，花草吐芳，野生动植物数量繁多。1961 年，中华人民共和国国务院把“周口店遗址”列为全国重点文物保护单位。1986 年，周口店遗址入选“新北京十六景”之列。1987 年，经文化部和国家文物局推荐，联合国教科文组织将周口店遗址列入世界文化遗产清单，成为中华人民共和国第一批列入该名单的六家单位之一。1992 年，北京市政府授予周口店遗址“北京市青少年教育基地”称号；同年 6 月，周口店遗址以“保存最丰富的古人类遗址”入选“北京旅游世界之最”。1997 年，周口店遗址博物馆被中宣部列为“全国百家爱国主义示范教育基地”之一。2005 年周口店遗址入选全国 AAAA 级旅游景区，2008 年周口店遗址博物馆被评为全国首批“国家一级博物馆”。周口店遗址博物馆实是一不可多得的集休闲和学习参观于一体的郊外综合性旅游场所。

（资料来源：据百度—周口店遗址介绍整理）

思考： 你身边的遗址遗迹类旅游资源有哪些？请举例说明。

遗址遗迹是指已经废弃的、目前不再有实际用途的人类活动遗存和各种建筑物。遗址遗迹形成于不同的历史发展阶段，是人类活动的产物，真实地记录了人类各时期的历史，凝聚着人类智慧，昭示着特定的历史特征，是当地历史文化的反映。遗址遗迹是历史文化的精华和综合体，具有丰富文化内涵，它们既是历史的见证、美的观赏对象，又是民族科学历史的展现。具体来讲，遗迹是古代人类通过各种活动遗留下来的痕迹，包括遗址、墓葬、灰坑、岩画、窖藏及其他人类活动所遗留下的痕迹等。遗址是指从历史、审美、人种学或人类学角度看具有突出的普遍价值的人类工程或自然与人联合工程，是人类活动的遗迹，属于考古学概念，很多遗址表现为不完整的残存物。遗址遗迹是人类智慧的结晶，保存较好的遗址遗迹可以对当代人类社会产生教育和经济功能，因此当今很多遗址遗迹被当作旅游资源开发出来。

第一节 史前人类活动场所

人类随着历史发展，在地球上留下了众多的活动痕迹。虽然这些遗址遗迹不像其他的保存较完整的历史古迹那样直观易懂，但它们具有很高的研究价值。通过对这些遗址遗迹的研究，可以清楚有力地揭示人类历史变迁的规律与法则，可满足旅游者探索的需求。

一、古人类文化遗址

古人类文化遗址是指从人类形成到有文字记载历史以前的人类活动遗址，包括古人类化石、原始聚落遗址、生产工具和生活用品等。这些遗址反映了长达几百万年的人类进化史，可划分为旧石器时代和新石器时代两个区间。

1. 旧石器时代人类文化遗址

旧石器时代是石器时代的早期阶段，共经历二三百万年。当时人类使用比较粗糙的打制石器，过着采集和渔猎生活，相当于人类史上原始人群到母系氏族公社出现的阶段。我国已发现的旧石器时代人类化石有云南元谋猿人、陕西蓝田猿人、北京猿人、广东曲江马坝人、湖北长阳人、山西丁村人。

2. 新石器时代人类文化遗址

新石器时代属于考古学分期中石器时代的最后一个阶段，开始于距今七八千年以前，农业和畜牧业使生活资料有较可靠的来源，开始定居生活。广泛磨制石器，已经能制陶和纺织。我国各地普遍发现不同类型的新石器时代文化遗址，重要的有仰韶文化、马家窟文化、龙山文化、红山文化、良渚文化等。

二、庆阳市史前人类活动场所

1. 赵家岔旧石器时代遗址

赵家岔遗址是中国第一块旧石器出土地，位于甘肃省庆阳市华池县境内，出土于 1920 年。被誉为标志中国旧石器时代考古肇始的华夏第一块旧石器就出土于此。

该遗址位于庆阳市华池县王咀子乡东北银坪村郭家咀子组，距王咀子乡政府 4 公里。赵家岔西南杨集沟东岸有 1 处被山洪冲刷形成的山洞，名洞洞沟。民国九年（1920 年）8 月，法国神甫、博物学家桑志华雇用 10 多人，在当地人挖“龙骨”的洞洞沟进行古人类文化遗物发掘，于 8 月 10 日在砂砾层中挖掘出 2 件打制脉石英片，长分别为 2.79 厘米、2.28 厘米，宽为 1.54 厘米和 1.58 厘米。这 2 件石器是继 6 月 4 日在今上里塬乡马家拐沟出土的第 1 件石核后，本县境内第二次出土的旧石器时代人类遗物，距今 1.5 万年至 1.8 万年，是中国出土最早的旧石器，现存天津自然博物馆

2. 楼房子遗址

楼房子遗址位于庆阳市环县曲子镇楼房子村楼房子组，东南距曲子镇政府 15 公里。遗址分布在合道川中段北侧的乾水沟内 1 公里处东侧塌洼山二阶台地上，面积约 90 平方米。1981 年经甘肃省人民政府公布为省级文物保护单位。

此遗址是环县文化馆根据群众所提线索发现的。1964 年，西北大学地质系与甘肃省博物馆、环县文化馆共同对此进行挖掘，获得的脊椎动物化石和旧石器十分丰富，化石和石器埋藏在黄土之下的灰绿色的沉积物中，有披毛犀、蒙古野马、原始牛、最晚鬣狗、野驴、赤鹿、斑鹿、河套大角鹿、普氏羚羊、哈克图转角羊、盘羊等哺乳动物的化石；有石核、石片、尖状刮削器、三棱尖状器等数十件旧石器时代的石器。出土化石与蒙萨拉乌苏动物群大体相当，由此推断时代应为更新世晚期，距今约 4 万年。这些化石和石器，分别展在西北大学教研室、省博物馆、市博物馆和环县博物馆。

在三普过程中，普查队员在旧石器遗址周围延伸普查，意外地发现有新石器及周、汉、宋代遗址，出土有汉代绳纹瓦和宋瓷残片，证明了该遗址不仅是一处重要的旧石器文化遗址，而且文化遗存绵延不断，具有很高的研究

价值。

楼房子遗址的发现，为今甘肃境内陇东地区在旧石器时代就有人类存在提供了科学的证据，从这里可以透视当时陇东地区的地理环境和先民们生活状态，具有一定的历史价值。1974 年 10 月，中国科学院古脊椎动物与古人类研究所贾兰坡和省、市有关部门专家对此遗址再次作了考查，肯定了这一遗址对中国旧石器时代考古学和人类学的研究具有重要价值。

3. 刘家岔旧石器时代遗址

遗址位于甘肃省环县西川北沟的上游——麻堡子沟左侧的龙骨沟内，属环县虎洞乡半个城大队龚家原生产队，距乡政府 15 公里。

在麻堡子沟两侧普遍发育着高出现代沟底 40 米的高阶地，从龙骨拐沟切割的露石观定，这个阶地自上而下的堆积着马兰黄土，水平层的黄土状土，灰绿色黏土（麻干土）。砂砾石及产生紫红色砂淀岩石器和化石均埋在绿色黏土中，整个剖面的形态与楼房子遗址完全可以对比。

这个遗址是由 1977 年 7 月省、市、县共同组织的考古组，根据群众提供的线索发现的，1978 年 6～7 月，又共同组织发掘队进行了部分发掘，共获得石器和化石 11 箱。这里埋藏的石器和化石虽不及楼房子那样丰富，但也相当可观，同时有烧骨和灰烬，唯有化石多较破碎。获得的化石有：披毛犀、野马、原始牛、鬣狗、野驴、野牛、斑鹿、河套大角鹿、猪等；获得的石器有：石核、石片、石锤、龟背状刮削器、雕刻刮削器等，按地层和化石初步认定，此遗址属更新世晚期，与楼房子遗址的时代相当，距今约 3 万年。

4. 南佐新石器时代遗址

南佐遗址属全国重点文物保护单位，位于庆阳市西峰区西南 6 公里的后官寨乡南佐村，是新石器时代（约公元前 4000—前 2000 年）的遗址。

南佐遗址现存 9 处大型夯土台基，北部 1 处大型建筑一号基址已发掘。一号基址为地面建筑基址，长方形，长 33.5 米、宽 18.8 米。三面有夯筑木骨墙。房址中央有东西向隔墙，将房址分为两部分，墙体开三个宽 1.6 米的门道，通连前后，形成前堂后室结构。后室近隔墙有大灶，墙上抹草拌泥，并经烧烤。房址地面为白灰面。房外有散水台，台外还有排水沟，台、沟均经烧烤。在一号房基周围分布着若干小型房址。

南佐遗址发现的大型建筑基址，结构宏伟，与秦安大地湾大型建筑基址相近，表明它是泾、渭地区又一处高等级的中心遗址，对研究中国仰韶文化的社会形态具有重要历史价值。

5. 店子沟遗址

店子沟遗址位于庆阳市宁县政平约 1 公里处的店子沟村。该遗址南至咀梢、北到套岘，长约 500 米，东到村庄、西至王家沟，宽约 150 米。暴露的文化层 1～3 米不等，属仰韶文化。有灰坑、窖穴、窖址、住室、炕灶、石刀、石斧、石锄、石弹丸、骨锥和彩陶、泥制红陶、夹砂红陶、泥质灰陶等类的敛口钵、平沿曲腹盆、线纹尖底瓶、高颈鼓腹罐、绳纹附加堆纹罐、缺口陶刀、灰陶纺论、宽陶环、圆形陶环、三棱形陶环等残片，在附近发现石刀一件、石铲两件、红泥陶瓶一件。

6. 米家沟遗址

米家沟遗址位于庆阳市宁县政平以西约 2 公里处米家沟的小沟刘家咀一带，属仰韶文化，有灰坑、住室、红陶器残片。住室白灰面厚 10 厘米，以小颗粒状泥石面铺成，残长 5 米，为本地区仅见。

第二节　社会经济文化活动遗址遗迹

一、庆阳历史事件发生地

历史事件发生地指历史上发生过重要贸易、文化、科学、教育事件的地方。重要历史事件往往对一个时期的政治、经济、文化产生重大的历史影响，对后世有激励、启迪、借鉴、警示作用，人们为了纪念并教育后人，在这些重大历史事件发生地多建有纪念地，并且这些纪念地通常尽可能地利用原有建筑物，保持原来环境，以增强真实感和感染力。如丝绸之路重镇——甘肃敦煌、武威，“海上丝绸之路”的起点——福建泉州，南宋时期朱熹和陆九渊兄弟进行“鹅湖之会”的所在地——江西铅山鹅湖书院，“九一八”事变发生地——辽宁沈阳，“卢沟桥事变”的发生地——北京卢沟桥畔宛平城等。

（一）打扮梁遗址

昭君出塞的故事流传了千多年，可以说人人皆知，但提到打扮梁，知道的人并不多。

打扮梁是子午岭上的小地名，在今华池县乔河乡境内，是秦直道上一个古驿站。相传汉代昭君王嫱出塞远嫁匈奴单于呼韩邪时，走的就是秦直道。

在途中经打扮梁这个地方时，曾有小驻。当时这里是西汉和匈奴控制的边界线，王昭君越过此地，便意味着离开了故土。因此，王昭君在此曾梳洗打扮，面南拜别故土父老。于是，便留下了“打扮梁”这个富有纪念意义的历史地名。现在这里除了一个城障遗址的残垣断壁和一座烽台外，再也看不到当年驿站的任何遗迹，但昭君梳洗打扮这历史的一幕却永远定格在了这里。

（二）古豳国文化遗址

古豳国文化遗址位于宁县县城庙咀坪，因夏商时周先祖公刘在此建立“北豳古国”而成为重要的农耕文化研究遗址。

宁县古称宁州，夏商时期称雍州，是周祖发祥之地。公刘，北豳（今甘肃宁县）人，古代周部落首领。《庆阳府志》记载，“夏桀二十二年公刘迁豳”，指公刘22岁时在古宁州城西庙咀坪筑城建立“北豳”古国。公刘建立北豳古国后大兴农耕，扩疆辟域，开垦荒地，兴修水利，制造农具，整修田园，种植五谷，发展畜牧，传播农耕文化，经10代400余年的经营和发展，成为西北最强大的部落方国。

北豳古国所辖范围包括今庆阳市南部和陕西咸阳市北部，东至子午岭，西至泾蒲二水，是华夏农耕文化的重要组成部分。其主要遗存有“古邠国城”“京”与“明堂”“京宫”“定安古关”“豳风塔”“赋税亭”“豳风园”等。其文化内容涉及两个方面，一是《诗经·大雅·公刘》和《诗经·豳风·七月》中记载并由“公刘邑”“公刘坪”“古豳（邠）国城”所传承的农耕文明；二是周道文化，其内容涉及“京”文化、礼仪、赋税、古汉语，涵盖修德、则法、礼仪、发展农业、民族和睦等。古豳文化遗址是中华农耕文化的一个重要发源地，对研究中华农耕文化及华夏文明起源有着重要的意义。

（三）危　楼

危楼位于庆阳市华池县柔远镇。宋代范仲淹经略环庆时筑寨于柔远城山之巅，中筑台向北，危楼七楹，拔地而起，高耸入云，蔚为壮观，题其楣曰“摘星”。每闻西夏来犯警报，令士卒登楼远眺300余里，风尘瞩目，而知备御，故元昊服。历经岁月变迁危楼已毁，如今只留存楼台遗迹。

二、军事遗址与古战场

军事遗址与古战场，指发生过军事活动和战事的地方。重大军事战役，以及相关联的军事事件、人物、传说和战场遗址，是人们缅怀历史、抒发思古之幽情的重要载体，因而对旅游者有巨大的吸引力。

在军事遗址中，有一类近现代革命遗址和纪念地。中国自鸦片战争以来的近现代历史，是一部不断反抗外来侵略和封建统治、争取民族独立和民族解放的历史，是一部不屈不挠的革命斗争史。这些革命斗争所遗存的旧址如今被妥善保护，形成了革命遗址和革命纪念地。其中有广西桂平金田起义遗址、广东三元里平英团遗址、广州黄花岗七十二烈士墓、武昌起义军政府旧址、云南陆军讲武堂旧址、北伐汀泗桥战役旧址、南昌八一起义指挥部旧址、井冈山革命遗址、秋收起义文家市会师旧址、平江起义旧址、泸定桥、卢沟桥、平型关战役遗址、冉庄地道战遗址等。

（一）西北反帝同盟军成立大会遗址

西北反帝同盟军成立大会遗址位于正宁县西坡乡（原月明乡）柴桥子村一组。遗址保存较好，现已立碑保护。

1932 年 1 月，谢子长、刘志丹带领南梁游击队和陕北游击队在此召开“西北反帝同盟军”成立大会，将两支游击队改编成“西北反帝同盟军”。谢子长、刘志丹分别任正、副指挥，杨仲远任参谋长。全军约 700 人。这是西北地区成立的第一支以反对日本帝国主义侵略为旗帜的武装。

（二）陕甘宁省委省政府遗址

陕甘宁省委省政府遗址位于环县洪德乡河连湾村，1936 年 7 月至 1936 年 12 月中共陕甘宁省委省政府驻地，下辖赤安、华池、环县、曲子、定边、固北、豫旺、豫海等 18 个县。

1935 年 10 月，中央红军胜利到达陕北，与鄂豫皖北上红军和陕北红军会合，粉碎了国民党军队对陕甘宁根据地的第二次围剿，在大西北站稳了脚跟。随着根据地的迅速扩大，党中央决定将陕甘宁边区改建为陕甘宁省，组建了中共陕甘宁省委和陕甘宁省苏维埃政府。1936 年 7 月初，陕甘宁省委和省政府从陕北洛河川的下寺湾迁到环县洪德乡的河连湾，李富春任省委书记、马锡五任省政府主席，带领这里的人民群众打土豪、分田地，剿匪反霸，发展生产，进行了艰苦卓绝的革命斗争和经济建设。“西安事变”后不久，陕甘宁省委和省政府从河连湾迁到曲子镇。1937 年 4 月，省委和省政府撤销。

1963 年，甘肃省人民委员会公布河连湾陕甘宁省政府旧址为省级文物保护单位。1995 年，该遗址被环县县委、政府命名为县级爱国主义教育基地。2001 年被甘肃省国防教育委员会公布为甘肃省国防教育基地。2005 年被庆阳市委宣传部公布为爱国主义教育基地。2008 年被庆阳市委命名为全市第一批中共党史教育基地。1987 年 7 月 1 日，环县人民政府在这里树起了纪念碑，纪念碑正面阴刻肖劲光题写的“中共陕甘宁省委、陕甘宁省政府旧址”，背面是原陕甘宁省委和省政府光辉业绩简介。2002 年以来，环县先后投资 90 多万元，新建维修仿古平房 9.5 间，建成了环县革命斗争史室、李富春（蔡畅）办公室、马锡五办公室、领导人情况简介室、警卫员室、陕甘宁省委省政府会议室和办公室等 7 个展室，展出革命斗争史 18 个版面，各类图片 120 多幅，各类文物 50 多件。专门安排 1 名工作人员蹲点纪念馆，承担馆内文物管理、对游客的相关史实解说以及全县青少年的革命传统教育工作。纪念馆先后接待了原国家政协副主席钱正英同志，原中组部部长张全景同志，习仲勋夫人齐心同志，甘肃省委连续两任书记苏荣、陆浩同志，陈赓之子、甘肃省军区司令员陈知庶同志，宁夏回族自治区书记陈建国同志等领导，并且每年都在为党员干部、中小学生及其他各类游客进行着革命传统教育。

（三）中国工农红军陕甘游击队成立大会遗址

中国工农红军陕甘游击队成立大会遗址位于正宁县三嘉乡锦章村，保存较好。1932 年 2 月 12 日，谢子长带领西北反帝同盟军，在三嘉乡锦章村举行中国工农红军陕甘游击队成立大会，将西北反帝同盟军改编成中国工农红军陕甘游击队。谢子长任总指挥，李杰夫任政委，杨仲远任参谋长。全军 300 余人。中国工农红军陕甘游击队的成立，正式打出了工农革命的旗帜，标志着陕甘地区的革命斗争进入了一个新的历史阶段。1995 年 3 月，中共正宁县委确定中国工农红军陕甘游击队成立大会遗址为正宁县爱国主义教育基地。

（四）寺村塬革命委员会成立大会遗址

寺村塬革命委员会成立大会遗址位于正宁县湫头乡新庄子村，遗址保存较好，现已立碑保护。

1932 年 3 月，谢子长带领中国工农红军陕甘游击队在寺村塬（即正宁县南塬）一带发动群众，打击土豪劣绅。在广泛动员群众的基础上，陕甘游击队于 4 月上旬的一天，在湫头乡新庄子村药王庙前的场里，召集寺村塬东起五顷塬，西至上南坡头的数十个村庄的农民约千人，召开寺村塬农民代表大会，选举成立了由 15 人组成的寺村塬革命委员会（又称陕甘边革命委员会）。并宣布推翻国民党政权的公告。寺村塬革命委员会下设土地、肃反、财政、食粮等委员会。这是中共陕甘边历史上成立的第一个临时革命政权，也是中共甘肃历史上成立的第一个临时革命政权。寺村塬革命委员会比在华池县南梁成立的陕甘边革命委员会还要早 2 年。8 月下旬，国民党军队进攻，陕甘游击队撤离，寺村塬革命委员会随之解散。

（五）中国工农红军第一军团团部驻地遗址

中国工农红军第一军团团部驻地遗址位于正宁县宫河镇北头大地窑，遗址保存较好。

1936 年 11 月 21 日，山城堡战役结束后，参战的红军各部在陕甘宁边境盐池、定边、环县等地休整待命。12 月 12 日，“西安事变”爆发，国民党军政部长、亲日派头子何应钦以“讨伐叛逆”为名，调遣重兵开往西安，企图扩大内战，乘机取代蒋介石。为了策应“西安事变”，共同对付何应钦，防止内战再起，红一军团奉命由三边地区南下，协同东北军、西北军御敌。行至淳化、耀县、三原时，由于西安事变和平解决，部队返回北上。1937 年 2 月 22 日，红一军团进驻正宁、宁县一带。军团司令部驻宫河镇（时属宁县）北头村大地窑，代理军团长左权、政委聂荣臻、参谋长孙毅及政治部驻宫河王录村，政治部主任邓小平住农民王度家。军团直属部队有警备连（连长曾思玉，新中国成立后曾任武汉军区司令员），工兵连、通信队及电台设在新城王宪瑞家厦房里（距司令部约 500 多米）；后勤部驻核桃峪村，随军学校驻南庄村，医院驻东山头村。属部红一师师部驻罗川春场，师长杨成武、政委邓华、政治部主任罗元发及所团驻山河镇，二团驻罗川高家台，十三团驻代家店、五王庄，其中一部驻陕西旬邑麻园村；红二师驻宁县早胜镇北新城，师长黄永胜、政委肖华、政治部主任唐亮及所辖三团驻宫河镇、四团（骑兵）驻政平，五团驻中村，六团驻新庄村。

（六）包家寨子会议旧址

包家寨子是合水县蒿咀铺乡东边的一个山寨，地势较高，人烟稀少，居民多从陕北迁徙而来。1933 年 11 月 3 日至 5 日，陕甘边特委、陕甘边工农民主政府、红军临时总指挥部，于包家寨子召开了联席会议。刘志丹、习仲勋、高岗、王泰吉、黄子文、刘约三、张邦英、张仲良、吴岱峰、强世清、杨琪、杨森、黄子祥、张振东、王世泰等人参加了会议。这次会议是在陕甘边区乃至整个西北地区革命力量连遭挫折，形势恶化，转入最艰难的时刻召开的。1933 年 6 月，红二十六军红二团南下终南山，几乎全军覆没。7 月，共产党人王泰吉组织的耀县起义遭到镇压而失败，原陕西省委书记杜衡被捕叛变，渭北革命根据地丧失。为了保存革命力量，摆脱当时险境，重建革命根据地，把革命引向胜利，因而召开了这次会议。会议总结经验教训，讨论了部队改编、根据地建设及今后行动方针，决定撤销陕甘边红军临时总指挥部，恢复红二十六军，建立四十二师，开辟以南梁为中心的陕甘边革命根据地。陕北为第一路游击区，总指挥为强世清，政委魏武，以安定为中心向南发展；陇东为第二路游击区，总指挥杨琪，政委高岗，以南梁为中心，向四周发展；关中为第三路游击区，总指挥张明吾，政委张仲良，以照金为中心，向北发展；红二十六军四十二师居中策应。并决定建立庆阳、合水、保安、安塞4支游击队。这次会议奠定了陕甘边革命根据地发展的基础，在西北革命史上有着重大的历史意义，被史学家称为北方的遵义会议，毛泽东喻之为“狡兔三窟之策”。

（七）山城堡战役遗址

山城堡战役发生于1936年11月，由毛泽东、周恩来亲自部署，彭德怀亲自指挥，在环县山城乡一带与国民党胡宗南部队决战取得全面胜利的一次著名战役，是中国工农红军三大主力会师后的第一大仗，也是红军长征结束后的第一大仗，第二次国内革命战争的最后一仗。它的胜利标志着蒋介石“围剿”工农红军的彻底失败，在红军和中国革命史上写下了光辉的一页。

（八）倒水湾整编旧址

倒水湾整编旧址位于合水县平定川倒水湾。1931年9月，刘志丹等共产党人在合水县平定川倒水湾，对当时活动于合水、南梁一带由杨培盛、赵连壁、贾生财率领的三支农民武装进行了一次整编。整编后共400余人，下辖三个大队：第一大队队长赵连壁，副大队长高景范；第二大队队长杨培盛，副大队长白冠五；第三大队队长贾生财。刘志丹任总指挥，马锡五任军需。从此，陇东第一支由共产党领导的工农武装——“南梁游击队”在白色恐怖的环境中终于诞生了，开启了陕甘边游击战争的序幕，史称“倒水湾整编”。

倒水湾整编是中国共产党在陕甘边建设新型人民军队的一次重要尝试。是共产党在陕甘边的革命斗争从“兵运”阶段过渡到武装斗争阶段的重要标志。

三、废弃寺庙

废弃寺庙是指已经消失或废置的寺、庙、庵、堂、院等宗教建筑。

凝寿寺原位于宁县艮宫山北麗通商古道旁川台上，坐北朝南占地十余亩，唐初修建，是秦王李世民西征“西秦霸王”薛举父子之后，坐镇宁县政平为遥祝其母寿诞而建的。他亲笔题字“凝寿寺”三字于寺门，取其“凝神瞩目长安，祈求母仪万寿无疆”之意。此寺与西安慈恩寺在布局结构上相似，规模宏大。殿宇僧舍皆为砖木结构，五脊六兽，四檐出水，明柱承檐，斗拱翘角，雕梁画栋，造型极具佛教气象。寺院内建有一塔，蔚为壮观。四方僧俗顶礼膜拜者如云而至，直到宋代香火依然很盛。延及明代，因暴雨骤至，山洪突涌，凝寿寺惨遭淹没，现仅存宝塔一座。至清代顺治年间，人们又重新选址，在现长宁大桥西侧台地重修凝寿寺，其规模虽大逊于原寺，但也是一座建筑宏伟，香火旺盛，众佛聚集的古刹。此寺坐北向南，占地 4 亩多，院内正中为五件大雄宝殿、殿前有台阶七级，宝殿内莲台上塑有释迦牟尼、药师佛、阿弥陀佛、迦叶、阿难、观世音菩萨、文殊菩萨等七位佛的金身，左为韦陀、右为接引佛金身。莲台上还供有十余位牌位，两厢供有十八罗汉牌位，四面供有东方持国、西方广目、南方增长、北方多闻四大天王的牌位。莲台前和左右各佛像前均设紫红供桌，正中释迦牟尼佛前供桌又大又宽，上置木鱼与铜磬等。

清代迁址新建的凝寿寺虽然规模不如原寺，但佛像雕塑工艺十分精美。整个寺院全为砖木结构，墙面全以磨砖砌成，雕梁画栋，门窗精雕细刻，古朴典雅，蔚然壮观，清代香火十分旺盛。清朝后期几次兵燹，凝寿寺遭到严重毁坏。尤其同治年间，回民反清数次经过宁县，毁了大部分建筑物，凝寿寺也未能幸免，山门和两厢廊房成了废墟，只剩下大雄宝殿和三件僧厨，门窗残缺不全，后又葬身于“文化大革命”“破四旧”中。

四、废弃生产地

废弃生产地是指已经消失或废置的矿山、窨、冶炼场、工艺作坊等。

抗日战争时期，为了粉碎国民党对陕甘宁边区的经济封锁，渡过抗战难关，1943 年 4 月，三八五旅七七〇团团长张才千、政委宋景华率领所部进驻华池县大、小凤川，执行毛主席和朱总司令的屯田政策，一面保卫边区，一面开展生产建设。他们挖窑建舍，拓荒垦田，修桥筑路，以农业为主，开办十余种作坊，使昔日的“野山僻壤、林木参天、人烟无几、兽群遍行”的荒凉之地，变成了“粮食仓满，蔬菜有余，牛马成群，猪羊满圈，革命家务日趋巩固”的另一个“南泥湾”。1943 年冬，陕甘宁边区文协秘书长、抗日救亡歌曲《松花江上》的作者张寒晖来华池采风，华池民间小调《推炒面》优美的旋律和华池军民高涨的生产热情激发了艺术家的创作灵感，由此诞生了脍炙人口的歌曲《军民大生产》，并自此唱响了陕甘宁边区，唱响全中国。1944 年 11 月，七七〇团奉命南下。离开大凤川时，曾立石刻纪念碑一座，记述了全团屯兵生产的业绩和英雄模范人物。

旧址现保留了练兵场、纪念碑、七七桥等原迹，并在练兵场对面新建了大生产基地纪念馆，并配套建设了停车场、三星级旅游厕所等附属工程，纪念馆于2009年9月布展完成并对外开放，布展共分为三个单元，第一单元：边区困难重重，开展生产自救；第二单元：全体军民共参与，生产劳动争为先；第三单元：唱响军民大生产，携手共建陕甘边。

五、交通遗址

交通遗址是指已经消失或废置的交通建筑和设施。

（一）萧关古道故址

关中四大关隘之一的北萧关位于环县县城北关秦长城与萧关古道的交汇点上，《庆阳府志》云："萧关在城西北二里。"北萧关距今2 000余年，它是关中的北大门。出关达宁夏、内蒙及兰州、河西等地；入关经环江、马莲河、泾河直抵关中。

萧关古道是关中与北方军事、经济、文化交往的主要通道，是丝绸之路的一部分，对于陇东人民安居乐业、发展经济、交流文化、繁荣商贸、方便交通起到了极其重要的作用。中央电视台30集大型专题片《走遍关中》说："萧关是一种地名，萧关是一种形态，萧关是一种情结，萧关是一种变数，萧关是一个随着时代的变化和防御对象的变化而变化的战争防御带。"清知县高观鲤把"萧关古道"列入环县八景之一赞道："留侯营汉邑，即此亦关中。风阙连云起，龙沙入望通。悲风嘶牧马，急雪断征鸿。千古干戈地，应怜百战功。"

（二）秦直道遗址

在子午岭蜿蜒的山脊上，至今还可以依稀看到有一条沿主峰走向的车马大道遗迹，一些路段，还被今人所沿用。正宁县境的调令关段有明显的大道遗迹隐没在林海之中，大道两侧还有不少秦砖汉瓦残片堆积物，这些与史书记载的秦直道的走向十分吻合。李继唐诗文中"秦皇驱车由斯过"，就是指千古一帝秦始皇曾沿着这条直道出巡过。

战国时期的秦国崛起于西北，凡传六世，至秦王政，始统一中国。秦始皇雄才大略，威镇四海，在位37年，称帝12年，以疾风扫残云之势，结束了春秋战国以来群雄割据的分裂局面，统一了全中国，创建了中国历史上第一个中央集权制王朝。

秦王朝建立之初，强大的匈奴人经常侵扰秦国的北疆河套一带，于是，秦始皇决定让蒙恬率大军修长城、筑直道以拒匈奴的入侵。这条以秦都咸阳为起点，直达九原（今内蒙古境内）的秦直道，在庆阳境内就是沿子午岭山脊为走向的，据实地考察，其遗迹尚存，市境内共有长达 291 公里的秦直道。

秦直道的开通，是一项历史性的浩大工程，是人类历史上第一条山区“高速公路”，对巩固秦王朝北疆有其战略意义。秦王朝可以通过这条大道将军用辎重源源不断地运往边防，同时，也加强了塞外和中原地区的商贸往来和民族融合进程。

六、废城与聚落遗迹

这是指已经消失或废置的城镇、村落、屋舍等居住地建筑及设施。

（一）彭阳故城

彭阳，据《镇原县志》记载：从西汉起，为安定郡二十一县之一。东汉至隋朝改属庆阳。唐时将彭阳改为彭阳郡，后又改为丰义县。五代时属宁州。宋时属原州彭阳县。到元时属镇原州彭阳县，直至明朝废县。历今两千年，现有城垣遗迹，故称彭阳。

彭阳乡政府建在汉代彭阳县故城遗址内，北靠彭阳故城北墙，除中间新挖壑口，基本保存完整。南城墙已被茹河水冲毁，东西城墙仅留几处残垣断壁，城区常常掘出秦砖汉瓦残片。彭阳县故城东西长 250 米，南北宽 200 米，城墙残高 10 米，墙根厚约 6 米，夯土层厚 20～30 厘米。城东西有两门，南有便门，城墙四角各有敌楼一座，残迹仍存。1983 年列为县级文物保护单位，1996 年被公布为省级文物保护单位。

古彭阳县境出土文物丰富。今彭阳乡的寺沟口出土的旧石器时期的石核等石器，属国家珍贵文物、现藏在甘肃省博物馆。这里还出土过大量古脊椎动物化石如犀牛骨骼等。1991 年彭阳故城遗址以西彭阳村出土的一块石碑，称西禅院碑，高 95 厘米，宽 56 厘米，厚 15 厘米，正面刻“周显德二年五月六日存西禅院记”14 个大字，小字 304 个，刻有“原州司马刘文戢”，背面竖刻碑文“宁州丰义县重修西禅院记”，“乡贡进士张悬蒙撰，王献可书”，碑文 388 字，其中 24 字残损难辨。碑文左下角署“大宋开宝五祀六月十五日记”“前渭州尤从押衙加容姚莞”。从碑文可看出，西禅院毁于后周（955 年）。宋太祖开宝五年（972 年）重修西禅院时在原碑上做了文字记载。利用了原碑背面空白的碑面，重新镌刻了碑文文字。此碑现存镇原县博物馆，属国家二级文物。彭阳故城近郊有玉山寺石窟，现为省级文物保护单位。萧金宋塔内砖刻“政和八年（1118 年）闰九月初三，彭阳县崇信乡野林社”18 字，证明北宋中叶萧金一带属彭阳县辖区。萧金镇野林村西汉墓出土的铜鼎，鼎盖铭文为“彭阳，重三斤四两，容三升”，鼎腹沿铭文为“彭阳，重七斤，容一斗三升”。此鼎现存庆阳市博物馆。这些文物保护单位和出土文物，对研究我国古代文明和古彭阳历史，具有极其重要的物证价值。

（二）二将城遗址

子午岭上的二将城遗址，位于今华池县山庄乡境内。这座古城垣依山就势，雄踞山巅。它是众多的城寨中具有代表性的一座古城。从此城遗址调查发现的“大顺城关”字样证实，这就是北宋时期庆州知州范仲淹为了抵抗西夏而修筑的大顺城。

元昊建都兴庆（今银川市），形成了以党项羌为主的地方政权，史称西夏。西夏控制着今宁夏、甘肃、陕北和河套一带的广大地区，兵强马壮，经常入侵北宋的北疆，而首当其冲的地区则是子午岭一带。在长期的拉锯战中，作为北宋边关重地大顺城，确实起了屏障作用。

古寨烽烟与“四面边声”都随历史的长风而去，但二将城宏阔依旧，安然地静卧在子午岭的深处。

【讨论与思考】

1. 什么是古人类文化遗址？
2. 什么是历史事件发生地？

第五章 建筑与设施类旅游资源

【经典案例】

吊脚楼

吊脚楼历史悠久，也叫“吊楼”，为苗族（重庆、贵州等）、壮族、布依族、侗族、水族、土家族等族的传统民居，在渝东南及桂北、湘西、鄂西、黔东南地区的吊脚楼特别多。《旧唐书》卷一九七曾对南平僚的土家住宅作记载：“土气多瘴疠，山有毒草及沙虱蝮蛇，人并楼居，登梯而上，另为干栏。”经考证，今之吊脚楼即是当年“干栏”的遗风。吊脚楼多依山靠河就势而建，呈虎坐形，以“左青龙，右白虎，前朱雀，后玄武”为最佳屋场，后来讲究朝向，或坐西向东，或坐东向西。吊脚楼属于干栏式建筑，但与一般所指干栏有所不同。干栏应该是全部都悬空的，所以称吊脚楼为半干栏式建筑。

吊脚楼分两种。一类是平地上支撑而起，多为九柱落地，横梁对穿，楼台悬空，飞檐上翘，楼台分上下两层，独有绕楼的曲廊上有一排柱悬于空中，如楼吊脚，故名吊脚楼。另一类傍河岸，依悬崖、临悬岩、凌空而过，楼高3层，约3丈，楼下根根架空木柱如白鹤立地，劲直屹立，给人一种腾空而立的崇峻感。轻巧剔透的吊脚楼在河水夕照的山岭间往往会构成一幅灿烂的风景。可组织游客于吊脚楼村寨小居，若是冬天可在火炕房与当地人烧炕腊肉、炕豆腐，共享其乐，或到磨坊推磨，体验下吊脚楼生活。

（资料来源：据百度—吊脚楼介绍整理）

思考：假如你家的房屋就是一处很有特色的旅游资源，你如何去开发它？

歌德说：“建筑是石头的史书，是凝固的音乐。”

歌德的这句名言道出了建筑的历史价值和美学价值，这也是建筑成为旅游资源的根本依据。不同民族、不同地域的人们由于所处环境、信仰、行为模式的不同，他们所创造的建筑也有不同的风格，体现出不同的精神内涵。歌德的这句名言虽然反映了建筑价值的普遍性，但也是基于西方古代建筑总结出来的。西方古代建筑多用石头，受古希腊、罗马影响，往往关注单体建筑是指雕塑化，具有让人内心激荡的崇高美；而东方则不同，中国古代建筑多为土木结构或砖木结构，更关注建筑组群及其与周围环境的和谐，往往具有平静之美。

第一节　综合人文旅游地

一、康体游乐休闲度假地

康体游乐休闲度假地，指具有康乐、健身、消闲、疗养、度假条件的地方。康体游乐休闲度假是现代旅游发展新趋势，传统的观光旅游已不能满足人们追求舒适、体验、享受、健康的愿望，因而在一些宁静祥和、空气清新、环境优美之地，旅游经营者开发出具有保健、疗养、游乐、休闲设施的度假旅游地，获得旅游者的青睐。我国有大连金石滩、青岛石老人、苏州太湖、无锡太湖、浙江之江、上海佘山、福建武夷山、福建湄州岛、广州南湖、广西北海、海南亚龙湾、云南滇池等国家级旅游度假区。此外，云南昆明春城湖畔度假村、江西庐山天沐温泉、四川峨眉山灵秀温泉、广东肇庆广新农业生态园等也都是康体游乐休闲度假的好去处。

（一）华夏公刘第一庙旅游风景区

公刘庙旅游风景区位于庆阳市西峰区温泉乡境内。景区周围松柏环绕、古木参天。北边有公刘大殿，塑有公刘父亲鞠陶、祖父不窋、公刘妻子、姐妹的塑像，在此庙的像台下塑有送子娘娘和催生娘娘，西边大殿塑有公刘挥泪斩白龙马之像，南边有土钟楼和戎台牌楼，东边是当年管理者的住处，院内两侧立有群众缅怀公刘的石碑。其中一座碑是清代遗物，碑文内容见《金石记》，详实地记述了公刘对庆阳农耕文化的功绩，并记述了公刘的儿子庆节南移的内容，祭祀日为农历三月十八。

《庆阳县志》载：“公刘庙，俗称老公殿，在县城西南 80 里高家崾，清乾隆年间重修。”明清两代称温泉乡为周都里。时至今日，陕西长武、旬邑等地还有大量群众前往公刘殿拜祭。公刘殿遗址充分反映庆阳人民对周先祖的深切怀念。

2002 年“首届中国·庆阳香包民俗文化节”期间，中国民俗学会命名公刘殿为“华夏公刘第一庙”。

庆阳是周先祖农耕文化的发源地，公刘更是为庆阳农耕文化做出了卓越贡献。为了缅怀公刘繁荣农耕文明的丰功伟绩，公刘殿祭祀活动作为一种文化传承和信仰取向，已成为陇东地区基础浓厚的文化和宗教活动。农历三月十八、初一、十五，公刘殿人山人海，车水马龙，盛况空前，来自区内外的香客游子，使公刘殿逐渐成长为一处远近闻名的宗教旅游胜地。

（二）庆阳农耕民俗文化村旅游风景区

陇东农耕民俗文化村，坐落在甘肃省庆阳市小崆峒北门内，一座典型的陇东崖庄院落，背原面山向阳，崖背一砖到顶，窑洞排列整齐，院落雅致静谧，花园繁花似锦。大门外右侧因势修建一座高厦，另具匠心，增加了窑洞民居的层次和对称，显得和谐而有情趣。院中央矗立一尊公刘巨像，怀抱谷穗，盘髻飘髯，目视远方，面带微笑，睿智而安详，似劳作归来，又似伫立筹谋。公刘是奠定周王朝基础的部落首领，是中华农耕文明的开山之祖。公刘塑像是陇东民俗文化村点睛之笔。

庆阳农耕文明亘古久远，历史文化灿若星河。黄土地造就的民风朴实敦厚，粗犷豪放，绚烂多彩的民间文化是点亮黄土儿女祖祖辈辈漫漫长夜的灯，是心灵深处流出的歌。集中一炉，荟萃一馆，建立一座民俗博物村，以小见大，以少胜多，尽可感受黄土文化的神奇魅力。

走进民俗文化村窑洞展厅，宇宙苍茫，大地洪荒，二十万年前后西峰巨家原就有了人类的足迹。他们在这黄土地上采集狩猎，万年前后南佐圪瘩渠氏族部落村居近在眼前，在这向父系氏族社会进化的前夜，原始农业、手工业已成了先民们赖以生存的主业。青铜器荟萃，石造像密布，各代陶瓷琳琅满目，历朝文物美不胜收。公刘教民稼穑，先民春种秋收，人类早已迈进青铜时代的门槛。木轮牛车、犁耙锄耧、织机纺车、手工编艺……小农经济的自给自足，通过实物和造型，让人感受到这里的农业传统是如此的深厚，数千年的沧海桑田，让人折返久远的过去。剪纸、刺绣、香包、泥塑、木偶、字画，这些与农业劳动伴生的民间艺术璀璨夺目，古朴独特。一场电声伴唱的皮影戏更是先声夺人，观者如痴如醉。进入陇东民俗文化村，犹如进入历史隧道，使你亲身感受陇东人脚踏黄土地、一步快似一步地从远古走来，一直走到今天，从未止歇。即便走出民俗村，这种历史的厚重感和与命运抗争的不屈精神仍然使你激动不已，感慨良多。学习历史永远是爱国主义教育的永恒主题。

陇东历史上多是多民族杂居之地或王朝边塞，战乱频仍，荒旱相继。进入近代，行政区划导致其属三者交界的边缘地区，山大沟深，乡穷壤僻，交通不畅，信息封闭。这些，在造就当地人民群众贫穷闭塞的同时，也保留了原始的文化形态并使之世代延续下来，其丰富的多民族原始图腾文化和古老民俗得以完整流传，并成为群众性的创作活动。这为人类学、考古学、历史学、民族学、民俗学乃至美学、艺术、工艺等提供了宝贵的不可多得的研究土壤和实物资料。它所提供的那种不假雕饰的原汁原味的民间艺术和黄土风，给以苦于现代之风吹拂的人们一股少有的清新，这正是陇东黄土文化风靡全球，中国庆阳香包民俗文化艺术举办了一届又一届、届届圆满的真谛所在。在这里，那些过去的历史陈迹重新变得鲜活起来。事实上近年形成的民俗文化大潮，并不是过去的重复与回归，而是注入了时代内容，这恰是令民俗专家感到鼓舞的地方。

（三）老洞山旅游风景区

老洞山位于西峰城区以南 14 公里的肖金镇老山村，古称老洞仙山、老洞真人寺。这里方圆 3 公里的景区，环境优雅，气候宜人，景色如画。曾被庆阳市政府确定为西峰区重点旅游景区之一。在其山脚下有一座淤地坝始建于 20 世纪 60 年代，这里山路崎岖，风景独秀。老洞仙山有四大景区和几十个景点。“景区文化积淀非常深厚，古遗址群落集中密布约 4 500 亩（1 亩≈666.67 平方米），是西北黄土高原罕见的古文化名胜群落集存区。”据专家考察，它“是黄土高原上唯一的一座黄土群窟，经千年不塌，实属奇迹，堪称为‘陇东第一黄土群窟’”。

（四）新兴示范园

新兴示范园（简称新兴园），位于西巴公路沿线，后官寨乡沟畎村，距西峰城区 10 公里，总占地面积 2 000 亩。园区地理位置独特，四面环沟、山清水秀、风光旖旎、环境优美，水、电、路、通讯畅通，设施齐备，自然绿化面积达到 60%以上。

新兴园是西峰区通过招商引资建设的集休闲度假、风情旅游、餐饮住宿于一体的大型自然生态园区，计划投资 1 亿元，利用 5～10 年时间完成。建成窑洞宾馆、别墅、喷泉、游泳池、垂钓中心、高尔夫球场、保龄球馆、网球场、射击场、桑拿洗浴、会务接待、多功能健身、植物园、森林公园、围猎场、动物园等项目。

目前，已完成投资 500 万元，建成窑洞宾馆 20 孔、别墅 8 幢、喷泉 2 处，游泳池、垂钓中心先后开业，其他项目已破土动工，增加就业 244 人，成为我区的又一大旅游景点。

（五）南小河沟风景旅游区

南小河沟风景旅游区位于西峰区西 13 公里，为泾河支流蒲河左岸的一条支沟，属黄河水土保持西峰治理监督局的一个综合治理示范点。它北倚青山，南拥松树林，山清水秀，风光旖旎，可以见百鸟，视游鱼。南小河沟是一片绿色的海洋，林种复杂，景观多样，以南小河沟为中心，拥有近三千亩的各类林地，以春花、秋叶吸引游客；上游有花果山水库水面 140 亩，中游修成垂钓鱼池 11 个 19 亩，下游有“陇东第一坝”。独特的自然环境，旺盛新鲜的水源和良好的植被，使南小河沟成为黄土高原区域较为典型的天然旅游避暑胜地和一块区内罕见的水上乐园，被誉为“黄土高原上的一块翡翠”。置身南小河沟之中，感受青山碧水，微波荡漾，绿树环绕，游鱼泛飞，轻舟穿梭，令人心旷神怡，赏心悦目，仿佛置身江南水乡。

（六）东老爷旅游风景区

东老爷山又称兴隆山，位于环县东北部的陕、甘、宁三省交界处，海拔 1 774 米，是闻名遐迩的道教名山，自古有“鸡鸣听三省”的美誉。这里，有轩辕黄帝升天、周太子降生、金公鸡叫鸣、关老爷显灵、林道士成仙的神奇传说，有毛泽东、彭德怀等革命伟人带领红军长征留下的历史足迹。这里，“二龙戏珠”奇特山势壮观逼真、巧夺天工，16 座元、明、清古建庙宇楼阁错落有致、古朴典雅，苍松翠柏栉比鳞次、映带左右，优美的自然风光与宏伟的道教宫观和谐相衬，浑然天成，是休闲观光、求仙问道、红色旅游的绝好胜地，现为省级文物保护单位。

为保护历史遗产，挖掘文化内涵，展现人文特色，开发红色旅游资源，创造一处环境优雅的旅游观光场所，环县提出了开发建成东老爷山森林公园的目标，并逐年组织实施。20 世纪 90 年代为该山送上了电，2003 年修通了三级柏油公路，2005 年聘请专家对景区进行了详细规划，2006 年实施了上水工程。公园总体控制面积 475 亩，近期规划 180 余亩，总投资 1 300 万元。依托“二龙戏珠”山体特征，以祖师山（中峰）为中心，加固维修古建庙宇楼阁，增建牌坊、山门、影碑、红军长征纪念馆、红军窖纪念碑、观龙亭等景观；在玉皇峁（北峰）修建玉皇观；在魁星峁（南峰）修建魁星楼、拾财亭等景观。扩大植树绿化，修建游览道路等。

（七）文昌阁旅游风景区

文昌阁景区位于环县县城环江西岸，是一处集文化游、宗教游、生态游为一体的旅游景区。规划总面积 1 200 亩，主要景点有环江翼龙雕塑、步云桥、桥西广场、文昌阁、钟楼、鼓楼、状元桥、砚池、任养亭、润物亭等，总投资 4 000 万元。

文昌阁是景区内标志性景观，它矗立在县城西山之巅，通高 36.9 米，是全国最高、西北最大的文昌阁。其风格为仿明清建筑，明三暗五层，四方十六柱，青瓦红墙，斗拱上翘，檐牙高啄，雕梁画栋。阁内供俸玉皇上帝、南斗六郎、北斗七星、金童玉女、红黑二天蓬、四大天王、文昌帝君、大成至圣先师文宣王孔子，魁星、天师、天聋、地哑等道教神祇，凡存志正直的虔诚信仕敬香叩拜，有求必应。

攀登高阁顶层观光：山岳丘陵一望无际，大河小溪潺潺流水，高楼大厦拔地而起，环江翼龙、战国长城、萧关古道、唐台古堡、宋代砖塔、明筑老城和环江三十里旅游风情线尽收眼底，是展望环县秀美山川的观景眺台。年接待游客 20 万人次。

（八）双塔森林公园

双塔森林公园始建于 1997 年，占地 3 156 亩。该公园是华池县委、县政府历时多年，以县城东山森林资源为基础，以双塔寺搬迁保护为依托，投资近亿元修建的一处集旅游观光、避暑度假、文化娱乐为一体的休闲娱乐场所。公园内建有重檐亭、天台、文化大楼、双塔寺、范公祠、碧玉山庄、射击场、草原风情园等 36 个景点和游乐服务设施。春日杨柳吐翠，桃杏芬芳；夏夜霓虹闪烁、曲径通幽；秋日彩林翻飞，漫山氤氲；冬季银装素裹、群峦如象。晨起锻炼人群如织，夜晚喷泉喷珠吐玉。公园内通讯便捷，交通畅达，设施齐全，是城区居民休闲娱乐、聚会度假的理想之地，2006 年被评定为国家 AA 级旅游景区。

（九）周祖陵国家森林公园

周祖陵森林公园位于甘肃东部，泾河上游的庆城县境内，因县城东山之巅有周祖不窋陵而得名。庆城县是农耕文化的发祥地，早在夏太康年间，周先祖不窋就率族人徙居于此，拓荒垦田，教民稼穑，作屋筑室，以避寒暑，养蚕为丝，始代毛革，劈山通道，削土营城，务修礼乐，涤除陋俗肇创华夏民族农耕文化，奠定了周王朝发祥的基础，周先祖不窋既殁，葬于庆城东山，历代建行宫、修庙堂，祭祀“华夏周祖第一陵”。庆城县又是孕育国医初祖岐伯的热土。这里曾是华夏民族人文始祖黄帝的主要活动范围之一，而岐伯是当时医学理论最为渊博的人，于是便有了岐伯与黄帝论医，创“岐黄之术”，成《黄帝内经》，奠定了中国医学的理论基础，“岐黄之术”是东方文化宝库中一颗璀璨的明珠。

周祖陵景区重建于 1994 年，占地面积 10 000 多亩，现已累计完成投资

4.6 亿元，实施创建了以周祖农耕文化为主题的周祖陵景区、周祖农耕文化体验园，以中国中医药文化为主题的岐伯圣景景区、《黄帝内经》千家碑林景区和以中华为主题的孝道文化景区，先后建成周祖大殿、周王殿、肇周圣祖牌坊、帝系王风牌坊、碑亭、祭坛、周祖农耕文化展览馆、作坊街、岐伯大殿、长寿鸿福台、拜师论医亭、十大名医祠等仿古人文景点 120 多处，配套了周祖陵宾馆、游乐园，装修了游客中心、会议室、民俗文化展厅等服务设施，实施了景区绿化，实现了吃、住、行、游、购、娱成一条龙配套，融农耕文化、中医药文化、民俗文化、黄土风情、森林风光、陇东窑洞、风味小吃为一体的特色服务，吸引了大量的国内外游客前来观光旅游，年接待游客 56 万人次，年旅游收入 2 000 多万元。周祖陵景区的发展，有力地带动了当地社会经济的发展，推动了景区内外的生态环境和相关产业的快速发展，已成为凭吊祭祀、旅游观光、遣怀寄兴之佳境。

“登临方知世外境，凭栏一望古今天。”每遇晨曦腾雾或夕阳薄天，登临送目，回眸远眺，感慨万千，整座园林掩映于苍松翠柏之中，金碧辉煌，紫气氤氲，典雅宏伟，宛若仙境，诚为凭吊祭祀、旅游观光、遣怀寄兴之佳境。

（十）潜夫山森林公园

潜夫山森林公园位于镇原县城潜夫山上，潜夫山因东汉末年著名的思想家，政论家王符在此隐居著书《潜夫论》而得名，相传山上古柏为王符亲手所植，潜夫亭为王符的读书坛。

潜夫山公园从 1987 年开始修建，目前已建成潜夫亭、杏花亭、通明宫、佑德观、书画展览馆、烈士陵园等景点，总建筑面积 1 540 平方米。从 2009 年开始，县直机关单位干部职工在公园集中开展义务劳动，各单位捐款捐物，切实加强园内绿化、美化工程建设。共筹资 36 万元，完成整地 1.26 万平方米，栽植刺柏、云杉、油松等名贵风景树木 35 种、3 万多株，修建钢架长廊 50 米、石桌石凳 120 多个，种植草坪 2 000 多平方米，硬化路面 2 400 多米，新修景点 8 处，使景区自然环境和服务设施得到了进一步改善，是一个旅游休闲的好去处。

（十一）翟池旅游风景区

翟池位于镇原县县东 35 公里、嵋肖公路西侧的上肖境内。民国二年（1913 年）农历十一月，沟北原头滑塌，堵塞沟渠，形成湫池。因此地聚居翟姓，故曰翟池，又因此池，该村也被命名为翟池村。翟池水位最深处为 13 米，水面面积 18 万平方米，总蓄水量 126 万立方米，流域面积 1.33 平方千米。池上游南端有泉眼一孔，以每秒 4 公升的流量注入池中。水质甘甜纯净，是当地人畜饮用的唯一泉池。1977 年 8 月，西岸一角堤坝滑坡，池水下降 3.5 米，后经几次维修加固，现已恢复正常水位。池中鱼类丰富，偶有龟鳖出没，水蛇穿行。春夏时节，碧波粼粼，柳黛成荫，鸟语花香，鳞鱼腾跃，构成一副绚丽美妙的天然景观，令垂钓者心旷神怡，使游人乐不思归。目前，县政府引资 140 万元，统一规划，合理布局，植树 20 万株，建成宾馆、游泳池、钓鱼池、苹果园，购置游船 20 多艘。每年夏天南来北往的游客络绎不绝，大小车辆穿梭往来，画舫游荡，钓者往返，红男绿女嬉戏于花丛水畔，皓首老者避暑于翟池山庄。翟池已成庆阳一流的旅游胜地，开发潜力极大。

（十二）太阴池旅游风景区

太阴池位于县东 32.5 千米、屯子镇东 5 千米左右的太阳高家，以新丰梁为界，东西两边各形成一座天然湫池，其地形如太极图状，故新丰梁以东，向阳之地的池湫称太阳池，以西背阴之地的池湫称太阴池。太阳池已经干涸，留下一个神奇的传说。一天晚间，其地所有人做了同一个梦，梦见家家户户赶牛下池湫往返不停地驮水，牛全身水流不住。次日，池坝冲决，水流三日，鱼群挣扎于干涸的池底滩洼，却无人忍心去捡食。从此，太阳池不复存在。据考查，太阴池的形成早于白马池 48 年，为清嘉庆二十五年（1820 年）。这年天象异变，农历二月初五，雷电大作，洪水滚滚，房倾屋陷，山崩地裂，堵塞沟道，形成了太阴池。该池水面高程为 1 280 米，长 970 米，平均宽 250 米，最深水位 14.5 米，水面面积 24.25 万平方米，约 370 多亩，总蓄水量为 218 万立方米，流域面积 1.3 平方千米。水色清澈，不溢不涸。沟掌有泉两眼，从黄土层中涌出，犹如贯珠涟涟，银丝涓涓，自然成趣，妙不可言，以每秒 1.5 公升的流量泻入池中。水质甘洌香甜，纯净无染。据当地人说，常饮此水，有强身健体、延年益寿之奇效。池边有菩萨庙一座，每年二月初八的庙会，四方香客信士云游于此，男男女女，车水马龙，热闹非凡。四周环山，郁郁成荫，桃杏花含苞欲放，越冬草芥探出丝丝嫩芽，碧波荡漾，生机盎然。入夜，皎洁的月光映照池中，鱼儿往来翕动，绿树山光在水中晃动，游人驻足池畔流连忘返。为使这座天然池湫造福人民，1958 年，镇原县水利部门先后数次组织投放鱼苗 80 多万尾，现在，鱼类成群，戏游其中，有白鲢、鲤鱼、草鱼等品种，时值春秋，垂钓者络绎不绝，是境内的天然鱼池之一。和太阴池一带相连的黄、红、黑三池更为奇特，黄池水黄如米，黑池水黑如黛，红池水红如赭石，水域虽不宽阔，但幽篁成荫，曲径蜿蜒，游人情侣置身其间，有“举步如蓬莱，飘然醉若仙”之感。1976 年在此建立大型电力提灌站，发展有效灌溉面积 1 000 亩。春夏之际，机声隆隆，流水淙淙。旱原有了取之不竭的源泉，农人们喜笑颜开。近年来，县政府招商引资 6 000 多万元，在池畔拓地 1 万多平方米，修建旅游设施，购置游船、游艇 10 多艘，初步接待游客，不久的将来太阴池旅游风景区，将以崭新的面貌，呈现在世人面前。

（十三）白马池旅游风景区

白马池亦称白马泉，在镇原县东 27.5 千米、屯字镇东 3 千米的景家洼，因为当地有白马庙，故称白马池。据考证，清同治七年（1868 年），这里两度山体滑坡，堵塞沟渠流水，形成此池。白马池的形成还有一段离奇的故事，传说同治年间生活在这里的农民，过着男耕女织的农家日子，沿池边的农田生长着大片金黄色的麦子和绿油油的玉米及五谷杂粮，绿树成荫，村庄星罗棋布。许多家牛羊成群，车马成套，日子过得滋润而富裕。同治七年的秋天，沿池畔地下不时发出隆隆的怪鸣，有一白髯老翁似疯似痴，整日游转于村间，一连三日只说一句话："快跑快逃！"村民们联想地下的轰鸣声和老人的诫语，意识到可能有什么灾难降临，依依不舍地离开了村庄。嗣后，山体滑坡，村庄里所有的居民皆免遇难，人人都说那老人定是神仙下凡，土地显灵，保佑生灵。白马池如一条硕大的"金鱼"，面北尾南，静静地安卧于黄土高原的腹地。鱼的右尾部有一小池，池的上端有白马泉、娘娘泉，二泉遥相呼应，清澈的泉水源源不断地流入池中，小池之水长年如注流进大池，正如"问池那得清如许，为有源头活水来"。据测定，水深 17 米，水面面积 15.3 万平方米，总蓄水量为 130 万立方米，流域面积 1.97 平方千米。池水荡漾山腰，清澈如鉴，真有"春来江水绿如蓝"之感，景色十分秀丽。春秋季节，钓客云集，游人接踵而来。邑人马鉴堂赞云："人形乱翻春水绿，渔歌频唱夕阳红。"池湫周围还有三股泉眼，水从沟渠两侧红砂土层的不同角度泻出，如细雨淋漓，似银柱涓涓，音韵多律。流经悬崖，苔藓丛生，水草丰盛，如翡翠绿带，缠绕于池湫四周。白马池水质优良，水资源丰富，池中硕大的金鱼，结队畅游，五光十色煞是好看，晴日片片白云倒影其中，雨天团团迷雾缭绕池畔，徐徐升起，如一面巨大的纱缦。它是一块尚未开发的处女地，正期待有眼光的游客到来。

（十四）调令关森林公园

调令关森林公园位于子午岭林区中湾林场腹地，西距正宁县城 33 公里，省道 303 线穿境而过，是正宁县最具特色的自然风景区，现为国家 AA 级旅游景区。该公园是 2004 年 3 月由甘肃省林业厅批建，总投资 3 134 万元，现由调令关森林旅游服务有限公司实施建设。公园由调令关、中湾、高凤坡、西牛庄四个景区组成，面积 9 300 公顷，其中森林面积 8 122.8 公顷。景区自然条件优越，有木本植物 43 科 82 属 172 种，有国家一、二级保护动物 10 余种，森林空气新鲜、含氧量高，无污染，尘埃少，空气负离子含量高，有“陇上林海，天然氧吧”之美誉。同时，这里人文景观也极为独特，有历史遗址秦直道、调令雄关、八仙洞府等，极具开发优势。到目前，公园已投资 1 060 万元，开发了直道林荫、调令松涛、乌龙松林、八仙洞府、观景台、森林氧吧、野生动物养殖园等 10 多处景点，建成了综合接待服务中心、休闲别墅、垂钓中心等休闲娱乐设施，完善了电力、通讯等配套设施。该公园是一处以森林景观和生态环境为主线，融合自然景观与人文景观，以森林旅游为主旨，集观光游览、探险猎奇、科普教育、休闲度假、住宿娱乐、采摘收获等多种功能为一体的综合场所。公园还是陇东学院、省内农林科研院校教学实习基地。

（十五）夏家沟森林公园

夏家沟森林公园位于合水县太白乡牛车坡行政村烟景川自然村，在 309 国道南侧，交通便利。它与子午岭主脉浑然一体，沟内森林密布，古树参天，流水潺潺，瀑布如帘，四季变化，云遮雾绕，恍若人间仙境。夏家沟森林公园占地面积 30 平方千米。全园分为庙宇古迹、度假山庄、运动狩猎、植物花卉、林间鹿场、避暑疗养、会议中心、自然保护等 12 个功能，是一个集景观、度假、游乐、餐饮、住宿、休闲于一体的综合旅游景区。园内文化氛围浓厚，富有趣味。相传，夏禹曾在此处铸造九鼎，留下天王庙遗址；这里的魏长城残迹是战国那一段金戈铁马、风云际会的历史见证；鸳鸯泉向您讲述着一段刻骨铭心的千古爱情故事；而陕甘边特委合水县革命委员会的 12 孔窑洞则是合水人民在近代革命史诗中的见证。

（十六）秦直道山庄旅游风景区

秦直道景区位于庆阳市合水县境内、夏家沟省级森林公园内、甘肃省子午岭省级自然保护区内，是古代“高速公路”——秦直道的主要经过地。景区内自然旅游资源与人文旅游资源组合良好，品位高雅，特色鲜明，开发旅游前景广阔，正在成为我省东部旅游区的新热点。

二、宗教与祭祀场所

宗教与祭祀活动场所，指进行宗教、祭祀、礼仪活动的地方。佛教、道教、伊斯兰教和基督教是中国四大宗教，均具有丰富的宗教内涵、历史渊源和艺术遗存。尤其是佛教和道教在中国历史悠久、影响深远，因而留下了大量的名胜古迹、建筑雕塑，例如少林寺、北京太庙、曲阜孔庙、北京天坛等，今天都已成为重要的旅游资源，成为我们了解古人的宗教意识、民俗文化和艺术追求的重要媒介，成为我们接受和继承古代遗产的桥梁。

（一）双塔寺

双塔寺塔基初建于北宋，金代正隆至大定年间（1156—1189 年）曾进行大规模维修和续建。寺院原名石塔院，金大安三年（1211 年）更名兴教院，明代屡有修葺。后因山体滑坡，大部分建筑被毁，仅留双石造像塔。双塔分别高 13.1 米和 11.8 米，共有雕像 4 100 余尊，神态各异，栩栩如生，其雕刻之精美，举世无双。1963 年 2 月、1981 年 9 月，甘肃省人民政府两次公布为省级文物保护单位。

2000 年 3 月 24 日和 5 月 4 日，一号塔两次被盗，8 月 4 日公安机关将贩至台湾的塔体追回。文物部门即对寺院进行抢救性发掘，清理出建筑遗址 10 处，文物 370 余件，又在二号塔内发现西夏文书、藏文佛经、著名的“千岁香包”及文物 140 多件。为保护文物，弘扬古风，双塔寺从原址迁建于华池县城东山。历经沧桑的双塔高高耸立，势压群峰；山门巍峨壮观，殿宇雄伟庄严；钟声浑厚苍劲，香烟缥缥缈缈；其慕名观塔拜佛者络绎不绝。双塔被誉为“身世最离奇的石雕古塔”。

（二）天恩寺

传说，古时镇原县南的平泉原面上，有一眼清泉，水质甘洌纯净，旺而不涸，是四周群众饮用优质水的水源，平地上的水泉称为“平泉”，平泉镇之地名即由此而来。后来，原面开裂，分割出一条前阔后窄、形似“八”字的沟岔，清泉陷落沟底，沟北隆起一座类若佛掌的山峰，当地人称它为“八山”。后来，整个村子也以八山命名。

平泉镇的八山沟掌开阔，庄户窑洞错落，树木茂密，沟不深，坡不陡。明朝初年，有人看准这个地方，举荐会长经理，集资化缘，献工献料，延聘能工巧匠，在八山修起一座气势恢宏、集亭台楼阁、塑像壁画于一处的寺院，名之曰天恩寺。天恩寺坐北向南，占地 20 余亩，楼阁宫殿 40 余间，从沟底至山顶呈长方形，将佛掌圈入其中。拾级而上，顶端为镇山祖师无量殿，两侧飞檐对峙，垂柳翠柏掩映。东有王公殿，西为王母宫，左右护卫，相配成趣。其下平台之上，正中五间为三宫殿，塑有尧、舜、禹三杰坐像。两侧配殿，东为子孙宫，奉祀三霄娘娘，配以钟楼；西为药王殿，药王孙思邈端坐殿中，配有鼓楼。钟鼓二楼，小巧玲珑，崇檐飞甍。极顶平台上，钟磬鼓角，音韵悠悠，和着缕缕香烟，形成凝重的寺观古刹氛围。最下一层，高筑三孔拱形门洞，正中为千手菩萨，两边洞门供人出入，厢房、僧舍分列左右。寺外一片平坦广场，西筑戏楼，南建山门，门外独建灵宫殿一楹。从此，天恩寺香火长盛不衰，信士络绎不绝。同治年间遭兵燹破坏，光绪时重修。

20 世纪 50 年代初，随着教育事业的发展，当地政府利用天恩寺殿宇，办起了八山小学。亭台楼阁拆除，塑像壁画毁弃，继之后来声势浩大的“破除迷信”运动，将原庙宇残存的遗留物扫地出门，使这座吸引四面八方信徒顶礼膜拜的寺观不复存在了。尽管如此，善男信女仍面山焚香朝拜，布施挂红者亦屡见不鲜。年节旬初，当地群众于夜深人静、万籁俱寂之时，三三两两走进学校，在原庙遗址前焚香化表，祈求神灵保佑。20 世纪 80 年代末，地方人士带头捐资，发动群众献工献料，在学校西侧重新修起天恩寺，虽然较原规模缩小了，殿宇少了，古建筑没了，但仍保持了原来的基本格局，加上现代建材和工艺，颇现精湛气派。松柏掩映，花草锦簇，大殿中立，陪殿对称；院外台阶平展，灵官、山神次第护卫；院中竖碑，记述重修天恩寺的经过及捐资襄助者姓名。

八山人不仅重修了天恩寺，还千方百计搜集保存了几件有价值的文物，其中颇有传奇色彩。天恩寺原有一磬，1958 年大炼钢铁时以“废铁”收交到平泉公社，所幸没有被砸。这个寺院原来专门用于敲击集僧的鸣器派上了新用场，被吊挂在房檐下成为指挥公社机关工作人员的敲钟，定时发出瓮声瓮气的指令。后来，老磬裂开一条缝，被当作破烂堆放在房后。八山一群众得知后，决心要使古磬“完璧归赵”。在那极左的年代，公开讨要恐弄巧成拙，于是他们打通公社炊事员这个关节，内外联手，于黑夜用麻袋偷偷背回家中，藏匿了 10 个年头。天恩寺恢复后，才重新陈列于大殿内。后来竟有人砸窗入室行窃，被人惊扰逃遁。为了安全起见，会长几个人将磬埋在了地下。这磬系道光十五年铸造，距今一百六十余年，铁质，直径过尺，其文物价值并不大，只不过是原寺遗存的一件古物而已。天恩寺保存下来的另一件古物是铁香炉，高 1 尺，宽 1 尺 2 寸，阔 5 寸，正面铸有“皇帝万岁”四字，不知何时所铸。天恩寺比较珍贵的文物是收藏的一尊铜佛，坐像，高 5 寸，眉清目秀，双手托膝，满面堆笑，憨态可掬。这在县馆藏文物中也属鲜见。铜佛与铁磬同时埋入地下，秘不示人，当作天恩寺的镇山之宝。

天恩寺香火极盛，善男信女，终日不绝。据说，康熙皇帝出巡途经景福山时，曾有“景福佛事之昌，镇人之功德”的口谕，赞誉镇原人礼尚贤德，可风千古。天恩寺会首刘某朝拜景福山时，与山主回守存叙及康熙巡幸景福，恩泽寺荣。刘某觉得他喜沾皇恩，返乡后在上刘村成立“瑞会”（瑞临福至之意），组织半副銮驾，仿天子起驾的开道锣，大帅旗，长铜号，玉鼓，绞云板、钹、三星铛，笛、管、笙、箫、乐工鼓手，兵甲旗帜列队，龙凤五色旗三十二面，擎旗执事百人，拥戴一顶锦绣黄缎华盖，吹打清宫曲调，于四月八庙会期间从上刘村出发，经平泉街道，不断有人参加进来，逐渐将仪仗队添加成数里长的人流，浩浩荡荡，涌往天恩寺。队列整齐，行进有序。寺内各殿香烟缭绕，鼓乐喧天，阴阳道士诵经，会首敲磬鸣钟，仪仗游客顶礼叩拜。这个堂皇的仪典，每三年举行一次。

传说，农历四月初八是释迦牟尼诞辰。届时，天恩寺每年都要举办为期四天的庙会，演戏诵经，烧香拜佛，祈求佛祖消灾赦罪，降福人间，从而相沿成习，成为一处极为盛行的香社宗教崇拜活动，长盛不衰。民国年间，愈演愈盛，朝山敬神的游人，不仅来自邻近县区，也有来自陕西、河南、山西、宁夏、四川的。会期，寺院周围百余亩地汇成一片人海，茶炉、酒肆、饭馆、摊贩、小吃，沿山就势，搭棚设帐；店铺、商行、字号招牌遍布山坳，百货商品琳琅满目，农用山货比比皆是，苏杭锦缎，绫罗细软，竹藤纺织，秦布纱棉，川药山货，玉石雕品陶瓷器皿，金银首饰，书画典籍，文房四宝，应有尽有，交易活跃，税收可观，群众也从中得到利益。

中华人民共和国成立后，庙会逐渐演变为物资交流会，会期仍沿袭古例，四月八日起会，时间由 4 天逐年递增到 10 天、15 天、20 天，会址移至平泉街道。20 世纪 60 年代以后，庙会的规模越来越大，吸引了远至河北、湖广的客商，上市物资繁多，尤以山货、农具、家畜最为热销，为人民的生产生活起到了调剂余缺的重要作用。进入 80 年代后，商品交流更趋活跃，市场贸易进一步繁荣。大会邀请名剧团、名演员助兴，并有秦、陇、豫、晋、川大型马戏杂技以及电影、游艺、杂耍，布满三街四巷。每年上市各类家畜万余头，来自六省、区几十个县市的商业、供销部门的店、铺、饭馆、酒家及个体小吃摊贩达 700 多家，平泉镇机关单位及附近 5 个行政村，40 个自然村，2 300 个农户设床开店。庙会为人们提供了买卖赚钱、售出购进的经济活动的良机，使那些具有经济头脑、生意眼光的人有了用武之地，更为人们提供了丰富的精神文化享受的机会。

古刹天恩寺由盛而衰而毁，毁而又建，圆了八山人多年来的梦。这座寺原本就是为了引导人心向善，有所寄托而重建的。今天古迹重现，古物复归，他们保存下来的不仅仅是几件原寺古董，而是更广泛意义上的寺观庙会文化和民族意识传统，这些正是需要发扬光大的精神财富。

（三）普照寺

普照寺是庆城县保存较好的文物古迹，现为省级文物保护单位。正殿始建于北宋太平兴国年间，大观四年（1110 年）又建，距今已有千年历史，历代均有修缮。原寺内有三佛殿、五佛殿、钟鼓楼、亭台楼榭及山门等建筑群，后遭地震兵燹，仅存普照寺正殿，即五佛殿。还有一些古建筑群是近年庆城县委、县政府为发展旅游业而恢复扩建的，其规模、风格和整体布局与原貌基本相同，再现当年之繁盛。并积极发展佛教文化，为大殿迎回大铜佛像五尊及相关法器用具，举办了规模空前的迎佛开光法会，数万人参加了此项活动，这里已经形成了每年一届的文化庙会，人山人海，香火鼎盛。

（四）翠峰寺

翠峰寺位于合水县肖咀乡卓堡行政村黎洼自然村的翠峰山上，距乡政府西约 4 公里处，东距卓堡村村部约 1 公里，寺因山而流传。寺院修建于九山朝拜二水环抱的翠峰山之巅，山峰挺拔，形如馒头，桃杏缠绕，古柏簇拥，海拔 1 263 米。东部半山有一宽 3 米的崾岘与肖咀塬坡地相连，是登山的唯一途径。寺院四周为土筑围墙，南、北长约 67.5 米，东、西宽约 27.4 米。面积约 1 850 平方米。该建筑群创建于北宋绍圣五年（1098 年），乾隆十六年（1751 年）搬迁于此。相传合水翠峰山、天水麦积山、平凉崆峒山为姐妹山，三姐妹苦于山阔水深，路途遥远，相见无期，她们相思心切，于是相约只要能高于地平面，她们就可以遥遥相望了，她们就开始疯长。眼看心中的梦想就要成真，这一年来了一个痢头和尚，他认为是妖魔作怪，于是施术将翠峰镇压，并在山顶建寺院，目的是让翠峰永世不得翻身。寺院创建于北宋绍圣五年，乾隆十六年搬迁于此，民国二十三年（1934 年）复修立碑一通。走进山门，满眼便是苍松翠柏，让人顿生凉意。沿山路蜿蜒而上至山顶，但见红墙碧树深处，雕梁画栋，飞檐红柱，别具特色。寺院现存前殿、三佛殿各三间，韦驮殿一间，万宝洞及山门、二门、僧窑、墓塔、灵寅三层阁等遗迹。前殿面南，位于寺院中轴线正中，殿前竖庙碑二通，建于乾隆十六年；韦驮殿位于前殿屋后正中，后殿为万佛殿，内殿壁面十分完整，具有较高的艺术性，彩绘的天王像、王母像、文殊、普贤像均高 1.57 米，比例适中而自然，施彩艳丽而不俗，线条繁细而不紊，布局严谨而生动；“唐僧取经”连环画生动形象，人物逼真，色彩新颖，勾勒自如，均达到兴寄深远，回味无穷的艺术效果。

（五）宝塔寺

宝塔寺位于西峰区彭原乡，距城区 6 千米，始建于后汉永平十年（67 年），白马驮经到洛阳后，宛平邑奉旨在彭原启先修建佛寺（浮图寺），后增修大雄宝殿，改名为正觉寺。到唐天宝十四年（755 年），太子李亨继位平定安史之乱时，曾多次进驻正觉寺。后顺利平乱复国，遂举宏愿，下旨命彭原郡太守李遵动用库银修建宝塔，历时四年到唐肃宗乾元元年（758 年）宝塔落成，正觉寺改名为宝塔寺至今。宝塔高十二层，砖灰结构，平面呈八角形，楼阁式。除宝塔外寺内还有大雄宝殿、钟楼、鼓楼及大片僧房，铸有大钟、铁磬。鼎盛时期曾住出家僧人达 200 多人。四方信众膜拜顺风，求法问道者络绎不绝。每逢农历七月三十日寺内佛事鼎盛，声名远扬，香客游人数以万计，一直延续至今。

（六）莲池寺佛教场所——鹅池洞

鹅池洞位于庆城县县城东南城垣外的鹅池洞，曾为庆阳八景之一，即“鹅池春水”。相传为周祖不窋养鹅之处，因而得名。昔人依山凿洞，量地为池，以山之清，以地之秀，竖楼阁庙宇，以壮观瞻。漫游其间，满目古趣，满目诗意，意趣盎然。

其洞有二：上洞以卵石砌就，石齿相错，上下对穿，曲折幽深；下洞与东河即柔远河相通，洞内石磴相连，极险而陡。洞底水波涟漪，甘凉清冽。水虽在外，内能汲饮。洞顶平坦之处，花草树木，相映成趣。北有关帝庙，由前厅、正殿、庑廊、刀房、山门、戏台等建筑组成，布局谨严，疏密有致。西北为菩萨殿，内供观音、文殊、普贤诸像造型优美，神态逼真。南有药王庙，格扇门窗，大红明柱，脊饰人物、走兽，檐下四周施斗拱彩绘，华丽异常。庙后南城墙壁间，原有范仲淹题写的“飞云破空”四字石刻，高约 3 丈，字迹遒劲，气势雄伟。东南为六角飞檐文昌阁，内置宋庆州知州蒋之奇“创修鹅池临川阁诗碑”、明洪武通判吴士英“鹅池铭碑”及民国年间驻庆官吏“鹅池诗碑”“留别庆阳父老诗碑”等十余通碑记，可谓真、草、隶、篆四体皆备，颜、柳、欧、赵不同流派，应有尽有。靠池边沿处为 6 柱 3 间重檐式鹅池亭，登亭仰观周祖遗陵，郁郁葱葱；俯瞰东河流水，碧波粼粼。山色水波，交相辉映，云气风光，缥缈无穷，更显得云从天际来，雾自脚底生。正如清代庆阳知府善昌诗中描述的“古寺半崖悬，楼台跨涧边；水潆百练曲，山抱翠屏圆”。

因鹅池洞历史悠久，颇负盛名，故此历代官吏和文人墨客多有往来，或观景吟诗，或携友酬唱，留下不少清词丽句；兼以佛、道、儒各教徒于庙宇顶礼膜拜，愈显繁盛景象。因此，鹅池胜景名震遐迩，千百年来成为陇东人民向往的胜地。

斗转星移，沧桑变迁，鹅池胜景的命运也随着治而建、乱而毁的规律浮沉。自清代同治以来虽屡遭兵燹斧斤之患，亭台楼阁焚毁殆尽，钟磬碑碣荡然无存，但仍留下了上、下古洞与数棵参天古柏。那曲径通幽的古洞，深沉地记录着自己历经的沧桑，在浑然不觉之间，成了千岁智者、博学老人。那盘龙般躯干的古柏，在古铜色的皮肤上，仿佛镌刻着泾河流域的世态人情和雨露风霜。

据清理下洞时出土的碑文记载，鹅池洞为唐末安化郡从事李克新所疏浚，并非由其始建。始建于何代，已不可考。宋庆历七年（1047年）、明正德九年（1514年）、嘉靖五年（1526年）和清乾隆、光绪年间均重修。上洞由鹅池巷底斜下，贯穿城垣，直达庙院。洞口上方有楷书“鹅池洞”3字石匾，为清宣统元年（1909年）山西绛州河津泰顺成巨商投资重建。全洞通由河卵石嵌砌成拱形，台阶5级一组，均以巨型石条铺设而成，层层向下延伸，全长37米。下洞全长29米，由石条嵌砌而成。越过四道洞门，穿过空旷天井，踏过陡峭天梯，便进入谓之“洞下洞”的石洞底部。底洞长15米，高8米，宽3米。在其尽头凿有方形水池一口，池底与东河贯通，以备城内居民饮水。另在底洞南壁，遗存有摩崖石刻7方，分别为宋仁宗庆历七年（1047年）经略安抚使施昌言“再浚鹅池洞泉”石刻；宋神宗熙宁元年（1068年）庆州知事王举元“鹅池记事”石刻；明武宗正德八年（1513年）同知府事崔口等“同观鹅池记”石刻；明武宗正德九年（1514年）兵备副使张澜“重浚鹅池”石刻；明世宗嘉靖五年（1526年）江都进士萧海“鹅池铭并序”石刻；明世宗嘉靖十一年（1532年）同知府事白镒“鹅池记事”石刻；还有嘉靖王荩“观鹅池诗”石刻。诗中吟道：“鹅池百丈下通泉，城古池开不记年。洞口灵涵神自护，河流巧借味应偏。兵家宛若生民计，分野森看并度连。巡历偶经瞻口久，奇功好为昔人传。”

这首清词丽句足以说明，鹅池洞曾吸引着众多文人官宦纷至沓来，访古寻幽。它所保存的石洞建筑、书法艺术、诗词碑刻、地方官制等及所承载的社会政治、军事、经济、文化，更会让每一个面对它的人感受到穿越千年时光的一种真实和丰富。

1999年被批准为莲池寺佛教场所，庙会文化日盛。

三、园林休憩区域

园林游憩区域，指园林内可供观光游览休憩的区域。园林是由山石、水体、生物、建筑、文学艺术等构景要素组成的具有生活、游憩和观赏功能的综合性艺术品，人们在其中观光游憩，获得美妙的观感和精神的陶冶。园林有东方园林和西方园林之分，中国的古典园林是东方园林的典范。

中国古典园林融建筑、绘画、雕塑、文学、书法、金石等艺术为一体，达到了完美的境界，被公认为世界“风景式”园林的渊源，被誉为“园林之母”。中国古典园林是对空间进行整体设计的建筑艺术，通过筑山、理池、植物配置、建筑营造和艺术利用，形成空间的形、神、气的统一，创造一个能与人的思想感情产生共鸣的建筑群体空间环境。北京颐和园、承德避暑山庄、苏州拙政园、留园并称“全国四大古典名园”。

中国古典园林分类：按占有者身份可分为皇家园林、私家园林、宗教园林等；按园林所处地域，可分为北方园林、江南园林和岭南园林等。

四、建设工程与生产地

建设工程与生产地，指经济开发工程和实体单位，如工厂、矿区、农田、牧场、林场、茶园、养殖场、加工企业以及各类生产部门的生产区域和生产线。当一个企业在市场上树立了良好的品牌形象，取得了良好的发展业绩时，其他的单位、组织就会希望了解其生产过程、学习其企业文化，于是这个企业就具备了开发旅游的条件，比如青岛海尔工业旅游、北京首钢工业旅游等。人们对一些瓷器、玉器、工艺品的加工工艺产生好奇，于是这些生产企业开放其加工车间、作坊，使之成为旅游之地。在江西景德镇的古窑瓷厂，人们可以亲自参与瓷器烧造的每一道工序，并将自己亲手烧制的瓷器署名作为纪念品带回。此外，茶场、咖啡园等也是可以让人们参观、游览并现场购买产品的场所。

五、文化活动场所

文化活动场所指人们进行文化活动、展览、普及科学技术的场所。通常有少年宫、音乐厅、电影院、戏院、剧院、社区广场等。庆阳文化活动场所有陇东中学旧址、木钵红大二校旧址、列宁小学旧址、抗大七分校校部旧址、陕甘宁边区红军军政干部学校、抗大七分校旧址等，我们将在下文中一一介绍。

（一）陇东中学旧址

1940 年 3 月，陕甘宁边区委派土生土长的庆城人陆为公和浙江人孙萍筹建陇东中学，他们在分区党政机关的领导和支持下，本着边区政府“少花钱、多办事、要想尽一切办法，能在半年内开学”的精神，一边修建校舍，一边动员学生。筹建过程尽管异常艰难，但在特委书记马文瑞、陇东分区专员马锡五、三八五旅旅长王维周、副旅长耿飚及社会各界的帮助之下，确立了办学宗旨、校训，边区文联主席柯仲平、鲁迅艺术学校音乐系教授马可为陇东中学写了校歌。1940 年 7 月，毛主席亲笔为“陇东中学”题写了校名，朱德、刘少奇分别为陇东中学题了词，设立了学校机构、学生会机构。1940 年 9 月 1 日，陇东中学顺利开学。1949 年 9 月 18 日，在陇东中学的开学典礼上，当地党政军领导马文瑞（特委书记兼陇东中学校长）、王月明（特委副书记）、段鹏章（特委统战部部长）、吴铁鸣（特委宣传部部长）、马锡五（陇东分区专员）、朱开铨（陇东分区副专员兼庆阳县县长）、王维舟（三八五旅旅长）、耿飚（三八五旅副旅长）、甘渭汉（三八五旅副旅长）等亲临会场，表示祝贺。

建校后，学校围绕“实施新民主主义教育，培养抗战建国人才”的办学宗旨，建立了党组织，完善了学校机构，充实了工作人员，制定了一系列规章制度。1946 年创办了陇东中学校刊——《陇东教学》，创办了陇东中学研究生班，为革命培养了大批人才。1947 年 3 月，国民党军队占领庆城，学校受到严重破坏，毛泽东题写的校名及朱德、刘少奇的题词等毁于一旦。1948 年 3 月，陇东中学奉命停办，改为中共陇东分区地委党校，陇东地委书记李和邦兼任校长。1949 年 5 月陇东分区党校更名为陇东分区干部学校，李景亭任校长。1972 年“文化大革命”期间，经报请庆阳县革委会批准同意，恢复了“陇东中学”校名。

陇东中学是中国共产党在陇东根据地创立的第一所完全新型的中等学校，为中国共产党培养了大批急需的管理人才，被称为“革命的摇篮”，为中国革命斗争的胜利做出了重要的贡献。1955 年，陇东中学旧址被省人民政府批准为文物保护单位。1994 年 10 月被县精神文明建设委员会确定为爱国主义教育基地。2008 年 4 月被庆阳市委确定为全市党史教育基地。

（二）中国人民抗日军政大学七分校校部旧址

1940 年 7 月 26 日，中国人民抗日军政大学七分校成立于晋西北李家湾附近。1943 年 2 月后陆续迁入合水；6 月于合水老城恢复建制。抗大总校副校长彭绍辉兼任七分校校长，张启龙任政治委员，喻楚杰任副校长，杨尚高任政治部主任，方复生任教育长，唐子奇任训练部部长，张杰轩任教务部部长，张亮基任供给部部长，谭道先任卫生部部长。1944 年 9 月，校部移驻东华池。

七分校一大队：1943 年 1 月，原山西新军教导大队自延安驻合水。4 月，原晋绥陆军中学学生自绥德抵合水。共计 1 500 余人，组成七分校第一大队。进驻大凤川，杨文安任大队队长，继任何辉燕；康永和任政治委员，继任张世良。

七分校二大队：1943 年 5 月 15 日，抗大二分校附中 1 500 余人和白求恩卫生学校师生，自晋察冀边区抵合水，编为七分校第二大队。大队长何远平，政治委员匡唐伟，副大队长黄荣显，党总支书记李思恭，辖 9 个学员队。驻扎蒿咀铺一带。7 月，进驻豹子川。

七分校三大队：1943 年 12 月，太行陆军中学第一梯队自河北邢台到达东华池。第二年 1 月，第二梯队到达平顶川。4 月 25 日，太岳陆军中学师生自山西沁源县到达平顶川，两校组编为七分校三大队，分 9 个学员队，共 1 100 余人。大队长任白戈，政委高厚祖。

七分校女生队：最初，由抗大二分校附中 300 余名女学员编为一队，直属校部。1943 年 5 月，驻上柳沟及中咀梁一带。次年再编一队，两队迁驻东华池，1945 年移驻豹子川。

抗大七分校共有教职员 2 800 人，学员 4 900 余人。进驻合水后，于学习、军训间隙，挖窑洞、建校舍、垦荒种粮。到 1944 年，凿窑洞 850 余孔，拓地 6 万余亩，产粮 8 600 余石，蔬菜 280 万斤，养牛 60 余头，羊 150 余只，猪 30 余只，鸡 100 余只。抗战胜利后，学员陆续毕业。1945 年 9 月 3 日，三大队首批离开合水，赴晋冀鲁豫。10 月 8 日，校部及一大队开赴晋绥及东北。1946 年春，第二大队及女生队调往延安。

抗大七分校学员在校期间，积极响应党中央“自己动手、丰衣足食”的号召，一边学习，一边生产。在人迹罕至、荆棘丛生的陇东山野开荒垦田、挖窑建舍、纺纱织布，开办多种作坊，创造了丰厚的物质和精神财富。1963 年 2 月、1981 年 9 月，甘肃省人民政府两次公布旧址为省级文物保护单位。现为全市红色旅游景点和革命传统教育、爱国主义教育基地。

2009 年对校部旧址进行了改建维修，并对抗大七分校原来住过的窑洞进行了布展，布展共分三部分。第一部分：克服重重困难，改善办学条件；第二部分：晋绥建校，敌后办学；第三部分：传承抗大精神，建设和谐华池。

（三）列宁小学旧址

1934 年 2 月，陕甘边区革命委员会在华池县林镇乡四合台村创办了边区第一所红色学校——列宁小学，同年 10 月学校迁至南梁转咀子，其时有瓦房 6 间，土窑洞 3 孔，设 3 个教学班，学生 46 人，教员 3 名。在困难环境中，师生自己动手垒土台当课桌，用石板作黑板，扫锅灰制墨水，自编教材，开设国语、算术、军体、歌咏等课程。刘志丹、习仲勋、蔡子伟等边区领导人对学校非常关心，挤出办公经费用于学校教学，有时前往讲课，并亲自给学生编写教材。列宁小学的创办，使教育资源进入寻常百姓家庭，开辟了陇东教育事业的先河。列宁小学在战争年代屡遭破坏，几经迁转。1988 年、2008 年华池县人民政府两次对学校原址进行修复，并在原址下建起新校园。2004 年县政府又在该址上建起一座两层新型教学楼，并命名为景文楼。学校旧址现为全市红色旅游景点、市级文物保护单位。

第二节　庆阳单体活动场馆

单体活动场馆是指用于办公、祭拜、演出、体育健身、歌舞游乐等活动的单独活动场地。

一、展示演示场馆

展示演示场馆是指为各类展出、演出活动开辟的馆室或场地。

（一）南梁革命纪念馆

20 世纪 30 年代，刘志丹、谢子长、习仲勋等老一辈无产阶级革命家创建了以南梁为中心的陕甘边革命根据地。1934 年 11 月 7 日在甘肃南梁荔园堡成立了中国西北第一个工农民主政权——陕甘边区苏维埃政府。1935 年，陕甘边革命根据地与陕北根据地连成一片，形成辖区达 3 万平方公里、人口 90 万的西北革命根据地，成为第二次国内革命战争后期我党“硕果仅存”的革命根据地。为经历了二万五千里长征的党中央和中央红军提供了落脚点，为陕甘宁边区的发展形成奠定了重要基础，在中国革命史上具有十分重要的地位。

南梁革命纪念馆 1986 年经中共甘肃省委、甘肃省人民政府批准，在华池县南梁乡荔园堡修建，1987 年 11 月 7 日正式落成。纪念馆由门楼、牌坊、革命烈士纪念碑、浮雕、清音楼、政府旧址、展馆等部分组成。胡耀邦、陈云、习仲勋以及在陕甘边革命根据地工作过的老同志亲笔题词。1994 年 12 月被中共甘肃省委确定为全省爱国主义教育基地，2000 年 5 月被甘肃省国防教育委员会确定为全省国防教育基地，2001 年 6 月被中共中央宣传部确定为全国爱国主义教育示范基地，2004 年被列入全国首批百个红色旅游经典景区，2009 年被列入全国国防教育基地。2009 年被评为国家 AAA 级旅游景区。

2008 年 8 月兴建南梁革命历史陈列馆，2009 年 9 月竣工开馆，陈列馆建筑面积 801 平方米，陈列馆布展大纲经中宣部审批，也已布展完成。整个布展分四个单元：第一单元，硕果仅存的陕甘革命根据地；第二单元，红军长征落脚点；第三单元，陕甘宁边区的建立；第四单元，陕甘边革命历史光照千秋。

（二）三岔红军长征纪念馆

红军长征三岔纪念馆位于甘肃省镇原县三岔镇街道原三岔天主教堂，地处甘肃、宁夏两省区的交界处，309 国道穿境而过。这是红一方面军（陕甘支队）长征途经三岔时毛泽东主席居住旧址，新中国成立前曾为一处天主教堂，占地约 3.5 亩。

多年来，当地党委、政府及广大人民群众一直把毛泽东等同志居住旧址作为了解革命历史，缅怀先烈业绩，接受革命传统教育和爱国主义教育的重要基地。1983 年，县人民政府将这一遗址确定为“县级文物保护单位”。但由于天长日久，风吹雨淋，房屋破旧，窑洞坍塌。为了进一步保护革命历史遗址，发挥其应有的作用，2004 年 5 月，县委党史办、组织部和三岔镇党委、政府本着弘扬民族文化，继承革命优良传统，建设党史教育基地，提升镇原知名度的思想，按照“科学论证、长远规划、分期开发、恢复原貌”的原则，在省电力公司、兰光集团及市、县有关部门的协助下，对这一革命历史遗址进行了力所能及的维修和开发。投资 14.9 万元，新修道路 190 米，建围墙 170 米，砖砌崖面 800 多平方米，加固窑洞 5 孔，翻修了毛泽东居住旧址房屋 3 间，新建花坛 1 处，绿化、硬化院落和道路 1 200 多平方米，布展 100 余平方米。同时，搜集和整理了红军在镇原战斗生活的部分相关资料和革命文物，陈列观瞻。2005 年被县委命名为“中共党史教育基地”。红军长征三岔纪念馆的落成，将三岔镇西巍峨壮观的老爷山道观及山下革命烈士陵园，镇南景色宜人的二郎山油松林，镇北明长城遗址，镇东宋时名将杨文广屯兵古址——柳州城等奇特瑰丽的自然景观和底蕴深厚的人文景观连成一片，形成了以纪念馆和老爷山革命烈士陵园为中心的三岔旅游区，为全市“红色”旅游线路增添了亮点，每年接待参观、瞻仰者 1.2 万人（次）。

（三）陇东古石刻艺术博物馆

陇东古石刻艺术博物馆位于甘肃省庆阳市合水县北区乐蟠西路，是甘肃省第一座以古石刻艺术展览为主题的专题博物馆。2005 年 5 月，该馆被评为“对历史文化的弘扬和保护，是构建和谐社会、造福人类、惠及后代的德政工程”，也被国内外著名专家学者称为“可移动的敦煌莫高窟”。2009 年 3 月被列为甘肃省首批免费开放的博物馆，为 AAA 级景区。陇东古石刻艺术博物馆占地 40 亩，该馆现有一级文物 22 件、二级文物 128 件、三级文物 559 件。4 361 尊历代古石刻造像富有特色。馆藏较为珍贵的文物有西周铜鼎、汉代王莽诏版、唐铜镜、唐三彩炉、唐黄彩瓷壶、解放西北纪念章一枚，刘志丹戴过的红毡帽，等等。博物馆收藏最多的还是石刻造像。除此之外，馆内还珍藏有各个时期的陶器、铜器、玉器、皮影、化石等文物。

甘肃省庆阳市合水县素有“石造像之县”的美称。所藏历代古刻 300 余件，石造像 160 余尊，数量多，品位高，地方特色鲜明，在全省首屈一指。合水石造像尤以单体石雕佛像最为突出。种类可分为佛、菩萨、弟子、罗汉、力士、山神等，雕造年代分早、中、晚三期。早期为北魏时期，所雕造像面型方圆，两颊丰满，深目直鼻，具有古印度的艺术风格。中期为唐宋时期，造像面相丰满，眉清目秀，体态自然，富有动感。晚期为明清时期，雕造也很有特色。陇东古石刻艺术博物馆收藏的石雕造像有的高大雄伟，有的小巧玲珑，有的还配有佛教故事、古乐演奏图案。时代特色鲜明，雕造工艺精湛，除具有较高的观赏价值外，还为研究古代宗教、民俗、音乐、美术等提供了珍贵的实物资料。

（四）华池县博物馆

华池县博物馆成立于 1992 年 12 月，位于双塔森林公园。共有馆藏文物 923 件，其中一级文物 12 件（内含革命文物 1 件），二级文物 27 件，三级及一般文物 384 件。三级文物中含革命文物 57 件。2004 年 12 月底馆舍占地面积已达 180 平方米，其中库房 36 平方米，陈列室 80 平方米。

（五）八珠红色革命历史陈列馆

八珠红色革命历史陈列馆位于八珠乡八珠原村。1931 年 11 月，陕甘边游击队在谢子长、刘志丹、阎红彦的带领下，进入环县八珠原一带，当地农民李凤存有幸结识了这支革命队伍，并邀请游击队领导到自家吃住。1934 年冬，刘志丹带领游击队又一次来到李凤存家，在刘志丹的介绍下，李凤存认识了时任陕甘边苏维埃政府主席习仲勋，两人通过倾心交谈，相见恨晚，从此结下了深厚的革命感情。自此以后，习仲勋把李凤存家作为秘密联络点，把李凤存作为可靠的革命同志，多次来到这里，开展早期革命活动。李凤存深受习仲勋的教诲和引导，全身心投入了革命。1936 年 5 月，西征红军进入环县，在习仲勋的推荐下，指挥部设在李凤存家，彭德怀在这里部署指挥了曲子战斗。在解放曲子、环县战斗中，李凤存组织当地 30 多名进步农民组成担架队，随军救护伤病员，马兆祥等 3 位受伤红军在他家修养一个多月。6 月 9 日，彭德怀、习仲勋在李凤存家主持召开了八珠原区委成立大会，李凤存被群众选举为苏维埃政府主席，当天经习仲勋等介绍，李凤存和儿子李万财、李万义光荣参加了中国共产党；11 日，李富春等领导在李凤存家主持召开了曲子县成立选举大会，习仲勋任工委书记，县委机关设在李凤存家；下旬，习仲勋任环县县委书记，李凤存的儿子李万义赶着毛驴送习仲勋赴洪德上任，临别前，习仲勋把自己的牛皮包赠给了李凤存，并鼓励他好好为党工作。7 月，由于土匪赵老五骚扰，为保证安全，陕甘宁省委、省政府和环县县委机关临时搬到李凤存家，李凤存和两个儿子继续担任站岗放哨和传递情报工作，保存了革命实力。1931 年至 1936 年，刘志丹、彭德怀、聂荣臻、邓小平、李富春、徐海东、陈赓、罗瑞卿、习仲勋、耿飚等 30 多位领导、将帅在李凤存家生活过，与李凤存建立了深厚的革命感情。

1943 年 11 月，李凤存被评为曲子县劳动模范，出席了“陕甘宁边区劳动模范表彰大会”，受到了毛泽东、彭德怀的亲切接见。1950 年 10 月，被评为“全国工农兵劳动模范”，赴京参加表彰大会，受到毛泽东的接见，并合影留念。1966 年 9 月去世，享年 80 岁。2008 年 3 月，环县县委命名李凤存家为“曾为中国革命做出突出贡献的革命家庭”。2009 年 7 月，李凤存家被确立为县级爱国主义教育基地。

2007 年，李凤存重孙李鸿章投资 5 万多元，对原彭德怀、左权、聂荣臻、邓小平、李富春、习仲勋住过的 4 孔窑洞进行了维修保护，建成了纪念馆，展出彭德怀、李富春、陈赓、习仲勋、蔡畅等领导用过的革命文物百余件（张），其中，习仲勋遗留的皮箱一对，皮包一个，铜壶一个，马鞍一付，属于国家一级文物。

二、体育健身场馆

体育健身场馆是指为体育健身活动开辟的馆室或场地。

（一）庆阳市体育场

庆阳市体育场位于陇东学院新校区西北角，用地面积 84 000 平方米，总建筑面积为 38 000 平方米，座位 20 160 个，属乙级小型体育场。该工程由兰州第一建筑工程公司承建，其工程属一类公共建筑，总高度32.84米，为钢筋混凝土框架结构，基础型式采用柱下隔筏基础，持力层为处理后的复合基地，场内设有排水、取暖系统，采用了现代化电气设备以及传媒设备。这一白色“鸟巢”建筑，在外观上呈现了雄壮的气势。它的建成为庆阳市的体育事业、经济文化以及科教文卫等事业谱写了新的篇章。该体育场自建成以来，先后成功举办了第二届全国红色运动会、甘肃省第十二届体育运动会、庆阳市体育运动会等多项大型文艺体育活动。

（二）庆阳市体育馆

庆阳市体院馆位于庆阳市新区世纪大道东侧，建设场地南北长280米，东西宽254米，总用地面积71 344平方米，总建筑面积19 505平方米。建设工程包括体育馆和训练馆两部分，为砼框架和钢网架结构，属乙级中型体育馆。体育馆可容纳4 950人，能满足国家级的篮球、排球、网球、羽毛球、体操、武术、柔道、摔跤等体育项目比赛和我市日常部分体育项目训练需要，同时兼具大型汇演、集会和文艺演出功能。庆阳市体育馆曾在2010年6月中旬成功举办立陶宛队和约旦队国际篮球邀请赛。

第三节 庆阳景观建筑与附属型建筑

一、佛 塔

佛塔，通常为直立、多层的佛教建筑物，是佛教的标志性建筑。佛塔原本是印度的一种坟冢，释迦牟尼故世后，藏置佛祖舍利的佛塔便成为信徒顶礼膜拜的圣物。佛塔一般由台基、覆钵、宝匣和相轮四部分构成。著名的佛塔有陕西西安大雁塔、小雁塔、河北应县佛宫寺释迦塔、浙江杭州六和塔、河南登封嵩岳寺塔、云南大理崇圣寺三塔、宁夏银川海宝塔、北京妙应寺白塔、北海白塔、真觉寺塔、碧云寺金刚宝座塔等。

（一）唐 塔

原凝寿寺唐塔是国家级文物保护单位，为甘肃省保护完整的唯一唐代砖体佛塔，有“甘肃浮屠第一塔”的美称。该塔是玄奘印度之行后，唐贞观中期所建。塔体为青砖结构，平面呈正方形阁楼式，主体五层，分七层出檐，檐牙高啄，塔身高 20 米，底径长 2.11 米，宽 2 米，通体为青砖与黄胶泥粘合而砌成。顶部呈“山”字形，上置一圆柱体。第一层正面南开门，门高 2.20 米，宽 1.58 米，门为拱形；第二层和第四层开东西走向的直门洞；第三层与第五层开南北走向直门洞。内设木梯和扶手，依层攀至塔顶，山川风光尽收眼底。塔的各层均设木楼板，现楼板已毁，仅存留二层横梁。底层檐部有斗拱承托，每面两朵，一斗三升，隐出泥道，以普通柏枋承担。拱眼上绘有牡丹、莲花和菊花图案，檐上方椽铺以筒瓦。第二、三、五层施平座栏杆，塔的基础为倒三棱锥形，所用砖块分别为 33 厘米×8 厘米×5 厘米、38 厘米×20 厘米×4 厘米大小，是以黄土胶泥制坯、用麦草火烧制而成的青砖。

此塔造型酷似西安大雁塔，后人持联题咏道：“拔地擎天四面云山拱一柱，乘风步月三江绿水接九霄”。1976 年年初，中国科学院古建筑史研究所张驭寰教授评价说：“这座塔造型较美，工程技术质量很高。”宋代从第四、第五层进行了维修，斗拱砖体加大，最大的立砌雕花砖长达 60 厘米、宽达 40 厘米。1964 年，生产队在塔周围地里种瓜，受犁耕雨蚀影响加上人为的破坏，塔的第一层损毁较为严重。1981 年，宁县博物馆对第一层进行了抢救性维修。1994 年，上级主管部门又拨巨资对整体进行了全面维修，基本保持了原貌，遗憾的是用水泥沙浆抹了塔顶，失去了塔体风格的协调一致。此塔是甘肃省保存最好的一座五代砖塔。2001 年 6 月 25 日被国务院列为全国重点文物保护单位。

（二）肖金宋塔

肖金宋塔位于庆阳市西峰区肖金镇街道中心，北距西峰区 20 公里，始建于宋徽宗政和八年（1118 年），为阁楼式仿木砖塔。1981 年被甘肃省人民政府列为省级文物保护单位。

肖金宋塔虽经 891 年的风吹雨淋，但雄姿犹存。砖塔原为七层，高 30.18 米，即所谓的七级浮图。“文化大革命”期间，塔刹和第七层塔身被拆除，现存六层，高 21.75 米。

肖金原建有金城寺，砖塔建于寺中。今寺院已毁，只剩这座造型优美，高大宏伟的砖塔耸入云端，十分醒目。其建筑材料全部由青砖和细黄土泥砌筑而成，主要装饰部件如斗拱、翘、假椽、檐瓦及花纹图案皆用方、条砖锯磨而成，整个建筑由塔基、塔身和塔刹三部分组成，塔体为单砖券顶，塔身每面有砖制仿木斗拱、飞檐、滴水，无瓦件盖顶，上承叠涩出檐，叠上施平座栏杆，栏杆磨棱，栏板雕刻“卍”字图案。各层各面有真假门，真门卷顶，门洞内壁用方、条砖混合平砌而成。假刻版门有门窗、门眉、铺首、门框，立体感极强。仿木直棂窗刻六角棂花格子，雕刻精细。塔体梁角以细白砂石雕成飞天和龙头，下凿孔，设铁吊环，以备悬挂风铃。塔体外观逐层收分；一层面阔 2.24 米，六层面阔 1.46 米；各层收缝严密，工艺之精巧令人叹服。塔室为空心筒式结构，各层楼板除最上层尚存外，其余尽被拆除，留有残孔，除顶部残损外，其他各层保护基本完好，2007 年省文物局拨专款进行维修加固。

肖金砖塔在造型和结构上体现了宋代建筑特征，造型华丽，风格独特，技艺精湛，体现了古代劳动人民的聪明才智和高超的建造技术，是董志塬上保存较为完整的一处宋代建筑，对研究西北地区砖石建筑有重要的参考价值。

（三）环县宋代砖塔

古塔坐落在环县故城北侧环江东岸的台地上，砖结构，平面呈八角形，楼阁式，高 5 层，有塔刹，通高约 22 米。第一层每面宽 3.13 米，门前向东偏东 15 度，单砖券顶，高 2.45 米、宽 0.93 米、进深 2.43 米。内辟八角形塔室，每面宽 1.2 米。各层有隔板。檐下结构：各层塔檐出双抄华拱，每面补间斗拱两朵，上承替木，其上出叠涩若干层。每层塔身间隔一面设真门或刻版门和直棂窗，分层变换方向。真门单砖券顶，门两侧浮雕莲花饰。版门方形门框，双门紧闭，门面有丁饰。塔身第一层很高，直接出自地面，无台基，底部向外扩，越向上越收小。门向南偏东 15 度，单砖券顶，各层塔檐上施平座，栏杆，人可通行。内辟八角形塔室。据塔刹铸文载："此塔系元始祖忽必烈中统五年仲秋上旬有五日（即南宋理宗景定五年八月十五）修造。"此塔是全市保存最完整的一座雄伟华丽的宋塔。

（四）湘乐宋塔

湘乐宋塔坐落于湘乐古城内西北角，通体为砖混结构，平面呈六角形，楼阁式，共 7 层，顶部已残损，高约 22 米。第一层较高且宽，渐上渐收，亦无台阶与基座。六面宽各为 3.76 米，南开真门，单砖卷顶，门高 2.22 米，宽 1.18 米，深 2.06 米；六角塔室，每面宽 1.42 米。北面开券门，施龛室，门高 1.65 米，宽 0.7 米，深 0.8 米。龛高 2 米，宽 1.04 米。塔的各层，每间隔一面设直门或刻牌门与直棂窗，直门为圭角形门洞，版门施方形门窗。各层塔檐出双抄华拱，每面斗拱 5 朵，上承替木。第二、三层施平座，下有斗拱与檐下相同。平座上施栏杆，栏板为直根式，栏杆间缝处雕刻图饰。第六层檐每面斗拱 3 朵，不同它层。上级文物管理部门考定其为宋代建筑。1983 年进行了维修保护。现为国家级文物保护单位。

关于此塔，民间尚有一段传说。很久以前，在一个中秋的黄昏，有两位仙女相约来人间赏月。她们是姐妹一对。她俩看到人间的疾苦，就想争着做点好事，但必须在天亮前做完返回天庭，以免被玉皇大帝发现受罚。她俩议定，姐姐赶天亮纳一万双鞋给光脚的穷汉穿，妹妹赶天亮修一座宝塔以镇邪扶正，弘扬佛法。她俩各自干起来。到四更时分，姐姐的鞋纳够了，闲着没事，就和妹妹开个玩笑，学了三声鸡叫。妹妹一时慌了手脚，急忙用衣襟撩起一堆石头瓦片向塔顶一倒，算是收了顶……

神话终归神话。据考证，湘乐宋塔当建在北宋末年至南宋初年。塔顶损坏，很可能是由元顺帝至正十二年（1352 年）当地发生强烈地震，塔北滑坡所致。

（五）塔儿庄五代塔

塔儿庄五代塔位于盘克乡罗山府林场，修建于五代时期。塔基平面呈正方形，高三层共 11 米。该塔塔体表层砖经过精心打磨，做工精细，堪称一绝。塔内呈四方形塔室，有壁画为修补时所绘。造型优美，庄严富丽，建筑工艺极为精湛。1981 年经甘肃省人民政府批准为省级文物保护单位。

二、楼　阁

楼阁，用于藏书、远眺、巡更、饮宴、娱乐、休憩、观景等目的而建的两层或两层以上的建筑。楼和阁在建筑形制上无多大差异，阁通常是建造在高台或城墙之上的楼，但二者使用功能不同。楼的用途极为广泛，按其功能可分为藏经楼、钟楼、鼓楼、观景楼、城楼、敌楼、戏楼、茶楼、酒楼等，而阁的用途主要为珍藏图书、佛经、佛像。

我国名楼分布广泛，形制多样，如承德避暑山庄烟雨楼、浙江嘉兴烟雨楼、广东广州镇海楼、湖北武汉黄鹤楼、湖南岳阳岳阳楼、江西南昌滕王阁、四川成都望江楼、云南昆明大观楼、贵州贵阳甲秀楼等。其中黄鹤楼、岳阳楼、滕王阁被称为江南三大名楼。另外，河北正定开元寺钟楼（建于唐代），甘肃陇西县城威远楼（建于元代），北京城内的钟楼和鼓楼（建于明代），西安城中心的钟楼（建于明代），以及南京市中心的鼓楼、宁波鼓楼、兴城鼓楼、山海关城楼、嘉峪关城楼等，造型别致，绮丽壮观。名阁有天津蓟县独乐寺的观音阁（我国现存最古老的阁，始建于唐代，重修于 984 年）、北京颐和园的佛香阁、山东蓬莱阁、广西容县真武阁、北京故宫文渊阁、沈阳故宫文溯阁、承德避暑山庄文津阁、扬州大观堂文汇阁、镇江金山文宗阁、杭州文澜阁，以及齐云阁、云汉阁、天一阁、倚天阁等，这些建筑物造型精美绝伦，具有很高的观赏价值和科考价值。

（一）慈云寺钟楼

在庆城县城西南角，有一座意韵隽永、极具魅力的古典建筑，已成了街肆之中富有生机的“点睛”之笔。它就是远近闻名的慈云寺钟楼。慈云寺几经改建，现已成为博物馆。

慈云寺初建于唐代，盛于宋、明，为佛教寺庙，历代屡毁屡建，原寺内有文昌阁、关帝庙、吕祖祠等庙宇建筑，规模较为宏大，现存建筑为明代嘉靖年间重修，有慈云寺、正殿和钟楼、文萃阁等，尤以钟楼价值最高。

铁钟高约 15 米，楼基全由规则条石砌成，东、西、南、北四面有两层厦房环卫，占地约 200 平方米。楼基南侧有一暗道，台阶而上可达楼基平台。平台上四根明柱承托着褐心瓦顶，四面空无格扇棂，偌大的铁钟全裸露在外面。这座钟楼虽无雕梁画栋的富丽堂皇，但飞檐凌空，古朴庄重，颇显高大雄伟。

钟楼高 2.55 米，口径 1.57 米，重达 4 000 多公斤。钟钮以双龙口衔宝珠紧贴钟顶，双龙一体，弓腰，以穿铁钮而上悬。顶有五孔，肩饰莲瓣纹。腹部皆为大小不等的方格，内书女真文或汉文。上层方格内横书女真文五六十字，下书“黄帝万岁，臣佐千秋”八个汉字，字间各列一菩萨名。再下为铸钟时间、工匠人名等。钟耳八朵，耳上饰弧弦纹，弧弦纹角处饰奔马、雄鸡、小兔、莲花、牡丹等图案和女真文字。腹部全名文为“庆阳府彭原县盈仓广济院前监寺铸钟，时太金泰和之年岁次丨月工毕”。

钟楼南壁镶嵌一块横匾，上有“嘉庆三十九年重建”的铭记，说明这座钟楼是明代建筑物。然而钟楼上悬挂的铁钟则为金泰和元年（1201 年）所铸，至今已八百多年了。这口钟不仅年高寿长，且其上有古印度的悉昙文字和汉文数千字，是研究古代中印语言文字和金代冶炼技术不可多得的实物资料。它不仅是庆阳历史沿革的佐证，而且对研究西夏、金、元时期少数民族的发展及其语言文字均有重要的学术价值。

因此，这口铁钟被甘肃省人民政府列为省级文物，已成为祖国珍贵历史文化遗产的一部分。

（二）辑宁楼

辑宁楼位于宁县县城人民路县政府之西侧，始建于五代后梁龙德二年（922 年），是当时的州衙门楼，清康熙年间又在上面建谯楼，置角鼓，以警晨昏。

该楼坐北面南，东西长 15 米，南北宽 11.5 米，通高 25 米，占地面积 238 平方米。楼墩为青砖砌筑，高 10 米，正中开辟卷顶门洞一孔，门高 3.8 米，宽 2.87 米，西侧设有登楼台阶，楼墩上为二层砖木结构楼房，面阔五间，高 15 米，东西长 16 米，南北宽 6 米。系穿斗式木架结构，单檐歇山顶，施五脊六兽，四檐出水，檐下四周有明柱 16 根，楼前后装修为方格棂扇门窗。楼内有二层木楼板，绘有《狄仁杰骑青牛斩九龙》的神话故事，楼后绘有“秦太后诱杀义渠王”“公刘拓荒”“傅介子计斩楼兰王”等宁县历史画面。

1937 年 2 月，国共第二次合作时，新宁县县委组织部长王秉祥与国民党宁县县长王序宾在此楼举行了红、白区域划界谈判。1987 年，县政府拨款对辑宁楼行进了全面维修。1993 年辑宁楼被省政府公布为省级文物保护单位。

辑宁楼庄重古朴，构建精美，雕梁画栋，气势壮观，采用了我国传统古建风格，是建筑艺术和设计艺术的巧妙结合，为古宁州人民聪明才智的代表作，具有较高的古建艺术价值，现为宁县城标志性人文景观之一。

（三）普照寺钟楼

普照寺贞元铜钟原为县城普照寺法器，据史书记载，唐德宗贞元七年（791 年）就已存在。南宋时，金侵占宁州，贞元年间重铸铜钟，悬挂于钟楼内，以震幽冥。钟高 2.2 米、厚 0.1 米、口径 1.5 米，重达 7 700 斤。1984 年经省人民政府批准为省级文物保护单位。

三、石 窟

石窟，指临崖开凿，内有雕刻造像、壁画，具有宗教意义的洞窟。石窟是中国佛教寺庙建筑的一种，洞窟内陈示佛教雕刻、彩塑或壁画。石窟本身及窟外的建筑处理和石窟中的艺术品都是中国历史上各时代建筑艺术面貌的反映。

佛教石窟寺首见于印度，随着佛教的传入，中国也进行建造。中国最早凿建的石窟寺位于今新疆地区，有可能始于东汉，十六国和南北朝时经由甘肃到达中原，形成高潮，唐宋时除在原有的某些石窟群中续有凿建外，又出现了一些新的窟群，元明以后凿窟之风才逐渐停息下来。现存石窟寺的分布范围西至新疆西部、甘肃、宁夏，北至辽宁，东至江苏、浙江、山东，南达云南、四川。最著名的有四大石窟：甘肃敦煌莫高窟、山西大同云冈石窟、河南洛阳龙门石窟和甘肃天水麦积山石窟。此外，新疆拜城克孜尔石窟、甘肃永靖炳灵寺石窟、河南巩县石窟、河北峰峰南北响堂山石窟、山西太原天龙山石窟、四川大足石窟和云南剑川石窟等也是比较重要的几处。

（一）北石窟寺

北石窟寺位于西峰区董志乡境内，距市区 25 公里。始建于北魏永平二年（509 年），历经数十个朝代增修扩建，形成了一处规模宏大的石窟群。

北石窟寺俗称大佛寺，是甘肃四大石窟之一。它背靠青山，面对碧流，在长 12 米，高 20 米的赭红色石崖之上，开凿着自北魏、西魏、北周、隋、唐、宋、清各代窟龛 295 个，有大小雕像 2 125 尊，窟龛密集，形如蜂房，高 20 米，长 120 米，是陇东地区内容最为丰富的石窟。

石窟分上中下三层，其中以奚康生创建的 165 号窟为最大，它是以七佛为内容的大型窟。七佛造像宏伟精湛，庄严肃穆，不失北魏造像的光彩和魅力。伴随七佛而雕造的弥勒菩萨、骑像菩萨、手持日月的阿修罗都是富有艺术感染力的成功作品。除此而外，还有 240 号窟的北周造像，显示了淳朴厚重的风度。北石窟寺以唐代窟最多，最有代表性的是建于武则天如意元年（692 年）的 32 号窟。窟内的大小雕像面容丰腴，秀目含情，飘然欲动，姿态动人，堪称盛唐艺术精品，唐代造像在艺术上达到了新的成就。窟内还保存着隋、唐、宋、金、西夏、元等各代的题记 150 多则，是研究历史、书法的珍品。

（二）龙枣寺石窟

2013 年 12 月 20 日，北石窟寺文物保护研究所专业人员在调查北石窟寺历史文物环境时，在镇原县屯子镇双合村发现龙枣寺石窟，其年代大约在北朝至唐代。

该石窟开凿于该村龙枣寺遗址所在的红砂岩峭壁上，共有 3 窟 1 龛。1 号窟为中心柱式窟，与北石窟寺北 1 号北魏窟形制相似，酥碱分化严重，造像壁画无存；2 号窟高 2 米，宽 1.10 米，窟内填满淤土，造像壁画保存状况不明，窟外两侧各有一天王，其中北侧天王被人为破坏，南侧天王轮廓清楚，高 1.46 米，与北石窟寺唐代天王风格接近；3 号窟高 4.5 米，宽 4.12 米，有明窗，淤泥埋没，窟内造像壁画保存状况不明。龛为双沿方龛，距地面 2.0 米，内有淤土，造像壁画保存状况不明，龛外两侧各有一天王，南侧天王被人为破坏。

据当地村民介绍，该石窟以前称龙枣寺，寺院规模很大，造像较多，曾因山体滑坡被埋没，2006 年修镇北公路挖出局部。该石窟的发现为研究陇东石窟增添了新的资料。

（三）莲花寺石窟

子午岭山上厚厚的黄土为密林覆盖，山下溪水清流拍打着两岸红色的砂岩崖。这些红砂岩崖面成为释家开凿石窟、雕造佛像的天然资源。从北魏太和年间开始，历经唐、宋、金以至明、清，在子午岭山脚下开凿的大小石窟多达 20 余处。

坐落在子午岭中部的莲花寺石窟是现存较为完好的一座唐、宋时期的摩崖造像石窟，是甘肃省重点文物保护单位。这里属合水县太白镇葫芦河村，地处葫芦河右岸。石窟开凿在平定川河与葫芦河交汇处的小山峁上。小山峁之上是乔灌丛生的密林，山峁之下石崖险峻。莲花寺摩崖造像就开凿在这个凹凸不平的崖面上，造像或大或小，或疏或密，因崖面自然形态而就，灵活多变，人工雕凿与自然崖面巧妙结合，天衣无缝，颇有鬼斧神工之奇妙，实为佛教文化中的艺术珍品。

莲花寺石窟摩崖造像面积约有 120 平方米，分别开凿于唐、宋两个时期。石窟题记有“唐天宝十载”的纪年，即为唐玄宗李隆基天宝十年（751 年）。还有一题记为“宋绍圣二年”，即北宋哲宗赵煦绍圣二年（1095 年）。

莲花寺石窟摩崖造像，采用连环画表现形式，雕造了佛本生故事，艺术价值高，观赏性强，是子午岭石窟艺术中的一朵奇葩。

（四）石空寺石窟

石空寺石窟距镇原县城 2 公里，位于茹河南岸石崖上，属省级文物保护单位。根据题记和雕塑风格考证，此窟始建于北魏，凿于隋代，造像于唐代，石窟群开凿在高约 30 米，长达 200 米的悬崖上，共两个窟龛，存有石雕佛像 14 尊，泥塑神偶 25 尊，并绘有彩色壁画，布局错落有致，构架端直开阔，雕凿精致，气势雄宏。

（五）保全寺石窟

保全寺石窟位于合水县东北太白镇葫芦河支流平定川马家老庄，距县城 120 公里。石窟建造于北魏中期及晚期，南北长约 40 米，共开龛 30 余个，除中心部分的三、四、六等窟较大外，其余为圆拱形残龛，高约 1 米左右。雕造题材多为北魏佛教教徒崇拜的一佛二菩萨，一交脚菩萨两肋侍菩萨，触多宝并坐说法，千佛等。

保存较完整的 13 号龛的释迦并坐说法图，雕刻精细，形象丰满，眉秀鼻直，面形方圆，表情喜悦，身着半披肩大衣，内著僧碑，结跏趺坐，衣纹线条流畅，5 号龛内雕主佛及两肋侍，工艺亦很精湛，主佛结跏趺坐，身着通肩大衣，衣纹用极细古而均匀的线条表现，富于律感，此例恰当，神态自若，造诣很高，是极具代表性的佳作。

（六）张沟门石窟

张沟门石窟位于合水县城北的太白镇爵芦河支流平定川河西岸张沟门路旁石岩上。距县城 115 公里。根据铭文，此窟建造于北魏太和十五年至二十年（491—496 年）。

石窟群开凿在红砂岩上，岩高 6 米，长约 11 米。全窟残存 8 个龛，共有造像 31 尊，其中 4 个龛保存较好，其余因自然和人为的伤损严重，造像漫漶，服饰不清。

窟龛都是圆拱式，龛眉两端凤头反上，啄大而长，冠曲而丰，颈部片羽文，龛内均雕一佛二菩萨，佛面形方圆，两颊丰满，眉细而弯，鼻直，两眼直观，肩宽平，袒右肩，半披肩大衣，衣裙绕膝垂于台上，手作禅令印，结跏趺坐，菩萨分立于佛的两侧。

此窟因早年被毁，现有遗像不多，保存亦不完整，但有开凿铭文，为石窟分期断代提供了确凿资料。

（七）安平寺石窟

安干寺石窟位于太白镇平定川内，距川口 25 公里龙王庙沟小河南岸，坐南向北，由外廊和内窟组成，共有造像 559 尊，纪年铭文一方。外廊高 3 米，长 8 米，深 3 米，有方形廊柱 2 根，南壁正中辟长方形窟门。内窟高 4.5 米，宽 4.8 米，深 4.6 米，中有方形拱台 1 个，边长 3.1 米、高 1 米。外廊三壁与廊柱四面、内窟四壁均造佛、菩萨、罗汉像，排列整齐，群像密集。因长期风化，多数面目漫漶不清。窟门东框面上刻楷书题记一方：华池寨主汉藩本门人马巡检/李大夫先於阜昌口年自发虔心/请到延长县青石匠王志瑛口/夫为渊抚琪李打造石空（窟）佛像/一堂内有菩萨南壁罗汉未了/口李大夫男李世雄等请到僧德忍良朋住（主）持本院僧事请到王志瑛女孙冯佑等打造菩萨罗汉于并愿各人父母来生佛界见存者增添福寿大金大定十八年八月初三日住（主）持僧德忍良朋子谓敦武校尉主管华池寨本门汉藩人马巡检李世雄弟敦武校尉李世能敦武校尉李世保李世泉李世银次弟敦武校尉李世成李世国李世乾李世渊主司石匠冯佑李琮堂行偿德马僧韩僧众会门彦氏管菩萨愿合众。

（八）李家庄石窟

李家庄石窟位于太白镇平定川内，距川口 1 公里处，属太白镇莲花寺行政村李家庄自然村。石窟由北魏的马勺场石窟、北宋的窑庄背石窟，金代大定十六年佛龛和明万历二十六年佛洞组成，共有窟龛 7 个、造像 68 尊，纪年铭文 2 方。马勺场共 4 个龛、12 尊造像，其造像风格与张家沟门石窟的造像风格基本相似，具有北魏太和年间石窟造像特征。窑庄背石窟为一大窟，平面正方形，高 1.75 米，边长 1.82 米，四壁造像 55 尊，其中舒相观音坐像和地藏菩萨立像具有较高的艺术观赏性，和谐优美。李家庄石窟大定十六年佛龛唯释迦坐像 1 尊，庄严神秘。其南侧开凿的明万历二十六年佛洞，高 3.94 米，宽 3.09 米，深 3.42 米，窟内彩绘泥像已毁，窟顶建造的飞龙、白象、奔鹿、莲花等图案和就地雕造的石供桌及其浮雕图案，精细而完整。

四、碑碣（林）

碑碣（林），为纪事颂德而筑的刻石。碑碣（林）内容丰富，记事、记人、歌功颂德等，为人们研究各朝代的政治、经济、文化提供了宝贵文字资料。碑碣本身也是造型艺术的展现，不仅碑上的文字是书法艺术的体现，而且碑额、碑身与碑座的雕刻纹饰，如人物、蟠龙、凤凰、麒麟、花草、祥云、日月等，种类繁多，精美绝伦；纹饰各异的图案，旨趣各异的装饰艺术，也呈现不同时代的精神象征。

河北承德木兰围场的“虎神枪记碑”，记载了乾隆皇帝用虎神枪猎虎之事，“木兰记碑”记的是木兰围场创建的经过及狩猎的盛况。四川西昌市郊的光福寺，共有石碑百余块，较详细地记述了西昌、甘洛、宁南等地历史上发生地震的情况，包括明清以来几次大地震的时间、受震范围及震后人畜、建筑所受损害状况，是很重要的科学史料。河北唐县“六郎碑”，是后人为纪念宋代将领杨延昭（六郎）镇守三关的功绩而建立的，这就是所谓的“树碑立传”。四川成都武侯祠内的唐碑，记载了诸葛亮的一生功德，由唐宰相裴度撰文，著名书法家柳公绰书写，著名石刻匠人鲁建刻字。后人赞美诸葛亮的功绩和裴度的文章、柳公绰的书法、鲁建的刻字合称“四绝”。陕西西安碑林收藏碑石近 3 000 方，是我国收藏古代碑石墓志时间最早、名碑最多的一座艺术宝库，它不仅是中国古代文化典籍刻石的集中地点之一，也是历代著名书法艺术珍品的荟萃之地，有着巨大的历史和艺术价值。

（一）狄梁公碑

狄梁公碑是唐武则天时宰相狄仁杰庙碑。狄仁杰在武则天垂拱年间作过一年多的宁州刺史，兴利除弊，政绩卓著。州人感其德政，为其立生祠，碑曰“德政碑”。宋范仲淹知环庆，祭宁州狄梁公庙，感其政绩卓著，作记以表其事：“天地闭，孰将启焉？日月蚀，孰将廓焉？大厦仆，孰将起焉？神器坠，孰将举焉？”评价甚高。明边国柱将范文重刻于石，碑首篆书“唐狄梁公之碑”。碑原在庙咀坪，1983年将碑搬迁于县博物馆。狄仁杰在宁州影响很大，演变出了《狄仁杰骑青牛斩九龙》的神话故事。狄事范文，珠联璧合，在宁县历史上交相生辉。

（二）宋承天观碑

宋承天观碑位于正宁县罗川城西门外。宋大中祥符二年（1009年）建，朝散大夫行尚书兵部员外郎李维奉敕撰文，翰林侍诏朝奉郎尹熙古奉敕书，并篆额，碑额篆书“大宋宁州承天观之碑”。碑文云：“罗川之上游实彭原之属邑，气象葱蔚，原隰（xí）隐辚，人敦忠义之风，俗勤稼穑之事。轩丘在望，乃有熊得道之乡；豳土划疆，本公刘积德之地。”1981年9月，甘肃省人民政府将其列为省级文物保护单位。此碑已移至县文化馆院内。

五、建筑小品

建筑小品，指用以纪念、装饰、美化环境和配置主体建筑物的独立建筑物，如雕塑、牌坊、戏台、台、阙、廊、亭、榭、表、舫、影壁、经幢、喷泉、假山与堆石、祭祀标记等。

雕塑是雕、刻、塑三种制作方法的总称。牌坊是我国传统的门洞式建筑，大量应用于世俗建筑、寺观神庙建筑和宫殿陵园建筑之中，富有特定时代的文化积淀和封建色彩，也是太平盛世的产物。台始筑于奴隶社会（如商纣的鹿台）。阙是建立在宫殿、庙宇或陵墓甬道、神道两旁的一种表示官爵、功绩的象征性装饰建筑，其式样和牌坊相似，只是没有横梁。亭是游览观赏性的小建筑，数量众多，内容丰富。榭一般指建于水边的观景建筑。表又称华表、桓表，从我国历史上来看，华表起源甚早。相传尧舜时，人们喜欢在交通要道竖立木牌，在上面写谏言，名曰“诽谤木”，或简称“谤木”，也叫“华表木”。舫是水里游玩的小船，又名“不系舟”。经幢源于古代的旌幡，随着印度佛教、特别是唐代中期佛教密宗而传入我国。

棠樾牌坊群位于安徽黄山市歙县城西6 000米处的棠樾村，“棠樾”意为棠荫之处，村名由此而来。牌坊是封建社会最高的荣誉象征。棠樾牌坊群是安徽省现存古牌坊中最大的牌坊群，在全国也属罕见。

（一）罗川赵氏牌坊

赵氏牌坊位于正宁县永和镇罗川村街道（原古街道中轴线上），自西向东，一字摆开，依次为清官坊、天官坊、恩宠坊，遥相呼应，气势恢宏，间距分别为 11.5 米、105 米。清官坊、天官坊均高 8.4 米，宽约 8.2 米；恩宠坊高 9.7 米，宽 8.35 米，均为四柱三间三层楼，斗拱歇山顶，全以红砂岩石料凿磨镶砌而成。据史料记载，清官坊、天官坊分别建于明万历四十二年（1614 年）十二月和明万历四十三年（1615 年）四月，是朝廷为表彰明代清臣赵邦清（曾任山东滕县知县、吏部稽勋司郎中）所建；恩宠坊建于明万历四十五年（1617 年）七月，是赵邦清为感念嫡母刘氏、生母高氏教养之恩而建立的。这三座石牌坊明柱两侧有雕作的石鼓，坊面浮雕有人物、花卉、飞禽、走兽、山水、云木、房舍，还刻有文字，场景宏大，造型优美，结构严谨，刀法细腻，形象逼真，匠心独运，令人叹为观止。三座石牌坊紧密排列形成牌坊群，在甘肃省独此一处，建成至今约四百年，雄姿不减，完整无损，傲然耸立。1995 年 3 月，赵氏牌坊被正宁县委确立为正宁县爱国主义教育基地；同年 4 月，复被庆阳地委确立为庆阳地区爱国主义教育基地。1963 年 2 月，被省政府公布为省级文物保护单位。2006 年 5 月 25 日，被国务院公布为第六批全国文物保护单位。整个建筑、占地面积约 990.4 平方米。

按照《中国牌坊》（金其桢编著，重庆出版社 2002 年版）的分类，清官坊、天官坊属官宦名门牌坊，恩宠坊属贞妇节女牌坊。从建筑学的角度讲，这些牌坊属中国古典建筑中的独特形式，它们既具有与众不同的外观形态、独具一格的审美价值、多种多样的社会功能，而且具有古老深厚的历史底蕴和极为丰富的人文内涵，是代表中华古老文化的象征标识，所以极富研究价值。

（二）周旧邦牌坊

全名为周旧邦木坊，其意为庆阳是周之旧邦，周王朝的发祥之地。此坊位于庆城县南街永春门巷子口。建于明朝弘治十八年（1505 年），由庆阳知府郝镒主持修建，木质结构为四柱三楼三进，高约 10 米，长约 12 米。木坊以四根通顶立柱支撑，立柱前后砌入人字形辅助支撑石桩一对，主体为五层斗拱叠塞镶砌负托结构，坊顶铺青瓦，饰五脊六兽及花纹等，檐下正中镶匾，匾面真书“周旧邦”三个大字。匾下横梁题字：“弘治十八年九月庆阳知府前监察御史郝镒建，炮绪辛巳年仲冬中浣吉旦知府倭什鉴额重修，二十八年知府庆霖重修”。虽历经五六百年风雨侵蚀，此木坊仍不失庄严大气。

（三）林沟口仿古牌坊

根据建设华池县国家级红色旅游景区的总体规划，靓化华池出口大门，提升对外形象，促进华池旅游产业发展。县委、县政府决定在华池县和庆城县交界处新建仿明、清风格四柱十一楼牌坊门一座，该工程由华池县国土资源局组织承建，目前已完成。总投资约 120 万元，建设规模为砼框架式仿古建筑，总跨度 26 米，其中两边侧门跨度各为 6 米，中间主门跨度为 14 米。并于 8 月 25 日建设完工顺利通过验收，该牌坊的建成为华池增添了一道靓丽的风景线。

（四）李梦阳亭

李梦阳，文学家，诗人。字献吉，号空同子。生于明宪宗成化八年（1473 年），陕西庆阳（今甘肃庆阳）人。弘治进士，曾任户部郎中，因反对宦官刘瑾下狱。瑾败，迁江西提学副使。李梦阳倡言“文必秦汉，诗必盛唐”，反对“台阁体”文风，与何景明等人遥相呼应，是“前七子”领袖。李梦阳为“有明一代研究唐诗的重要学者，中国古代文坛上胆大包天的诗人”（郭卓茂语）。李氏诗歌理论批评方面贡献最大，他所提出的“古体学习汉魏，近体学唐诗”，“真诗乃在民间”，影响相当深远。其复古倾向，几有不良。其诗因偏重推拟唐人，不免流于肤廓，然境界开阔，笔力苍劲，气象高古，遇时感事，针砭时弊，多有感人。李氏论诗重法，对民歌在文学上价值有所肯定，时至今日，影响深远。李梦阳有《空同集》行世，凡诗文一千八百又七篇（首），较为丰硕。

庆阳人民永远怀念李梦阳，庆城南设亭立碑以示纪念，“李梦阳故里”几个字是由国家文化部原部长、当代著名诗人贺敬之书写的，以供后人瞻仰和铭记。

（五）范　亭

柔远城西 3 公里墩儿梁峁，有柔远亭，宋庆历年间范仲淹建，故称“范亭”，遗迹尚存。此亭雕梁画栋，飞檐翘首，古朴秀丽。每当夕阳西下，柔远亭沐浴于斜晖晚照之中，个中景致，颇为壮观。

六、长城段落

长城段落是指由关隘、城堡、墙体、烽燧等结构组成，具有防御功能作用的长城的局部线路。

环县古为兵戎之地，《史记·匈奴列传》载：“秦昭王时，有陇西、北地、上郡，筑长城以拒胡。”秦统一中国后，匈奴与北地郡接壤，时为秦患。为了防范匈奴入侵，秦王朝派蒙恬组织边防戍卒，征集民夫、罪徒、豪民和被贬官吏 30 万，修筑连接诸侯国的城墙。这就是著名的旧战国秦长城。

战国秦长城在环县属于过境长城。从镇原三岔乡周庄村的城墙湾进入环县演武乡吴家塬村的旧庄。这里属于河谷台地，当初是一个城障遗址。自旧庄遗址抵后沟沿后沟南岸向东北，经枣树渠至石咀山。石咀山位于后沟与康家河交汇的台地上，是一个扼守沟口的小障遗址。其南侧最高山头上，现存一个圆锥体烽燧，残高 3.6 米，立于烽燧面可目及周围 15 里，与镇原三岔乡蒲河南山上的烽燧遥相呼应。长城从后沟口越过康家河，东岸二级台地上的庙台（小障遗址），与石咀山小障遗址对应，形成犄角。从庙台溯流而上抵环县演武乡所在地泄郭咀，越过康家河，沿河东岸延伸至殷家台，这里是黑泉河（康家河自泄郭咀以上名为黑泉河）与殷家沟交汇的三角台地，亦是一处城障遗址。沿黑泉河东岸北上，经黄山村的海子台入刘坪村的中庄（城障遗址），再北半公里即狗拉梁。长城沿狗拉梁东侧山坡直趋梁顶。梁顶南北两端各有一段长 40 米，残高 1.7 米，基宽 8 米的“横城”。狗拉梁长城遗址位于黑泉河与合道川分水岭的最高处，是演武、合道、车道三乡的结合部，控扼一岭二水。周围大小山峁尽收眼底，险要地势一览无余。长城向西北顺支梁下抵沟底，出小岔沟入合道乡赵台村的庙咀子，沿合道川南岸向东延伸，经李堡子山、老庄沟，北上箭竿梁入何坪乡的苏家土佥、杨大湾（皆为无垣小障遗址），越过合道川沿杨大湾沟（又名老庄沟）转向北，沿杨大湾沟东岸，北上杨堡子山梁，过常崾岘村黑风口、大路洼、谢房房、堡子梁、大稍咀，沿张南沟东侧台地，越杨沟上虎洞乡的西杨塬，北下边墙梁抵半个城。这里是一处城障遗址。

长城经半个城，出堡子咀，越城西川，沿城西川南岸向东北延伸，经殷家台、彭家塬、文吊咀堡子沟烽火山梁、张沟门村东塬、沈家塬、阳庄东山、玉皇山而北下河谷至张滩滩。城西川长城完全是河沟式的，只筑城墩而基本上无夯土墙，城墙多以沟崖代替，随河曲折，因山起伏，全长约 50 公里，现存马别梁、文吊咀、寺咀子、张园子、马莲台等遗址。

长城自城西川口之张滩滩，越过城西川河，经果儿山、城子岗，横跨长江至城东沟口。城东塬位于城东沟口东南，塬头有烽燧遗址，与果儿山（城西川与环江割蚀形成的独山梁，是环江口西北方的制高点）和玉皇山烽燧形成三点对峙，遥相呼应，可俯瞰环江、城西川、城东沟三水交汇地域。不难看出，当初这里约 5 平方公里范围内，是一个立体的防御体系。其高下、纵深的有机体，为后人始料未及。

长城进入城东沟后，沿沟南侧依其地势，不断起伏曲折，经过王庄科、苏家掌、椿树台至油房崾岘，越过滚子山、堡子台向东上部家庄山梁，往东1.5公里处即是樊家川乡李家塬村的李堡崾岘。穿过李堡崾岘大洼后，向东北方上李家塬。塬长约2公里，塬西端筑有长40米，残高2.5米，基宽4.5米的“横城”（环县境内第二处）。从塬东头下塬至安山川北侧台地。越过安山川至长城塬。下长城塬过刘阳湾至曹咀，即出环县而进入华池县桥川乡境内。

战国秦长城环县段全长约186公里，现存城墩108个，大小城障遗址28个，烽燧22个。

秦长城是一项宏伟的工程，不是一道夯土墙壁，岂能当作一道土墙去读。它蜿蜒于梁峁之上，穿梭于河沟之间，时而夯土为城，时而削崖成墙，高可以俯瞰四方，低能够扼守关寨，其精心的设计，巧妙的布局，及军事上的实用性，无不为世人所叹服。

秦长城的修建，对于环江流域农牧业的发展，经济文化的交流以及北地的道路建设，都起了积极的作用。同时，也把环县推到了塞下边陲前哨的战略地位，为历代封建王朝所重视。

第四节 居住地与社区

一、传统与乡土建筑

传统与乡土建筑，指具有地方建筑风格和历史色彩的单个居民住所。我国各族人民由于居住的地理环境、气候条件、生产方式及生活水平的不同，不同民族的居所各具特色，如游牧及狩猎民族的帐篷或毡包，北京的四合院，黄土高原的窑洞，西双版纳的竹楼，等等。传统与乡土建筑的旅游功能主要体现在造型丰富的建筑艺术美、合理实惠的建筑实用美和与周围环境协调的和谐美。

在我国汉族的传统与乡土建筑中，历史比较悠久，应用最为广泛的是单层四合院住宅，而其中又以北京的四合院最为典型。四合院的基本形式是由四面房屋围成的、南北稍长的矩形封闭庭院，包括正房、南房和东西厢房。住房分配体现尊卑长幼关系，较为高大的正房由家长居住。

（一）窑 洞

庆阳人居住的窑洞，有着悠久的历史。早在先周时期，庆阳先民就根据黄土高原沟壑区的地理条件，挖掘不同形式的窑洞，构筑风格各异的庄院为住所。如今的庆阳，一些人家靠沟边，依山坡，就崖壁之势，挖掘窑洞而居，称为“崖庄”；有的村落，依山靠坡分布着一排排窑洞庄院，庄上有庄，窑上有窑，酷似拔地而起的“楼房”，人们称之为“架板庄”；在原区，窑洞庄院的建造别具特色，农户向平地下掘一个三四丈深的方方正正的大坑，再向四壁挖掘一孔孔窑洞，好像一个地下“四合院”，称为“地坑庄”。庆阳窑洞的建造，更是千姿百态。有坐落平原的窑洞，还有挂在崖面上的高窑；有各自成洞的独窑，又有相互串通，一明两暗的套窑；有的窑洞里还挖有拐窑，窑里有窑，洞中有洞；有用土坯砌成的土箍窑，用石料砌成的石箍窑，又有土坯、石料兼用砌成的“双料窑”；有的人家给箍窑顶上盖着青砖红瓦，远看是高大的瓦房，入内才知是舒适宜人的窑洞；有的人家在成排的箍窑顶上盖起了砖瓦房，上房下窑，别具一格；有的农户则在过去的庄院里，翻修了窑洞，盖起了新式瓦房和砖瓦盖顶的土箍窑、石箍窑，组成了“三合一”的庄院。

“没有三十年不漏的瓦房”，却有数百年安然无恙的窑洞。窑洞以其经久耐用、冬暖夏凉、修筑费用低等特点与庆阳人民结下不解之缘。金村乡木瓜园村一孔长 60 米、宽 20 米的窑洞令人大为惊叹。主人将窑洞分成三节：第一节居人，并排有两个大火炕，炕中间有过道，家具均置这间。第二节是饲养室，养着几头牛。第三节是仓库，贮藏粮食、饲料、柴火等物品。环县车道乡一孔依山挖掘的深 300 多米、高 80 多米、宽 70 多米的窑洞，当地农民常在窑里碾麦。据说，这孔大窑已有 500 多年的历史，却至今完好无损。庆阳人挖窑洞时要祭土地神（当地称为社神），闹鬼请阴阳先生，用五谷安宅，现代民间也有此习俗，他们挖窑洞时是要请阴阳先生的。窑洞的朝向要背风向阳，山要实在（就是窑洞门口要对实山，不能对山沟），以使家宅平安，家庭殷实。庆阳人勤劳、朴实、憨厚的性格至今不变，他们在庆阳这块土地上默默耕耘，千百年的习惯仍持续在他们身上。庆阳窑洞以其独有的建筑特色，吸引着国外的建筑专家。日本、加拿大等国家的建筑专家多次考察，亲身感受其中的乐趣。如今，随着生活水平的不断提高，越来越多的农户离开窑洞，住进了房屋和楼房。许多窑洞已被填平或被复垦。越来越少的窑洞，愈显珍贵。作为人类建筑史上的遗迹，它已经受到格外珍惜和保护。

（二）明清民居

正宁县永和镇小河沟口组的魏竹民家（3 间 63 平方米）、春场组张俊民家（7 间约 140 平方米）、城关组彭秉瑞家（6 间约 300 平方米）及沿街明清民居（10 多间约 500 平方米），共数十间约 1 000 平方米，基本保存完好。此外，还有原貌依然的明清时期的里巷两处，即书院巷、北华山巷，宽约 2 米，长分别为 570 米、1 382 米。明清民居和里巷反映了传统营造方式和建造技艺，对研究明清时期的村落分布、民居建筑水平均有较高参考价值。

（三）张氏书房

张氏书房系明清时期“巷子张”家所建的一座供子弟读书的地方，由上房、街房、厢房、前庭、后院等几部分组成，是典型的四合院风格，为清代西北大户的代表作，后因政平有了官办学校，张氏书房移作民宅，现为甘肃省省级文物保护单位。它坐落于堡子山顶中央，相传始建于明代，至清嘉庆年间由张氏族人进行了全面修缮，更换了门、窗、椽、檩，并增加砖、瓦，使之成为闻名遐迩的一处民间建筑。整个宅院占地 1.4 亩，坐西面东，一宅三进。

正西面是上房七间，中五间为厅堂，两边各留一间，分做灶房，和中间五间为一整体，宽敞明亮，雍容富贵，以门代窗，活动可移，每逢庆典，雕花门一律拆卸，既方便出入，又显宽阔，形成一个明亮的大厅。即使同时安设八张方桌开席，也宽敞有余。正面壁墙上高悬着三块金字大匾，匾的中间是由名人题赠的镀金大字，周围全是透花雕刻的二龙戏珠、丹凤朝阳、百鸟朝凤、百花齐放、万鸟祝寿等图案。室内正中置一雕花屏风，上书“雍睦堂”三字。屏风前设一大供桌，桌上安放神龛一具，龛的造型似三间小房，一律木雕，砖、瓦、门、窗、柱、梁、檩、椽一应俱全。五间正厅门与窗子全可开启，前有明柱回廊，后开有小门，中设架板多层，分辈列置多用猩红点了“主”、通了“神”的木牌位。每逢过年过节，供桌上陈设着食盒、时令水果、香表、馍盘、祭器、石狮和能自如折叠的六棱干果围子，围子上盛一碟，用以摆放各种供品。供桌两旁立有折叠式软硬屏风各六扇，每扇屏风的上、下部位分别为丝绢与木板，其上精巧题绣或镌刻着名人书画辞赋。大厅四根大梁上各有红纱宫灯两个，彼此对称悬垂，每盏灯又配以或方或圆的红纱罩子，下设座架，装有开关，可随意升降。冬季烤火用的火盆也甚为讲究，铜质，用一中心开洞的圆桌托起。围绕火盆，左右两边各设座席，以太师椅和镂花芝麻敬德盔椅分宾主身份。房中书桌、卷案、椅子、凳子均用檀木或楠木制成。凳子或圆或方，或高或低，或条形，或鼓形，椅子除了雅椅外，还有一种躺椅局促一隅，供休闲之用。所有桌椅一色的桐油油漆，光彩照人。靠墙三面安放书架、壁橱，内陈古书、珠宝、玉器、字画、青花瓷器等。四根明柱上配有瓦形板对两副，曰：

食旧德名氏笔花墨浪益信经训乃畜畬
服先畴畎亩火耕水耨稔知菽粟即金玉

肃雍萃一堂父慈子孝兄友弟恭方为诗礼人家
敬义浃百年思睿言从视明听聪即是圣贤学问

越屏风，过西墙处所开小门，又为一院。院中有七间两层木质楼房，楼后有花园、假山、奇石、异卉，盈庭幽香。凭栏远眺，山川河流尽收眼底。花园北侧是几间茅屋，为雇工、佣人所住。上房筑阶四级进门，台阶为砖石所砌，基础平地高起八十公分，俨然为庭院之首。

南北各为厢房三间。厢房也称厦房，与上房和街房间距均为 3 米，在建筑风格上沿承上房之格，也是拱斗挑檐，雕梁画栋，三枋衬檩，祥云筒柱，廊柱对称。作为居室，内有土炕、火床、脚踏、衣柜、衣架、镂花条桌、橱柜、箱奁等，尤其是虎爪灯台娇巧雅致。室内陈设以古朴清雅为主。门窗更显巧夺天工之美，整体均为套格雕花。其中门扇上为格子套花，下装板皆为镂刻的石榴、菊花、牡丹、佛手、莲花、狮子滚绣球、吉庆有余等象形图案；二十四个窗扇的雕花图案美观细致，交错对称，相互匹配，同中有异。图案分上、中、下三块分别布局，上为圆月形或扇面形，中为正方形，下为菱形，四周均以五毫米木线拼成图案，有带钩，有直线。据说这些工程耗时将近三十年，制作工匠来时还是小伙子，完工后已年迈苍苍。北厢房东头的马头墙上有一洞室，以桐油菱形磨砖镶砌，细腻光亮，洞门以明柱承檐，斗拱挑角，两面以楹联相对，内供一尊笑容满面、憨态可掬的土地爷石像。

正东是街房七间。街房北边为门楼，门板厚重，上有泡钉铜环镶嵌。大门两边的石门礅雕花竹节，门与户相衬一体，两面门壁以长方形磨砖镶贴；门额之上高悬清同治十二年（1874 年）宁州知州杨大年题“仁厚可风”匾额一面。据说有匪兵作乱占据了宁州城池，杨大年避乱至政平，于张氏书房临时坐衙月余。门楼上阁贮藏什物，进大门第一眼就可看见表情和善，端庄自然的土地爷坐在洞室中庭。整个院落全以青方砖，长方形砖铺地，院子中央有一古鼎式石桌，上置一铁磬，传说是作息用的。整个院落显得遐龈天赐、祥瑞昭日。甘肃省博物馆古建筑专家曾盛赞此宅为“国内少见，甘肃独有”。

二、特色街巷与社区

特色街巷，指能反映某一时代建筑风貌，或经营专门特色商品和商业服务的街道。黑龙江哈尔滨的中央大街，全街建有欧式及仿欧式建筑 71 栋，并汇集了文艺复兴式、巴洛克式及现代式多种风格，是国内罕见的一条建筑艺术长廊，现为哈尔滨市最繁华的步行商业街。北京王府井大街，以悠久的历史、博大精深的传统文化和丰富的商品、繁华的商业建筑而成为集购物、休闲、文化、娱乐、旅游、餐饮、商务、住宿为一体的综合性商业步行街，号称“中华第一商业街”。上海南京路、淮海路，汇集了数百家现代化商厦、中华老字号商店及名特产品商店，堪称“购物天堂”的形象代表，成为外地人到沪必去之地。

特色社区，指建筑风貌或环境特色鲜明的居住区。江西庐山风景区、山东青岛八大关因汇聚了俄、英、法、德、美等众多国家的建筑，而有“万国建筑博览会”之称，江苏苏州老城区，其小桥流水、“人家尽枕河”的特色景观和巧夺天工的苏州园林成为人们心中最美的居住区之一。

此外，销售某类特色商品的场所以及批发零售兼顾的特色商品供应场所形成了一定的知名度后，也能成为旅游者喜爱光顾之地。

庆城县的新版城市规划中，将依托慈云寺及女真文铁钟，建成唐宋仿古一条街；一撮周旧邦木枋、永春门、鹅池洞、四合院，建成明清仿古一条街；修复德胜门，城垣凤头部位建设象形标志物“凤鸣朝阳”，形成集旅游观光、文化娱乐、休闲度假为一体的综合性仿古街区。目前仿古街区正在建设中。

三、名人故居与历史纪念性建筑

名人故居与历史纪念建筑，是有历史影响的人物的住所或为历史著名事件而保留的建筑物。为纪念历史名人和许多历史重人事件，全国有众多的名人故居、纪念馆和纪念性建筑。如为纪念重大战役而建立的北京中国人民抗日战争纪念馆；纪念重大历史事件的上海中共一大会址、贵州遵义会议地址、广西金田的太平天国起义纪念馆等；纪念历史名人的浙江绍兴鲁迅故居和三味书屋、上海的孙中山故居、北京的郭沫若故居等。名人故居和历史纪念建筑，不仅由于其集文化、教育、纪念意义为一体，也由于现代建筑艺术风格的多样化，现代技术手段的应用，使其变得更加生动、易于接受，日渐获得旅游者的青睐。

（一）邓小平旧居

邓小平旧居位于正宁县宫河镇王录村，北距 G211 线 1 公里，现有院落 1 处，窑洞 5 孔。

2009 年 8 月，县政府按照修旧如旧的原则，在原址按原貌投资 101 万元对旧居进行了维修保护，并修建了82平方米的中国工农红军红一军团正宁纪实文化浮雕墙，2010年6月修复竣工。浮雕墙分为11个故事场景，生动地体现了人民军队作风严谨，生活朴素，内练素质，外树形象，爱护群众，壮大队伍，救国救民的高风亮节。5孔窑洞南面为灶房，北面为管理室，中间3孔作为展室，共有28面展牌分为五个单元陈展，第一单元为红一军团的创建，第二单元为红一军团南下，第三单元为红一军团进驻正宁整训，第四单元出师抗日，第五单元为从红一军团走出的将帅及党和国家领导人。该基地自命名以来，共接待各级各类参观者14 000人次。

1937年2月22日，红一军团进驻正宁、宁县一带，红一军团军团部驻宫河镇宫河村北头大地窑，政治部驻宫河镇王录村，政治部主任邓小平住农民王度（王振元）家。1937年上半年，中央召开了一、四方面军团以上干部会，批判张国焘的错误，中央委托杨尚昆、罗瑞卿和邓小平同志三人负责，开会地点就在宫河王录村。1937年4月17日至20日，红二方面军政委、红军前敌总指挥部政委、中央革命军事委员会主席团成员任弼时曾在宫河镇主持召开红一方面军、红二方面军、红四方面军及援西军、庆阳步兵学校（中国抗日红军教导师）团以上干部会议，代表党中央传达了《中央政治局关于张国焘同志错误的决议》。1937年8月上旬，红一军团奉命撤离正宁、宁县，开往陕西三原参加改编，奔赴抗日前线作战。

邓小平同志在王录村住了将近5个月，他精干练达，平易近人，生活十分简朴，宣传革命道理深入浅出，通俗易懂，深受群众拥戴。邓小平同志在王录村居住期间，为革命事业做了很多有影响的事情，积极宣传共产党和红军的政治主张，宣传抗日救国的道理，爱护群众，教育部队，秋毫无犯，积极发动群众募捐抗日军粮，建立地方抗日救国会和党的地下组织，秘密发展党员，开展军事体育运动。在这五个月时间里，他把革命的火种带到了正宁，使革命的火种在正宁大地上生根发芽，开花结果。他高尚的情操、伟大的人格激励、鼓舞、教育了一代又一代正宁人民，值得我们永远学习和继承发扬。宫河抗日救国会主任王龙月是王录村人，他的儿子王浩文回忆：当年邓小平曾挥毫为他父亲写过一副对联，上联是“出言须防开口错”，下联是“交人只要到头真”，此联被当作珍品长期保存，可惜毁于新中国成立前夕的一次战火之中。1991年6月，前国家主席李先念夫人林家楣女士在正宁检查工作时，前去邓小平旧居参观、追忆历史。1980年，该遗址被中共庆阳地委命名为爱国主义教育基地，2003年被庆阳市人民政府命名为市级文物保护单位，庆阳市人民政府〔2005〕23号文件公布该遗址为全市红色旅游景点。

（二）习仲勋旧居

习仲勋旧居位于五顷塬乡南邑村，北距 S303 线 1 公里，旧居现有院落 1 处，窑洞 8 孔。

2009 年 6 月，县政府按照修旧如旧的原则，在原址按原貌投资 99 万元进行了维修保护，2010 年 6 月修复竣工。旧居共有窑洞 6 孔，其中西面窑洞为灶房，东面 2 孔窑洞分别为管理室和柴窑，中间 3 孔窑洞为展室。陈展共分为三个单元，第一单元为寺村塬根据地的创建，第二单元为陕甘边革命根据地南区党委和苏维埃政府在正宁成立，第三单元为中华苏维埃共和国中央政府西北办事处关中特区的成立。南邑曾是关中特区的首府，是新正、新宁、赤水、永红、淳耀、中宜等县红色政权的心脏。该基地自命名以来，共接待各级各类参观者人数达 16 000 人次。

1934 年 9 月，陕甘边南区革命委员会在中部县双龙镇小石崖成立。1935 年 7 月移住三嘉塬，9 月更名为陕甘边南区苏维埃政府，11 月又更名为关中特区苏维埃政府。1936 年 1 月下旬，关中特区苏维埃政府移住新正县南邑村，新正县革命委员会更名为新正县苏维埃政府，隶属关中特区苏维埃政府管辖。同年元月，中共中央改组了中共关中特区委员会及关中特区苏维埃政府，贾拓夫任特委书记，秦善秀任关中特区苏维埃政府主席，习仲勋、张邦英任副主席。1937 年 10 月，关中特区更名为关中分区，关中特区苏维埃政府更名为关中分区抗日民主政府。关中分区第一次党代会在新正县马家堡召开，会议选举习仲勋任中共关中分区党委书记。1938 年 7 月，关中分区决定撤销新正县委，县委所辖的五个区直属关中分区党委领导，新正县抗日民主政府和关中分区专员公署合署办公，专署各科代行县政府各科职权。1939 年 5 月，关中分区抗日民主政府专员霍维德调延安后，习仲勋兼任专员和新正县县长。1941 年 7 月，关中分区第二次党代会在新正县三区上墙村召开，选举习仲勋连任关中分区党委书记。解放战争开始后，习仲勋调任中国人民解放军第一野战军副政委。他曾任政务院秘书长、副总理、全国人大常委会副委员长。

习仲勋同志在担任关中特区、关中分区主要领导职务及新正县县长期间，革命意志坚定，处事智勇双全，工作雷厉风行，作风朴实无华，深受群众爱戴。他忠于党、忠于人民、忠于革命事业，热爱祖国，勇敢顽强，不怕牺牲，关心民瘼，联系群众的高风亮节，在正宁人民心中留下了不可磨灭的印象，群众至今仍深切地怀念着这位伟大的无产阶级革命家。2000 年 6 月，全国人大常委会原副委员长习仲勋夫人齐心女士携家人来正宁检查工作时，专程前往习仲勋旧居参观、追忆历史，听取当地老人关于习仲勋同志工作生活情况的回忆，并与当地群众合影留念。

（三）曲环工委习仲勋旧居

曲环工委习仲勋旧居位于曲子镇双城村东沟，距县城 40 公里，为 1936 年曲环工委，曲子县委、县政府，1937 年陕甘宁省委、苏维埃省政府，庆环分区党委、行政督察专员公署所在地，现保存破旧窑洞 3 孔。

1936 年 5 月 18 日，中央军委发布了西征命令，组成了“中国人民红军西方野战军”，彭德怀任司令员兼政委。28 日，习仲勋随西野左路军红一军团进入曲子、八珠一带，负责粮草供给和群众发动工作。6 月 1 日，红一军团发起了曲子战斗，活捉国民党曲子守将旅长冶成章（外号野骡子），解放了曲子，组建了曲环工委，习仲勋任书记，曲子镇双城村东沟农民王德仁腾出 3 孔窑洞作为工委和习仲勋办公室。4 日，西野军解放了环县，接组织通知，习仲勋赶赴洪德任环县县委书记。11 日，曲子县成立，县委、县政府设在原曲环工委驻地，在习仲勋的指导下，组建了县委工作部门和游击队。习仲勋在环县工作期间，以坚定不移的革命意志、朴实无华的工作作风、亲民爱民的革命情怀，带领这里的人民群众进行了艰苦卓绝的斗争，为巩固扩大陕甘宁革命根据地、建立地方政权和革命武装做出了巨大贡献。1937 年 4 月下旬，陕甘宁省委、苏维埃省政府由河连湾迁至曲子，办公地点设在曲子县所在地。9 月，陕甘宁省委、苏维埃省政府撤销，组建庆环分区党委、行政督察专员公署，马文瑞任书记，马锡五任专员。

为缅怀习老在环县的丰功伟绩，继承习老的遗志，开展爱国主义和革命传统教育，近年县上将新建习仲勋纪念馆，对习仲勋旧居等 3 孔窑洞和崖面进行维修保护，建设习仲勋生平展馆、纪念碑、革命文物陈列馆，完成水、电、路、绿化、硬化、道路等基础设施，总投资 600 万元。

（四）陕甘边区苏维埃政府军事委员会旧址

1934 年 11 月 7 日，陕甘边区苏维埃政府成立庆祝大会之后，军事委员会移驻寨子湾。军事委员会驻地旧址有 6 孔窑洞，西边 3 孔为军委办公室，次为刘志丹住室，再为刘志丹、同桂荣夫妻住室。早年寨子湾地形复杂，道路隐蔽崎岖，林木幽闭，军委机关与政府机关分别坐落于两处山腰，相距三四里地，但可隔沟相望相闻，沟底林中有连接政府机关和军事机关的小径。军委旧址经修缮，具原貌风格。

2009 年对军委旧址进行了布展，主要展出了刘志丹同志的生平简介以及其在创建南梁根据地、建立西北革命根据地中的卓越贡献。

（五）河连湾陕甘宁省政府旧址

河连湾陕甘宁省政府旧址位于洪德乡河连湾村，距县城 25 公里，1936 年 7 月至 1937 年 4 月陕甘宁省委、省政府驻地。1936 年 11 月 18 日晚，彭德怀、肖劲光、赖传珠、陈赓在这里研究制定了山城堡战役作战方案。陕甘宁省委、省政府下辖赤安、华池、环县、曲子、定边、固北、豫旺、豫海等 18 个县，时任省委书记李富春、省政府主席马锡五带领这里的群众，打土豪、分田地，剿匪反霸，发展生产，进行了艰苦卓绝的革命斗争。1963 年省政府公布其为省级文物保护单位，1987 年县政府修建“陕甘宁省委、陕甘宁省政府旧址”青石纪念碑一座。2002 年以来，先后投资 75 万元，新建了革命文物展厅，李富春、马锡五故居以及纪念碑等景点和仿古门面，形成了初具规模的红色旅游景点。

（六）陕甘边区苏维埃政府旧址

寨子湾位于华池县林镇乡的深山密林之中，是陕甘边区苏维埃政府、军委机关驻地旧址。早年寨子湾地形复杂，远离国民党统治中心，是驻扎革命指挥机关的理想之地。1934 年 11 月 7 日，陕甘边区苏维埃政府成立庆祝大会之后，苏维埃政府机关移驻寨子湾。

苏维埃政府旧址有窑洞 8 孔，分别为习仲勋办公室、住室、警卫班战士住室和伙房。政府保卫队驻于山顶，有窑洞 9 孔，住七八十人，修筑有哨所、炮楼、战壕等设施，可居高临下放哨并监视来犯之敌。并有小道与政府、军委两组院落相通。政府旧址经修缮，具原貌风格。现为省级文物保护单位。

2009 年对政府旧址进行了布展，主要展出了习仲勋同志的生平简介以及其任陕甘边区主要领导人，关中特区领导人，以及新中国成立后任中央领导人期间的丰功伟绩。

第五节　庆阳归葬地旅游资源

一、陵寝陵园

陵寝陵园，指帝王及后妃的坟墓及墓地的宫殿建筑，以及一般以墓葬为主的园林。帝王陵寝中，以秦、汉、唐、明、清帝陵规模宏大，保存较好，其中，秦、汉、唐代帝陵，如秦始皇陵及兵马俑陪葬坑、汉阳陵和汉茂陵、唐昭陵和唐乾陵等，都集中在陕西西安附近。明十三陵选址北京昌平。清代皇帝除“关外三陵”之外，分葬于河北遵化之清东陵和河北易县之清西陵。其他帝王陵有宁夏的西夏王陵、河南巩县北宋皇陵、浙江绍兴的南宋陵等。

以墓葬为主的园林，如山东曲阜孔林，埋葬着孔子及其嫡系后裔，延续2 000余年而无间断，面积达3 000余亩，成为中国规模最大、历史最久、保存最完整的家族陵园。还有近现代为纪念死难烈士而修建的陵园，多选址于青松翠柏掩映的山林之中，肃穆幽静，如山东徐州淮海战役烈士陵园、江西井冈山革命烈士陵园，等等。

（一）宁县革命烈士陵园

宁县烈士陵园坐落在县城西北庙嘴坪南麓，始建于1953年，占地2.67万平方米。依山面水，与九龙广场、马莲河大桥浑然一体，磅礴壮观，肃穆和谐。

走近陵园，首先映入眼帘的是悬挂在门柱上毛泽东手书“为有牺牲多壮志，敢教日月换新天”的大幅对联和门上方“革命烈士陵园”6个镏金大字。门楼两侧仿古建筑环绕陵园，宁静优雅，庄严肃穆。

整个陵园依山而建，呈阶梯形，自下而上，共有四层平台。步入园门即为第一平台，一条林荫缓坡式大道直通山下，两旁松柏参天，浓荫蔽日，东侧建有“五八战役殉难烈士纪念碑”碑楼。碑楼正背两面分别刻有“烈士英名留万古，人民纪念永千秋”“生的伟大死的光荣，人民功臣党的典型”两副对联。两侧山脚下安葬着30多名无名烈士及王丰义、李自珍、王勇等烈士的遗骨。

站在山脚下仰视山顶，满山遍野的花草树木繁盛茂密，似有置身天然森林之感。沿着由石条砌筑而成，共143级，宽5米，跨高40多米的山门石阶拾级而上，即达第二平台。台上建有仿古式青砖牌坊，中间正面镶刻着“功似巍巍青山千秋在，业若滔滔碧水万古流”，上方雕有“气壮山河”4个金色大字，背面题有“忆先烈抗暴除奸求真理，学英雄披荆斩棘拓大业”的对联。站在牌坊前俯瞰山下，马莲、城北、九龙3河奔汇，马莲河大桥横贯东西，九龙广场宏伟壮观，宛如一条巨龙蜷伏于两河中间，大半县城美景尽收眼底。

从牌坊过厅往里，一座精巧别致的花园将道路一分为二，各有18级台阶通往第三平台，庄严雄伟的“宁县革命烈士纪念碑”巍然矗立于此。用乳白色大理石镶嵌而成的碑座上，雕刻着反映第一、二次国内革命战争，抗日战争，解放战争时期军民团结战斗，英勇对敌的 4 幅大型浮雕。碑身高 14.5 米，正面题写“革命烈士永垂不朽”8 个大字，背面碑文记载了宁县革命先烈、尤其是五八战役殉难烈士的光辉事迹。

第四平台建为“五八战役殉难烈士公墓”。公墓长 26 米、宽 10 米、高 1 米，墓内安葬着城东门枯井内烈士遗骨 63 具，绿树、鲜花簇拥公墓四周。

宁县这块具有数千年文明史的黄土地，这块原陕甘宁边区的重要组成部分，在那血与火的岁月里，全县人民在共产党的领导下，前赴后继，英勇奋斗，许多优秀儿女，舍生忘死，不屈不挠，抛头颅，洒热血，献出了宝贵的生命。革命烈士陵园这座无声的丰碑，向人们默默地诉说着这些英烈们的光辉业绩。从 1927 年王孝锡等先烈在太昌建立陇东地区第一个共产党支部至 1949 年全县解放，先后为革命献身的烈士难以数计，其中牺牲烈士之众多，献身之慷慨壮烈，尤以 1948 年 5 月 8 日宁城惨案为最。

1948 年 4 月中旬，中国人民解放军西北野战军发起西府、陇东战役。对此，胡宗南十分恐慌，急调大军夹击西野作战部队。为了摆脱敌人，西北野战军主动撤出西府地区，分别向陇东、关中转移。途中，第六纵队的后勤部队及支前人员 1 200 余人，在陕西彬县被敌人俘获，其中 700 多人被押解到宁县，分别关押在县城 7 个地坑院内，严加看守。5 月 8 日，西北野战军一部从屯子镇突围出来后，向东转移。路经宁县时，先头部队与宁县守敌接火。关押在城内的解放军战士闻讯立即行动起来，组织越狱行动，以期内应外合，消灭国民党守军，夺取县城，为主力东进扫除障碍。他们高呼口号，冲出窑洞，搭人梯爬上地坑，与敌人展开生死搏斗。敌人用机枪、冲锋枪猛烈扫射手无寸铁的解放军战士，300 多人光荣牺牲。5 月 9 日，敌人为销毁罪证，将烈士尸体分别投入城内几口枯井，同时在全城搜查，将越狱战士和伤员全部杀害或活埋。

新中国成立后，宁县人民为怀念烈士业绩，陆续收集烈士遗骨，集中安葬于县城西北庙嘴坪上，随之修建了烈士陵园，并于 1953 年、1956 年先后修建了“宁县革命烈士纪念碑”“五八战役殉难烈士纪念碑”。1979 年、1983 年两次搬迁城内西坡子和东门枯井内烈士遗骨 228 具，安葬于烈士陵园。1983 年又扩地拓园，重建“宁县革命烈士纪念碑”，以慰烈士忠魂，垂教激励后代。

（二）合水县烈士陵园

合水县革命烈士陵园位于合水县城南三华里处，它初建于 1952 年，原址在西华池镇中街，占地 3 000 平方米。1955 年扩建，无墓冢，只有烈士纪念塔一座，后迁入烈士遗骸 165 具。1975 年，迁至西华池镇唐沟圈并扩建陵园。新陵园占地 6 600 平方米，修建烈士纪念塔一座，塔高 32 米，方柱体，顶呈庑殿式，正面镌刻“革命烈士永垂不朽”八个大字，背面铭刻碑文600余字，塔基座高2米，宽5米，呈正方形，四周围有栏杆，碑身下端四面雕有表现第一、第二次国内革命战争时期，抗日战争时期和解放战争时期，广大军民在中国共产党领导下，团结战斗，英勇对敌的四幅浮雕，人物造型逼真，激情饱满。碑上正面雕有“革命烈士永垂不朽”八个大字，字迹刚劲有力，洒脱大方。背面雕有记录西华池战役及合水军民团结战斗的革命史实碑文。合水县烈士陵园已经成为合水县重要的爱国主义教育基地。

（三）老城镇烈士陵园

老城镇古名蟠蛟，地处关陕通往延绥之咽喉要道，历来为兵家必争之地。唐武德元年立蟠蛟县，天宝初年，修筑葫芦城，更名合水县。

1947年3月，日暮途穷，垂死挣扎的国民党反动匪帮纠结大量兵力，疯狂进攻陕甘宁边区，敌四十八旅侵占了原合水县城所在地（今老城镇）。为收复革命根据地，5月29日，我西北野战军第二纵队三五九旅、独四旅与驻守葫芦城的敌军展开了殊死搏斗，经一天一夜奋战，我军占领城外二郎山、南寺原及东关等要地。斯时，敌骑八旅一团千余人驰援，进至华严寺、白家沟一带欲围攻我军，遭遇我驻守城西南待援的独四旅主力和教导旅阻击，共歼敌二百余人，俘获战马四百匹，余敌溃退。30日，我军冒雨攻城四次，未破。31日，我军攻破东门，与敌人展开激烈血肉搏战，占领了东面地处川道的半个城，敌守军龟缩于葫芦把上待援，鉴于敌各路援军已至，为了保存实力、支援延安，我军遂主动撤出战斗，这一仗，极大地震惊了敌人。次年12月合水县城得以收复。

此役，我军将士不顾腹背受敌，赴汤蹈火，效命疆场，阵亡英雄指战员300余人，其中团参谋长1人（吴化民，时年35岁），政治指导员1人，连长以上7人。年龄最大者41岁，最小者仅17岁。由于战事仓促，烈士棺木未具，尸骸被就地掩埋。

为旌表烈士殊勋，以慰英灵。1955年，合水县人民政府在西关建立烈士陵园，收集烈士遗骸，迁入坟墓129穴，立碑以志。1979年，陵园迁址葫芦把山腰第三平台，坟墓增至153穴。自2004年起，在省市民政部门的大力支持下，合水县政府投资46万元，对老城镇烈士陵园扩建维修，立纪念碑1座，由纪念碑到墓区砌153个台阶，象征153位烈士浴血奋斗的历程。

（四）屯字烈士陵园

1948年春，中国人民解放军第一野战军第六纵队在西府陇东战役屯字镇战斗中，面对敌众我寡的形势，纵队将士坚持战斗两天两夜，给敌人以重大的杀伤，掩护野战军主力向北转移。但第六纵队的许多指战员在这次战斗中壮烈牺牲，其中有教导旅卫生部长王仲斌、团政委常祥考、团政治处主任赵明月等。

为纪念英烈，启迪后人，激励人民群众的革命精神，1977 年 5 月，中共镇原县委、县革命委员会在兰州军区空军部队（原第一野战军第六纵队）和庆阳地区党政领导的大力支持和关怀下，在屯字镇东街动工修建烈士陵园，于 1979 年 4 月竣工落成。陵园占地 3 520 平方米，建筑面积 306 平方米，四周为四明墙，前院为碑园，后院为陵园。总投资 5.3 万元，其中兰空部队资助 2 万元，地、县投资 2.3 万元。陵园大门两侧雕刻着毛泽东同志的诗句“为有牺牲多壮志，敢教日月换新天”。步入大门，甬道直通纪念碑，道旁是阅兵式的松柏。纪念碑仿天安门广场人民英雄纪念碑，钢筋混凝土结构。碑座占地 240 平方米，高 1.8 米，正面浮雕大书：“中国人民解放军第一野战军第六纵队屯字镇战斗烈士纪念碑”，左面是兰州军区题词：“为中国人民解放事业英勇战斗，光荣牺牲”，右面是中共庆阳地委、庆阳行政公署、中共镇原县委、县革命委员会的共同题词：“屯字镇战斗革命烈士永垂不朽”。兰州空军司令部撰的碑文：“在伟大的解放战争中，我人民解放军第一野战军于 1948 年 4、5 月奉伟大领袖毛主席和中央军委命令，向国民党统治区进军。第六纵队在执行这一战役任务中，以部分部队随野战军主力攻克凤翔、宝鸡等城市，一部分部署于长武、邠县地区阻击马步芳匪军，以保卫野战军主力侧翼的安全。在野战军主力完成预定任务向陇东转移时，第六纵队担任前卫任务，为坚决掩护野战军主力，在屯字镇地区与优势之敌激战两昼夜，予敌以重大杀伤，粉碎其企图。全纵队指战员在这次战役中英勇作战，许多同志为人民解放事业献出了宝贵生命，其丰功伟绩千古不朽，丹心碧血永远辉映祖国河山。”碑身底部用大理石镶嵌，上刻 105 位烈士的姓名及职务。由于时间推移、部队情况的变化，碑上铭刻的烈士名单，仅是当时捐躯者的一部分。沿纪念碑后的石阶而下，石径直通陵园，左右苍松傲立，翠竹遮映。穿过月门，进入陵园的烈士茔地，里面安葬着 55 位烈士的遗骨。

2000 年以来，县政府先后投资 53 万元，建成半仿古式结构平房 10 间 160 平方米，增设展览厅、陈列室、接待室等。展览厅内布展了屯字镇战斗及屯字烈士陵园简介等，陈列室里陈列着部分屯字镇战斗遗物。同时重修了陵园大门，改建围墙 300 多米，对园内道路进行了硬化，院落进行了绿化和美化。该陵园先后被命名为市、县爱国主义教育基地和县中共党史教育基地。

（五）三岔烈士陵园

1935年8月30日，活动于鄂豫陕根据地的红二十五军冲破敌人的重重包围，从平凉草峰进入镇原新城、平泉一带，后经城关、孟坝、临经等乡镇到达太平镇，2日离开镇原，18日在陕西延川县永坪镇与刘志丹领导的陕北红军会师，改编为红十五军团。就在红二十五军与陕北红军胜利会师后的第四天，即9月22日，中国工农红军陕甘支队在哈达铺从国民党报纸上获悉陕北有刘志丹领导的红军和他们创建的革命根据地，于是更坚定了北上的决心，将陕北确定为红军长征的落脚点。10月9日，陕甘支队从宁夏彭阳县的孟原乡来到镇原县武沟乡孟庄村。在孟庄，红军攻打下了地主刘杰的庄堡，击毙刘杰的二儿子刘继元（马步青部副官），带走了地主刘杰（后在环县玄城沟处决）。午饭后，红军经冯俭、三合、马渠、唐原、寺庄湾前进。10月10日上午，先遣部队到达三岔镇高湾村（镇政府所在地），中午主力红军相继到达。红军进入镇原境后，沿途打下了虎存州、孟维常、陈学礼等六处地主豪绅庄堡，消灭了三岔保安队。他们严明的纪律，打富济贫、尊重民俗的表现，使镇原人民真正认识了红军，革命的火种开始在镇原大地上燃烧起来。1935年10月10日，是国民党政府的24周年国庆日。此前，蒋介石得知红军决定进军陕北的消息后，非常震惊，下定决心要将中共中央及陕甘支队消灭在宁夏、陇东一带。身为国民党西北“剿匪”军副总司令的张学良于这一天做出了在洪德、悦乐以西地区消灭红军陕甘支队的部署。张学良在电报中要求：“着其兵军何（柱国）军长率其兵第三师向毛、彭残匪寻踪，迎头痛击，务期在悦乐镇、洪德城以西全数歼灭。毋纵其通过此线，以期各追击部队会而歼灭之。”张学良在这个部署令的最后说：“各军不分畛域，不顾一切，速将毛、彭歼灭，毋使其与陕北匪合股为要。”恰恰在这一天，陕甘支队到达三岔后，为了阻击尾追之敌，司令部派一个连迂回到距三岔三十多华里的塔儿洼设伏，利用有利地形，将敌军截击在一个狭长的崾岘，经过几小时的激烈战斗，打死打伤马鸿宾部三百余人，缴获了大量战利品。至今，当地还流传着这样一个顺口溜：“八月中秋九月半，塔儿洼遇火线，红军战士真勇敢，国民党军队不沾边，马匪骑兵死伤上千万，红军只伤了八个半。”

11日上午九时，陕甘支队司令员彭德怀，政治委员毛泽东发电给第二纵队司令员彭雪枫、政治委员李富春和第三纵队司令员叶剑英、政治委员邓发，向他们通报敌情说：“敌八师、二十四师分三路星夜进至莫（孟）家园（原），其骑兵部队进至马家（渠）园（原），今上午八时半，敌骑兵的一团在三岔以南二十里处与我五大队警戒接触。又骑兵第六师由庆阳向环县开进中。”电报还就第二天的行动作了安排："我明十二时以分两路经环县西北地区，向毛曲镇、天水甫转进。二、三纵队应由现地调查经张家大庄、毛家川前进路线。"电报最后要求第二纵队"即派人来三岔接受明日行动命令"。从这份电报可以看出，中央机关和第一纵队计划在三岔稍作休整。后来由于敌情有变，决定当日离开三岔，向北进发。中央机关随第一纵队在陕北红军派来接应人员的引导下，经肖园子、白家川、殷家城、桑树洼，于12日进入环县；二、三纵队沿蒲河经元昊、石嘴，转北经吴家原进入环县，两路部队于13日在环县郑家湾会合后，继续向陕北苏区进发。19日到达吴起镇，与陕北红军会师。至此，党中央和红一方面军胜利结束了为期一年的长征。

震撼世界的中国工农红军长征胜利已经70多年了，三岔镇原人民在党的领导下，坚持发扬长征精神和革命传统，艰苦奋斗，奋发图强，使昔日长征路上的荒凉破败景象永远成为了历史，取得了辉煌的建设成就。与此同时，镇原人民时刻也没有忘记红军长征经过镇原这段光辉的历史和为此而倒下的革命英烈。2006年，县委组织部、党史办和三岔镇党委、政府又筹措资金10万余元，在老爷山下红军墓地的基础上，建成了三岔革命烈士陵园。烈士陵园占地2 700平方米，分为烈士墓地和纪念碑两部分。白色大理石纪念碑正面镌刻着甘肃省人大常委会副主任程有清题写的"红军精神永垂不朽"八个红色大字，两侧分别为原宁夏军区副司令员李天生和原武警广西总队副总队长姚生田的题词，背面为碑记。三岔红军烈士陵园使英雄的红军播撒的革命火种代代相传，伟大的长征精神永远激励着镇原儿女奋发进取，在全面建设小康社会的新长征中再创辉煌，也为庄严的红区添上可贵的一笔。

红军长征三岔纪念馆和烈士陵园共同记载着一段光辉的革命历史，已经成为镇原县具有代表性的"红色"旅游景点和党史教育、爱国主义教育基地。

（六）庆城县烈士陵园

庆城县烈士陵园位于县城北关平安巷，占地14 889平方米。内有烈士纪念碑、抗日阵亡烈士纪念塔、假山各1座，烈士骨灰堂1处，凉亭廊架、六角亭各2座，烈士事迹陈列室、阅览室9间共207平方米，烈士墓57座，墓碑20多个，院内植有青松、翠柏、花草，是全县人民缅怀英烈、接受革命历史教育和爱国主义教育的重要场所，1995年4月被庆阳地委确定为市级爱国主义教育基地。每年清明节，这里都要举行重大的纪念活动，人们清扫陵园，为烈士敬献花圈，这些有力地促进了全县社会主义精神文明建设。

1936年，红军长征到达陕北后，为了纪念在合水、庆阳等地作战牺牲的我军将士，八路军三八五旅王维舟、耿飚等同志于1940年7年7日在此修筑烈士墓地和“烈士纪念碑”。1947 年 3 月，纪念碑被国民党炮火毁塌，墓地和墓碑均遭破坏。1966 年 10 月，原庆阳县党政军及各界人民为了继承先烈的革命精神，又重建“革命烈士纪念碑”，置陵园中六角亭内。碑正中刻有“烈士纪念碑”5 个大字，两边刻有“先烈精神永垂不朽，革命事业后继有人”楹联。

烈士陵园西边高耸“抗日阵亡烈士纪念塔”1 座，由八路军三八五旅建于 1940 年 7 月 7 日，原塔址在庆阳城南门外西。1937 年由原庆阳县党政军机各界人民搬迁于现烈士陵园内。碑阳为“抗日阵亡烈士纪念塔”，碑阴为“抗日阵亡烈士纪念塔初建于 1940 年 7 月 7 日。时值抗日战争如火如荼，革命战士前仆后继，为中华民族解放事业英勇献身。我八路军三八五旅建塔以作纪念。因塔身年久失修。碑文字迹脱落。为了继承先烈革命精神，庆阳党政军及人民团体于 1973 年 3 月重修”。原西北行政委员会副主席马鸿宾题词“为革命事业而牺牲，虽死犹生”，中国人民解放军西北军区题词“为革命捐躯，为祖国成仁，烈士精神互古长存”，中共甘肃省委原书记张德生题词“为人民事业而死，虽死犹生”，中共甘肃省委原副书记孙作宾题词“永垂不朽”，甘肃省人民政府原主席邓宝珊，副主席张德生、马鸿宾、霍维德题词“为人民解放事业而牺牲的烈士们精神不死”。

“烈士骨灰堂”建于 1967 年。现墓前小纪念碑均系新中国成立后建立。1985 年再次扩建，筑有凉亭，烈士事迹陈列室、阅览室、走廊。2000 年、2009 年进行刷新。2012 年进行改扩建，新建仿古大门一座，门房、办公及陈列室 10 间共 207 平方米、六角亭 2 座，凉亭廊架 2 处，改造 70 年代土筑围墙 600 米，整修亮化绿化墓区 2 000 平方米，维修彩绘了纪念塔、纪念碑、骨灰堂。

（七）环县烈士陵园

环县烈士陵园始建于 1952 年，占地 15 620 平方米。初建时为泥土围墙，烈士纪念碑通体用砖砌成，水泥涂面。正面阴刻“烈士纪念碑”5 个大字，其他三面为省市县领导人题词。1967 年 8 月，重修烈士陵园。建筑面积 6 600 平方米，台阶式，共 3 层。大门临公路，有水泥台阶与公路相通。第二阶地中央为重修之烈士纪念碑。其外形仿天安门广场人民英雄纪念碑式样设计，碑高 8.9 米，碑座边长为 8 米。纪念碑主体用钢筋混凝土浇铸，碑身水泥搪面，碑座用五彩水磨石磨制而成，碑下四面浮雕为各个革命战争年代的战斗或支前场面，碑正面仿书毛泽东手迹“人民英雄永垂不朽”8 个大字，南北两侧阴刻毛主席语录，背面书有碑文，碑文曰：“1936 年中国工农红军西征，灾难深重的环县人民获得解放。在中国革命的各个伟大历史时期，英雄的环县人民，在伟大的中国共产党和伟大领袖毛主席的英明正确领导下，高举毛泽东思想伟大红旗，发扬艰苦奋斗、不怕牺牲的革命精神，积极参加第二次国内革命战争、抗日战争、第三次国内革命战争以及抗美援朝保家卫国的伟大斗争，战胜了残暴的阶级敌人，取得了革命斗争的光辉胜利。在1936年的曲子战斗、闻名全国的山城堡战斗，1947年收复环县等战斗中，用战无不胜的毛泽东思想武装起来的中国人民的优秀儿女，为人民解放的壮丽事业，抛头颅，洒热血，前赴后继，不屈不挠，英勇奋斗，光荣牺牲。诸如李嘉诚、田雨雷、李向华、张定科等同志，有的效命疆场，有的身焚烈火，有的被敌人活埋，有的殒命刀枪。先烈为人民而死，比泰山还重，虽死犹生，永存后世。”1984年，又投资新建烈士生平事迹陈列馆一幢，陈列面积为120平方米，存有资料2.79万字，照片、图片14幅，收集409名烈士英名录，并有著名烈士事迹简介。另建一座骨灰盒存放室，寄存面积为120平方米。现存放二等功臣周太林烈士骨灰1盒，病故军人骨灰7盒，病故干部骨灰3盒。馆后台地建烈士公墓1处，苍松翠柏掩映下，安埋着18名革命烈士的遗骨。

1993年5月，环县人民政府确定环县烈士陵园为县级重点文物保护单位和旅游胜地。经过多次的修葺和改建，环县烈士陵园已初具规模，是进行革命传统教育、国防教育和爱国主义教育的主要阵地。节假日陵园开放，游人络绎不绝。每年清明，县城广大干部职工、群众和学生云集于此，为烈士扫墓，敬献花圈。老虎山下，花圈叠叠，彩旗猎猎，寄托着广大人民群众对烈士的无限哀思。

二、墓（群）

墓（群），指单个坟墓、墓群或葬地。能够成为旅游资源的墓（群），或是纪念性陵墓，有太昊陵、黄帝陵、炎帝陵、女娲陵等。这些墓葬根据传说而建，并无遗骸在内，但因其在历史上的重要地位，迄今祭祀活动不断；或是领袖、名人墓葬，有纪念意义，可供后人瞻仰，如北京的毛主席纪念堂、江苏南京中山陵、陕西韩城司马迁墓、浙江杭州岳坟、内蒙古呼和浩特昭君墓，等等；或是由于其特殊的建筑形式及艺术成就，具有考古价值和文化价值，如山东长清孝堂山郭氏墓祠、河南南阳画像汉墓、山东嘉祥武氏墓群石刻等。

（一）庆阳轩辕黄帝冢

从正宁县城山河镇坐汽车至五顷原回族乡，在五顷原与二顷原结合的斜坡弯道的岘子处，有一东北指西南方向的高大古冢。古冢三面临谷，一峰耸起，高10～60米，冢西半部现修水平梯田18阶，每阶1～3米，阶面宽1～2

米，上植核桃树近千棵。冢顶部原呈长方覆斗形，现为椭圆形，南北长约 70 米，东西宽约 30 米，面积 1 500～1 800 平方米。从土层成形看，动土层至少在 40 米以上，从冢三面临谷、水土流失情形看，原冢肯定更高大宏伟。

当地老年人说是上辈传下来的“仙人坟”，再没有这么老、这么大、这么高的坟了。原先故坟上长满又高又密的松树，都说有神灵，没人敢动。经考证，松树是抗日战争和解放战争期间砍掉的，梯田、核桃树是 1958 年后五顷原林场修筑、种植的。这就是闻名遐迩的黄帝陵，史称“黄帝冢”。

《史记正义》引《括地志》云：“黄帝陵在宁州罗川县东八十里子午山。”子午山亦称子午岭，即《史记》所说“黄帝崩，葬桥山”的桥山。清乾隆二十七年（1762 年），庆阳知府赵本植编纂的《庆阳府志》载：“黄帝陵在罗川县城东子午山旁。”清乾隆二十八年（1763 年），正宁知县折遇兰编纂的《正宁县志》记述得更清楚：“黄帝陵在县（真宁县，县治在罗川；今为正宁县）东南湫头镇东北西头村之桥山，当谷一峰耸起，草木葱蔚，上有荒冢，旁立一碑，镌字：‘黄帝葬衣冠处。’”此黄帝冢，正是汉武帝北巡朔方，勒兵 10 余万，还祭黄帝冢于桥山的地方。

黄帝冢所在地的五顷原和两顷原实系“五姓原”和“二姓原”的转音。五顷原原来只有五户人家，且是五个姓氏，两顷原也只有两户人，也是二姓。二姓或五姓，是陵户人数，可能是黄帝陵的守陵人。历代对守陵户都有定制。《万姓统谱》称：“黄帝葬桥山，子孙守冢，因为氏。”这里的居民可能就是世代默默无闻的黄帝冢的守护人。

为什么叫“黄帝冢”，不叫“黄帝陵”呢？“冢”是隆起的坟墓。郑玄注《周礼·春官·序官》“冢人”为：“冢，封土为丘垅，象冢而为之。”《水经注》说：“秦名天子冢曰山，汉曰陵。”秦以前的黄帝墓地都叫冢。现存正宁县博物馆的北宋大中祥符二年（1009 年）所立的《大宋宁州承天观之碑》载：“兹县（隋罗川县，今正宁县）据罗川之上游，实彭原（即宁州）之属邑，气象葱蔚，原隰隐辚，人敦忠义之风，俗勤稼穑之事。轩丘在望，乃有熊得道之乡；豳土划疆，本公刘积德之地。”“轩辕师广成于前，夏禹尊子高于后。”这里所说的“轩丘”即罗水上游之桥山，因古有蟜（桥）氏而得名。桥山，即子午山，现名子午岭，黄帝冢即在子午岭中。《史记·五帝本纪》载：“黄帝崩，葬桥山。”《史记·孝武本纪》说，“上曰：吾闻黄帝不死，何也？或对曰：黄帝已仙上天，群臣葬其衣冠。”《列仙传》云：“轩辕自择亡日与群臣辞，还葬桥山。山崩，棺空唯有剑舄在棺焉。”“舄”，本义为以木置履下，干腊不畏泥湿，引申为鞋的通称。黄帝姓姬，号轩辕氏、有熊氏，为少典之子。相传炎帝袭扰各部落，他得到众部落的拥戴，在阪泉（今河北涿鹿东南）打败炎帝。后蚩尤作乱，他又率领各部落在涿鹿（今属河北）击杀蚩尤。传说他有很多发明创造，如养蚕、舟车、文字、音律、医学、算数等。现存《内经》一书，即系托名黄帝与岐伯、雷公等讨论医学的著作，故又称《黄帝内经》。孙中山先生曾赋诗赞曰："中华开国五千年，神州轩辕自古传。创造指南针，平定蚩尤乱。世界文明，唯有我先。"相传黄帝死后"乘龙上天"，飞向另一个世界去了。因此明代以来的景清、李梦阳、强晟等曾题诗说，"桥山唯有灵湫在，万代穹碑焕典章""轩辕何事厌尘寰，自昔乘龙去未还""争知仙驾游何处，犹说衣冠葬此山"。如今，庆阳市、正宁县的旅游部门已将黄帝冢列为旅游开发项目之一。作为瞻仰、旅游的圣地，正宁黄帝冢将会修葺一新，以其璀璨千古的胜迹展现在世人面前。

（二）唐代墓葬——蔡墨墓

1984 年 3 月，宁县博物馆接到群众反映，在政平乡涧底村官草沟东侧发现了一座古代墓葬。宁县博物馆立即派人赶赴现场，进行了抢救性发掘。该墓处于政平塬头，因长年累月洪水冲刷，塬已被一条南北向深沟分割为两个塬头，墓室一半塌陷，致使墓的西侧暴露在半崖上。此墓系一座长方形土坑墓，头北脚南，由墓道、甬道、墓室三部分组成。南北长近 5 米，东西宽 3 米，残高 2 米多，发现石棺 1 椁、墓志 1 函、彩绘陶俑 25 件。由于长年沟水冲刷，墓室已塌方，石棺的西侧已暴露可见。墓道竖井式，甬道在墓室南端，墓室为南北向的土洞墓，平面呈长方形，南北长 4.74 米，东西宽 3 米，残高 2.1 米。墓室中有石棺，石棺是由青石精刻而成，仿木棺形。石棺长 2.6 米，棺头宽 1.6 米，高 1.5 米，棺后宽 1.0 米，高 1.3 米。棺盖由两块巨石雕成拱形，底也由两块大石雕成方形，前后档各一块，侧帮各两块，用六根刻有槽沟的方立柱组合。石棺图案是阴线刻在四周帮档上，前档是朱雀，后档是玄武，左帮是青龙，右帮是白虎，线条均匀，形象逼真，栩栩如生。

墓志石为青石材质，正方形，边长 0.60 米，通高 0.12 米。顶篆书五行共 20 个字，"大唐故显国府折衔都尉张掖县开国男蔡公墓志"，斜刹为连续蔓草纹。志石楷书，阴刻 50 行，满行 32 字，共计 361 字。

石棺墓志记述完整，具体介绍了墓主身世。蔡墨生于唐高祖武德三年（620 年），十七岁时（唐太宗贞观十一年，即 637 年），父亲蔡善达战死疆场，朝廷给他父亲赠甘州刺史之职，随后他以长嫡被授予游击将军之职达 15 年之久；唐高宗永徽年间（650—655 年）任秦州显亲府左果毅都尉，时年 35 岁左右，任该职约十年后于龙朔二年（662 年），转宁州静难府折衔都尉，又 13 年后于上元二年（675 年）授庆州永业府折衔都尉；在庆州永业府任上因平吐蕃战功加封张掖县开国男（其祖父蔡建是北周伏波将军，任酒泉郡守，家张掖焉），任离军副史之职。因此，蔡墨在庆阳生活了二十四年。其夫人孙氏是张掖人，为隋朝仪同淑良之女，去世后与他合葬于宁州定平塬上（即古定平县，今政平）。蔡墨任岐州显国府折衔都尉（垂拱二年，即 686 年），仅一年，于垂拱三年（687 年）4 月 4 日，因风疹忽侵而逝，享年六十七岁。垂拱四年（688 年）4 月 14 日，蔡墨与夫人合葬。可能其家安在宁州的定平县，夫人孙氏又可能早他而死，所以才有回葬定平的可能。由此亦证静难府是设在定平县而非宁州。从《周书》记载中，我们可以追寻到蔡墨的七世依次是蔡绍、蔡护、蔡袭、蔡泽、蔡建、蔡善达和蔡墨。蔡氏家族可谓将军世家，其家族显赫在曾祖时期，尤其是蔡泽以加封骠骑大将军、开府仪同三司和车骑大将军而权倾朝野。蔡氏家族为行伍世家，祖孙七代自北魏起，历北周、隋以至唐初，屡任军职，可谓显赫家族。

蔡墨石棺的出土，表明我国墓葬陪葬品由汉代大量陪葬器物已发展到唐代的大量陪葬陶俑，器物已退居次要地位。此葬俗一开，被宁州，特别是政平一带沿袭下来，变为今天为死者陪葬纸童、纸马、白鹤等习俗。另外，唐代军府制史料极缺，史册记载缺失颇多，而蔡墨墓志弥补了部分历史缺憾。

（三）王孝锡烈士陵墓

王孝锡烈士陵墓坐落在宁县太昌乡西南 1 公里处的凤甜公路西侧，陵墓占地 667 平方米，四周筑有青砖围墙。整个陵墓花草簇拥，松柏掩映，庄严肃穆，幽静安详。墓前的纪念碑呈宝塔形，底座长宽各 5 米，碑体高 5.8 米，正面上方刻有陕西省原人大常委会副主任孙作宾的题词——王孝锡烈士永垂不朽，中间镌刻着“王孝锡烈士之墓”7 个大字，背面碑文记载了王孝锡烈士生平。

王孝锡是甘肃省早期党员和革命活动家之一，是甘肃第一个农村党组织的创建人。

王孝锡，字遂五，1903 年出生在宁县太昌镇。1922 年从平凉省立二中毕业后，考入西安国立西北大学。在该校党组织的影响教育下，积极参加革命活动，投入反帝反封建斗争，经受了考验和锻炼，于 1925 年 6 月加入了中国共产党。暑假步行返乡，沿途宣传进步思想，并成立了宁县青年社，提出“改造社会，改造人生”的口号。

1927 年 3 月，王孝锡受党的指派，与另外三名同志以“特派员”身份，到兰州整理国民党甘肃省党部党务，并开展中国共产党的活动。他担任中共甘肃特别支部组织部长及国民党甘肃省党部青年部长、甘肃督办公署政治部主任、甘肃政治委员会会长等职，利用合法身份，和其他同志一起，宣传、组织群众，和国民党右派势力进行斗争，发展党的组织，组建起工会、农会、妇女会、青年社等群众组织，创办了进步刊物《妇女之声》，使甘肃的革命斗争出现了新局面。王孝锡也很快成为兰州政治舞台上的一个很有影响的人物。四一二反革命政变发生后，王孝锡等人被迫于6月离开兰州。8月，遵照党的指示，回到宁县太昌，与任鼎昌、王晓时等人会合，先后成立了中共宁县支部执行委员会和中共太昌临时区委。区委下辖宁县、泾河川、长武3个支部，有党员29名，王孝锡任书记。他组织群众取得了抗捐抗税，驱逐贪赃县长的胜利，参与领导了陕西旬邑暴动，按照陕西省委指示，派任鼎昌整顿恢复了平凉党的组织。通过深入农村调查和理论研究，形成了以贫苦农民为革命的主要力量，建立革命武装，暴力夺取政权的思想，并着手改造当地农民武装，付诸实践。王孝锡在以宁县为中心的陕甘边界地区的活动，引起国民党当局的惊恐不安，1928年11月26日，王孝锡在宁县太昌不幸被捕，12月30日在兰州英勇就义，时年仅25岁。

为了缅怀先烈，激励和教育人民，1985年10月，甘肃省民政厅批准并拨款，宁县人民政府在太昌修建王孝锡烈士陵墓。王孝锡同志作为中国共产党早期在甘肃的党员和革命家，他对党赤胆忠心，工作热情负责，密切联系群众，创建了陇东第一个农村党支部，领导并开展了一系列革命斗争，表现了大无畏的革命英雄气概。他是宁县人民的好儿子，我党的好党员。他短暂光辉的一生，很值得后人去学习、去弘扬。他的革命精神是我们在新的历史条件下进行爱国主义教育的极好教材。

【讨论与思考】

1. 什么是综合人文旅游地？
2. 什么是单体活动场馆？
3. 什么是建筑小品？
4. 什么是传统与乡土建筑？

第六章　旅游商品类旅游资源

【经典案例】

“狗不理”包子

“狗不理”包子是天津地区地方传统风味小吃。为“天津三绝”之首，是中华老字号之一。始创于公元1858年清朝咸丰年间，经过近一百五十多年的变革发展，目前狗不理已成为拥有大型饭店、中型酒家、排挡式餐厅、快餐、早餐、早点、速冻食品生产，商品零售、物流商贸和烹饪学校以及在国内外设有七十余家特许连锁企业的集团公司。“狗不理”已被国家商标局认定为中国驰名商标，“狗不理”包子被认为天津市名牌产品，已经在天津市北辰开发区建厂生产。

“狗不理”创始于1858年。清咸丰年间，河北武清县杨村（现天津市武清区）有个年轻人，名叫高贵友，因其父四十得子，为求平安养子，故取乳名“狗子”，期望他能像小狗一样好养活（按照北方习俗，此名饱含着淳朴挚爱的亲情）。狗子十四岁来天津学艺，在天津南运河边上的刘家蒸吃铺做小伙计。狗子心灵手巧又勤学好问，加上师傅们的精心指点，做包子的手艺不断长进，练就一手好活，很快就小有名气了。三年满师后，高贵友已经精通了做包子的各种手艺，于是就独立出来，自己开办了一家专营包子的小吃铺——“德聚号”。他用猪肉的比例加适量的水，佐以排骨汤或肚汤，加上小磨香油、特制酱油、姜末、葱末、调味剂等，精心调拌成包子馅料。包子皮用半发面，在搓条、放剂之后，擀成直径为8.5厘米左右、薄厚均匀的圆形皮。包入馅料，用手指精心捏折，同时用力将褶捻开，每个包子有固定的18个褶，褶花疏密一致，如白菊花形，最后上炉用硬气蒸制而成。

由于高贵友手艺好，做事又十分认真，从不掺假，制作的包子口感柔软，鲜香不腻，形似菊花，色香味形都独具特色，引得十里百里的人都来吃包子，生意十分兴隆，名声很快就响了起来。由于来吃他包子的人越来越多，高贵友忙得顾不上跟顾客说话，这样一来，吃包子的人都戏称他“狗子卖包子，不理人”。久而久之，人们喊顺了嘴，都叫他“狗不理”，把他所经营的包子称作“狗不理包子”，而原店铺字号却渐渐被人们淡忘了！据说，袁世凯任直隶总督在天津编练新军时，曾把“狗不理”包子作为贡品进京献给慈禧太后。慈禧太后尝后大悦，曰：“山中走兽云中雁，陆地牛羊海底鲜，不及狗不理香矣，食之长寿也。”从此，“狗不理”包子名声大振，逐渐在许多地方开设了分号。

“狗不理”包子是中国灿烂饮食文化中的瑰宝，被公推为闻名遐迩的“天津三绝”食品之首。历经一百五十多年的狗不理包子，经创新和改良已形成秉承传统的猪肉包、三鲜包、肉皮包和创新品种海鲜包、野菜包、全蟹包等六大系列一百多个品种。先后摘取“商业部优质产品金鼎奖”“中国最佳名小吃”“国际名小吃”等多个国内外评选和大赛的金奖，被誉为“津门老字号，中华第一包”。

“狗不理”是天津的百年金牌老字号，是中华饮食文化的典范之作。中外游客到天津没吃上狗不理包子，就等于到北京没登上八达岭长城，实为一件憾事。

（资料来源：据百度—狗不理包子介绍整理）

思考：庆阳可以被用来开发利用的特色饮食有哪些？

旅游商品是旅游业的重要因素之一，是旅游资源的重要组成部分，它的发展水平直接影响着游客满意度和旅游业的整体效益。对旅游商品类旅游资源不同类别的认识，是充分理解其旅游价值的基本前提。

一、旅游商品

旅游商品购物是旅游业的重要组成部分，是旅游过程的重要环节，旅游商品发展的好坏会对地方旅游经济效益产生重要影响。旅游商品的概念有广义和狭义之分。广义的旅游商品是指旅游者因旅游，或在旅游过程中购买的具有旅游文化内涵的有形商品和无形商品的总称。它几乎涵盖了旅游者在旅游之前、旅游活动之中所购买的所有商品，包括旅游日常消费品、旅游纪念品、旅游线路以及各种服务等。因此，广义的旅游商品是指能对旅游者产生旅游吸引力的所有旅游产品。狭义的旅游商品则是指旅游者在旅游活动过程中购买的、具有纪念意义的、能反映旅游地特色的特殊物品。

二、旅游商品的特点

旅游商品是以多种产品和服务组合形成的特殊商品。因而其构成因素很多，不仅有满足游客基本生活需要的物质要素，还有满足游客精神需求的纯自然要素、社会要素及历史要素。这就决定了旅游商品具有不同于其他商品的典型特点。

（一）层次性和针对性

由于游客的旅游动机不同、旅游需求的层次性及旅游商品不同的消费价值，决定了旅游商品具有明显的层次性。其结构特征为：文化性、精神性消费的旅游商品是核心层；文化性消费品和物质性消费品相结合的旅游商品是中间层；物质性消费的旅游商品是外围层。这些层次互相互补，缺一不可。而且面对大众消费的社会，旅游商品还可以高、中、低不同层次进行市场定位。旅游商品的经营者可以根据旅游商品不同的消费层次生产不同花色、品种、价位的旅游商品，满足游客多方面的需求，这是旅游商品的一大特点。同时游客来自于不同的国家和地区，有着不同的风俗习惯和宗教信仰，这就要求旅游商品要根据游客的风俗、习惯、宗教、国籍等方面的不同，有针对性地进行生产，以确保旅游商品适销对路。

（二）民族性和地域性

旅游商品是用当地的原材料和传统的工艺流程进行制作和生产的，它的形成和发展反映着深厚的民族文化和地方文化，通过旅游商品的设计，可将不同民族不同地域的消费方式、审美标准、群体爱好和人际关系表示出来，所以旅游商品体现着各地的民族风格和地方特色，具有很强的吸引力。各地旅游商品的这种民族性、地域性的特点使其与其他地方的旅游商品有着明显的差异，且很难代替。富有民族特色的旅游商品不仅很容易为旅游者所接受，而且能在市场中众多的旅游商品中创出自己的牌子。民族风格和地方特色越突出的旅游商品，越具有纪念意义，也越受旅游者的欢迎。

（三）艺术性、纪念性和实用性的统一

旅游商品是人性化的象征，应有趣味性的玩味性和文化艺术的欣赏性，应该将文化、艺术、知识和生活融为一体。旅游商品的艺术性是以旅游商品的玩味性为标准，即能将旅游者的爱好和个性融合进去，又可促进旅游者欣赏标准的提高，给人以美的艺术享受。所以内容丰富、设计新颖独特、造型逼真、活泼有趣是旅游商品的核心所在。旅游商品要具有纪念性。游客旅游除了饱赏异地风光、欣赏人文遗产、领略风土人情外，一般都想从旅游目的地购买一些富有纪念意义的旅游商品，这项开支几乎是每个游客都乐于解囊

的。游客购买一件纪念性很强的旅游商品往往能唤起他们对旅游生活的美好回忆，增加他们对生活意义的认识和理解。旅游商品的实用性，即要把实用性的日常商品赋予纪念性的文化内涵。要使旅游商品具有实用性，必须注意做到“三宜”：一是因人而宜，旅游商品只有在适应某种类型的人的需求时才具有实用价值；二是因时而宜，要考虑时间性和季节性的影响与需求；三是因地而宜，要考虑地方特点和民族特色的纪念意义。

（四）价值和使用价值的特殊性

一切商品都具有价值和使用价值两种属性，是二者的统一体。但旅游商品的价值和使用价值与一般商品的价值和使用价值却有所不同。商品的使用价值体现在有用性，一般商品的使用价值是商品持有者在其实际使用过程中表现出来的有用的效果。而旅游商品的使用价值可分解具体的使用价值和抽象的使用价值。尤其是对那些具有纪念性、观赏性的旅游商品，这方面的表现更突出。从旅游商品的价值角度上看，旅游商品是在国内生产、销售的，但旅游商品进入国际市场以后就必须遵循价值规律。马克思说：“国家不同，劳动中的强度也不一样，有的国家低一些，有的国家高一些，于是各国的平均数形成了一个阶梯，它的计量单位是世界劳动的平均单位。”这样同一商品的价值有了两个衡量标准，即国内的社会劳动时间和国际的社会劳动时间。国际旅游市场上所销售的各国的旅游商品是国际的平均社会必要劳动量。所以在销售旅游商品时除了要考虑国内的物价，还应该考虑国际物价的浮动，以防止物资外流，对国际旅游者必须采取浮动价格。

（五）多样性和易带性

游客购买旅游商品的目的一般有三种：一是自己留做纪念、欣赏；二是馈赠亲朋好友；三是旅途使用。游客对旅游商品的需求数量不多，但要求品种繁多，以便他们有供选择的余地，还要求讲究质量和装饰，体积小，重量轻，便于携带。实践证明这些旅游商品符合游客的消费特点，有较好的销售市场。商品的便携特点主要包括：一是体积小型化，主要指商品在具有其正常功能的同时，尽量小巧玲珑，便于携带；二是重量轻便化，商品重是旅游者的负担，所以旅游商品生产者在生产商品时应该以轻质原料代替重质原料；三是功能多样化，使一物多用，减少累赘。

（六）销售地点的灵活性

由于旅游商品具有以上特点，旅游商品要便于运输，供应地也要灵活，可在大型的旅游商店、商场销售，也可在汽车、火车、飞机、轮船上销售或在码头、机场、车站、餐厅、公园等场所销售。现在有许多旅游目的地的国家和地区对国际游客采取旅游商品在进出口岸的机场、码头、火车站内供应。当出境的外国游客海关检查结束上车或登船（机）之前，可以在免税商店供应点购买免税商品，这种做法是国际上的一个惯例。这类商品一般都是一些减免进口税、价格便宜的商品，很受游客的欢迎。

三、旅游商品的旅游价值

对旅游者而言，旅游商品的旅游价值主要包括：一是实用功能，即作为食品、装饰品、服饰等来使用；二是纪念功能，很多旅游者在购买旅游商品时都非常注重旅游商品所代表和体现的地方性或特殊性，表现越明显的，越是旅游者常住地缺乏的，其纪念意义就越强烈；三是馈赠功能，在旅游结束后，回到旅游者常住地，将旅游商品作为礼品馈赠亲朋好友。

四、旅游商品对当地旅游业影响

1. 旅游商品是旅游吸引力的重要组成部分和重要承载体

庆阳旅游吸引力的表现形式非常多样，而其中很重要的一部分就是旅游商品，它是庆阳文化、历史、民俗的重要物化表现形式之一。

2. 旅游商品是旅游发展创新的重要窗口

随着现代旅游者的不断成熟，旅游业的飞速进展，旅游需求呈现多元化、个性化特征。在各类旅游产品中，旅游商品相对更容易创新，更能很好地展现庆阳旅游业的发展创新，越是立足于庆阳特色的旅游业越能吸引旅游者的目光。

3. 旅游购物是旅游活动的重要组成部分，是旅游收入的重要来源

在旅游的六大要素中，购物是旅游者出游获得愉悦体验的重要方式和途径，在出游过程中旅游者的购买倾向和购买欲望往往强于平时。同时，旅游购物也是分担单一的景区门票收入风险的重要途径之一。旅游购物所占比重的多少已经成为衡量一个国家或地区旅游业发展程度的重要标志之一。

庆阳旅游商品是指具有跨地区声望的当地生产的物品，包括地方特色饮食、土特产品、传统手工艺品和工艺品三个主要类型。

第一节　地方特色饮食

地方特色饮食是最丰富和最有地方特色的旅游资源之一。品尝地方特色饮食是人们在旅游活动中必不可少的内容，一方面可以大饱口福，另一方面也是了解了当地特产、风俗民情的主要途径。我国土地广袤、物产丰富、民族众多，地方特色饮食不胜枚举。庆阳的地方特色饮食主要包括活络面、环县羊羔肉、搅团，等等，以下我们介绍几种主要的特色饮食：

一、庆阳臊子面

庆阳民间传统膳食臊子面，因其太辣，吃在嘴里不断发出嘘嘘哨声，故又称“哨子面”。据传，庆阳臊子面源于明洪武年以后的结婚礼俗，可谓源远流长。

庆阳臊子面做工精细，制作分揉面、擀面、做汤、煮面几个工序，有这样的俗语：揉得面银团团，擀得面纸一般，剁得面千条线，下到锅里莲花转，捞到筷子上打秋千，盛到碗里赛牡丹。做成的臊子面条长如线，细如丝，长而柔韧，细而不断，易于消化，老幼皆宜，因汤料不同可分为臊子面和酸汤面。臊子面喷香美味，酸汤面清爽适口，别具风味。

臊子面是庆阳普遍的地方面食，但不同地域特点各异，主要区别是臊子面的用料不同。南部做臊子多用猪肉，北部各县多用羊肉。

庆阳臊子面的制作非常讲究，面条要细要长，犹如丝线漂在汤面上，汤要肥要香。制作面条时，先用优质小麦面粉加少许碱水调和揉成面团，和匀后，放在案板上，用盆扣住后饧两三小时，面饧好后再反复揉搓，直到揉得又白又筋时，再用擀杖擀薄。面要擀得薄厚均匀、透亮，切得均匀，如同丝线一般。每切好一段，一折四叠提成小把，而后下锅。煮熟出锅后过一下凉水，捞到酸汤碗里，食用时再捞到香味扑鼻的臊子汤里，看一眼便令人垂涎。

要做好面条，和面、擀面、切面三道工序缺一不可。上好的面条，细长柔韧，装在碗里整齐如梳。有人这样称赞庆阳臊子面，煮到锅里莲花转，挑上筷子踮脚尖，捞到碗里一盘线。

那么吃面也是很有讲究的，手工面一般是汤和面分碗而盛的。吃面的时候，是用筷子把面夹到汤碗里再吃的，这种面吃到嘴里，细而长、柔而韧、清而辣，辣中含清香。正如有人曾经评价：“一碗庆阳臊子面，吃到嘴里，赛过活神仙。”如今庆阳臊子面，已成为了城乡饭馆早餐的时尚面食，人们生活中必不可少的美味佳肴了。

关于庆阳臊子面，民间还有一个有趣的风俗习惯。相传，在很久以前，有户人家娶了一个美貌、聪明、勤快、伶俐的媳妇。新媳妇到婆家的第二天，为全家做了一餐面条，一家人食后无不称赞面条滑爽鲜美。后来，她的小叔考中了官职，请同窗好友到家作客，便请嫂子为大家做最拿手的面条款待客人，大家吃后都赞不绝口。从此，“嫂子面”就出名了。也因为这种“嫂子面”上必须加臊子为浇头，所以人们也把它称作“臊子面”。此后，为了显示妇女的贤惠，将这种新媳妇过门第二天，当着客人的面上案擀面，以测试其技艺高低的习俗传承了下来。技术高超娴熟者，擀出的面厚薄均匀，切条细长，下到锅里不会断裂，这样的新媳妇，才能赢得大家的赞誉与肯定。

正如一首民歌唱道：“十八省里（那个）转一遍，好不过咱们庆阳的臊子面。”庆阳臊子面在经过千年的发展过程中，也已形成了独特的地域风味。庆阳臊子面做工精细，制作独特，吃法有趣，堪称一绝。

二、合水糖圈圈

合水糖圈圈是以优质面粉、糖稀为原料，加一定量食物油、碱水加工而成的风味小吃，在合水已有三百多年的历史，以其香甜可口、脆酥、色亮黄而经久不衰，在 1989 年庆阳地区食品展销会上被评为食品展销一等奖，是合水县乃至整个庆阳地区人民待客之传统食品。

三、镇原糖油饼

当你漫步镇原街头，在食品摊上常常能看到长方形木盘中成摞成行的油饼。这种油饼颜色深红，皮薄酥脆，吃起来香甜可口。糖油饼兑面很讲究，将酵面、生面、熟面各三分之一，兑入适量蜂蜜、红糖、鸡蛋、熟油和碱面，一起合好揉匀，略发后再反复揉好，直到挫揉均匀，没有丝毫干面和气泡为至，再揪成拳头大的面块，揉圆苫好，再一个个擀成小面饼，中间用菜刀划一两条缝，放入油锅中炸熟。火候也很讲究，火大了，油饼容易焦红，火小了不易炸熟，所以火势油温要适中，让表皮上好火色，注意翻转达到黄带微红的外表，色度清亮，炸到面熟出锅。糖油饼成为镇原的一道极具盛名的特色小吃，被命名为“甘肃名小吃”。

四、搅 团

原料为麦面、玉米面或者高粱面等，其工序是先将部分原料和面水入开水锅，待锅再次沸腾加入剩余原料入锅用棍棒样物（多用擀面杖）在锅里来回搅动，搅时锅内如团所以叫搅团，当然搅动次数越多越好有七十二搅之说。做熟之后出锅在案板上摊开，冷却后切条状加入佐料即可食用。现在农家很少做搅团，大概是锅太小搅不开，地道的陇东风味的搅团要到农家乐去品尝。这种老区人民的救命饭因为其选料较粗，工艺原始所以难登大雅之堂。搅团的做法和和另外一种庆阳名吃凉粉做法基本相同，早先凉粉是用荞麦做原料，现在则改用成品淀粉做了。质地相差甚远，虽然如此还是为广大群众所接受。

五、粘 糜

黍是中国人的古老农作物之一，其历史可以上溯到五六千年前。在庆阳黍被称为“粘糜子”，黍这种古老的作物因其产量低逐渐被糯米所代替，勤劳的庆阳人用其做出的粘面糕是糯米无法做出的。其做法大概是将黍米磨成面粉，如做搅团一样下料（黍米面粉）入开水锅，熟后出锅做团入笼蒸六七小时后，出笼搓成圆柱状。食时切圆坨薄片，在油锅烫烙后，加白糖或蜂蜜食用，既黏又甜，老少喜食。黍在庆阳的另一种大众食品是闷饭，下黍米入开水锅，烧至沸腾，小火继续加热，待米熟烂入味出锅，冷却后加蜂蜜食用。以黍为原料的食品还有粽子、浸糕等，这两种食品原料几乎被糯米完全代替，这里不再说了。但糯米和黍米的味道差距很大，原汁原味的黍米粽子和浸糕很不错，有机会别忘了品尝一下。

六、暖 锅

暖锅为旧时大家小户冬季喜欢吃的食品。先将做好的豆腐、粉条、萝卜片、丸子、肉片、木耳、黄花菜等，盛于砂锅或铜锅内，表面放一层肉片，倒入调料水，在锅芯内煨上炭火，炖熟后根据食者口味可加入所需调料，多在冬季和春节期间食用。新时代把这种暖锅称“土暖锅”，已成为人们向往的风味小吃。

七、玉 面

玉面亦称酿皮。先把揉和好的细麦面放入水盆中搓洗，再用细网箩过滤，直至剩下少量面筋为止。过滤下去的玉面水在盆中沉淀后，把剩水倒掉，把淀在盆底糊状的粉糊放在锅里蒸熟即可。由于这种做法省事，称“懒玉面”。另一做法是把面粉倒入锅里先炼成面团，再从锅中铲出放在案上分成小块，再揉搓成圆柱小块，入锅蒸熟后，用床子压成玉面，加入调料，别有风味。洗玉面剩下的面筋，加热后可发成海绵状，蒸熟放晾后切成小方块（称“帕帕”）即可食用。也可同玉面和凉粉混合着吃，更具风味。

八、粘　面

粘面又称粘面糕。把粘糜子碾成面粉，制作时，根据食量所需。先将一半面粉倒入开水锅中，用擀面杖搅熟后，舀出放在案上，再将剩余的一半面粉掺入，搓揉均匀后，撕成小拳头大的疙瘩，用大火在锅内蒸六个小时左右，俗称“发酵”。发至有甜味时，端出放于案上，搓揉成圆柱形，俗称面糕。切成圆薄坨片，用油炸或油锅烫烙后，撒入白糖或蜂蜜食用，粘而又甜，老幼喜食。

九、环县荞剁面

荞剁面是庆阳北部环县独有的地方小吃。环县盛产荞麦，荞面品质优良，色白，食后不会出现腹胀。吃法有饸饹面、剁面等。荞剁面的做法为，先用碱水将荞面和好，软硬适度，再连续揉搓揉匀，用擀杖擀成薄面片，折叠好后放在案板上，双手握一尺多长的双柄大铁刀，将面条直接剁入锅里，煮熟后捞到碗里，浇上臊子汤，即可食用。正宗的荞剁面味美绝伦，是环县人待客的上等佳肴。

十、环县羊羔肉

环县草场广阔，羊只年饲养量在50万只以上，是滩羊生产基地之一，盛产羔羊。

羊羔肉，即哺乳期的羔羊肉。庆阳羊群一般冬季下羔，到二、三、五月份，正是羊羔哺乳期。环县习惯于把正在哺乳旺季的羔羊宰杀后食用，这种羊羔肉鲜嫩味美，不膻不腻。做法为：先将宰杀后的羔羊肉清洗干净，入锅清炖，火候不宜过大，羔羊肉嫩，一般不到一个钟头就可煮熟，捞出锅去掉骨头，色泽鲜亮呈褐黄色，鲜美脆嫩，是招待贵客的美味佳肴。

十一、清汤羊肉

清汤羊肉，讲究肉肥汤鲜，也有专门拣瘦肉吃的。清汤羊肉制作工序简单，先将洗净的羊肉放入清水锅中用温水煮，待水开羊肉起泡沫后，用漏勺将泡沫除掉，再放入生姜和萝卜片以除膻味。羊肉煮熟后再放入盐，熬十几分钟。捞出羊肉去骨，切成薄片，把肝子、血片、羊肚子切成细丝，单独置放。再投入香菜、姜粉、辣子、葱花、大蒜等调料。食用时将锅盔掰碎泡入热气腾腾的羊肉碗内，辣子随着油花飘转，香气四溢。

十二、灌 肠

灌肠是庆阳唯一一种动物内脏精加工的食品。选新鲜猪肠和猪血，洗净猪肠，将加入荞面和葱花调料的猪血灌入猪肠，蒸熟即食。庆阳乡村至今还保留春节杀年猪后做灌肠，邀请乡邻和老者食用灌肠。

十三、炉齿馍

炉齿馍又叫狗舌头馍、石子馍，是用鏊锅盛油石烫熟的一种烧馍，有许多豆粒的斑点，因其形似狗舌头而得名。也有微成炉齿状的，故又称“炉齿馍”。若加入调料可做出各种口味。这是流行在宁县、正宁、庆城、西峰一带的特色食品。以优质面粉、食油为原料，经特别工艺加工而成，色泽黄亮，酥脆可口，老少皆宜，风味独特，深受广大群众欢迎。炉齿馍做法特别，要选不裂、不破、不碎、豆粒大小的完好石子，洗净炒热，加油润滑，作为加工工具，这是较为少见的。

十四、饸饹面

饸饹面俗称床子面。把麦面或荞面和成团，放入床模内，将床子置于开水锅上，从床模底细铁孔中挤压出圆细线状面条，等煮熟后挑入臊子汤内或素调干食。其荞面配以羊肉臊子汤，味香鲜美。大部分人家，凡过红、白喜事均先以饸饹面招待客人，叫“喝汤”，后再以宴席招待。饸饹面已成为庆阳饮食业的重要品牌，西北各省到处有星罗棋布的饸饹面馆，可见它对人们的影响非同一般。

十五、米面馍馍

米面馍馍是庆阳面食中制作工艺最复杂的一种，大约需要 9 道工序：将新鲜黄米用沸水浇烫，不断搅动，直至冷却后捞出，谓之“浆米”；晾干表面水分，炒米至有香味（也可在磨粉后炒面粉）；碾磨炒米，箩出米粉；在开水锅中撒入少量米粉，使其成稀米浆，俗称做“面芡”；用滚面芡烫米粉成硬面团，将硬面团置热锅或热炕约 8～12 小时，使之产生甜味，俗称“发面”；移出发面，稍降温，加入酵母继续保温，发酵 5～10 小时（视温度而定），谓之“起面”；面起后加入适量灰水或碱水和匀，晾冷，可长时间搁置；用时将冷起面做成团状，上笼蒸 30 分钟即成米面馍馍。这是当地最具特色的风味面食，金黄酥软，糜香浓郁，入口甜美，食后回味无穷。

十六、洋芋拨拉

将洋芋洗净去皮切成丝状、条状（略短），用少许面粉，加盐水及调料拌匀上笼蒸熟即可食用。用蒜泥拌食，其味更美。

十七、猪血烩豆腐

这是庆城以北的马岭及周边乡镇农家常用的大众食品。其作法是用猪血、荞面、豆腐、菠菜等原料。先取适量的鲜猪血，加入荞面，调成稠稀适中的糊状，放在文火的锅中摊成薄厚均匀的圆形片状，再切成长方、正方、菱形。然后用猪油、豆腐、菠菜、葱花、姜粉、食盐、味精等入锅烩制而成。其特点是色泽好看，红白相间，光滑爽口，麻辣适中，油而不腻，素而不淡，众口皆宜。且猪血可以滤去人体内的灰尘与废气，有益于健康。

十八、燕麦面柔柔

燕麦面柔柔是环县独具特色的风味小吃。制作方法是把燕麦入开水锅，煮三成熟，捞出晾干，磨成面，用水搅成团或饼状入笼蒸熟，出笼后稍凉，切成薄片，配以佐料即可食用。因它筋柔可口，颇得食者好评。现在，它登上了大雅之堂和星级饭店，成为人们款待嘉宾的美味佳肴。

十九、猪血面

猪血面是环县的特色食品。杀猪时接好鲜净猪血，趁未凝固之前，撒入干净麸面致猪血吸附后，混合拌成一小团，为防潮防蛀，晒干后装进布袋备用。用时取出，用凉水浸泡一夜，充分溶化后过滤除去麸子，用留下滤液加面粉调成稀糊状，摊成薄饼，再切成细条，调入炒熟的韭菜、蒜泥、辣子食用。柔软可口，且有壮身补血之功效。

二十、黄儿（发糕）

一般用糜子面或玉米面发酵后，蒸成大圆形糕，切成平形四边形或长方形体小块糕食用，色呈金黄，味道酥甜，加入大枣蒸制则更有香味。此为正宁、宁县最普遍之食品，其做工也最为精细。

二十一、宁县餱餱

这是一种用糜子面、玉米面经发甜蒸熟的甜食，又名“窝窝”，其形状特异，为顶尖、底有窝，整体为桃形，又似女人乳房。其制作工艺是把面玩成圆球，两手半握拳拿面球，掌根夹紧，两手不断旋转，在旋转中前四指把面球旋转成深窝，掌根则把顶部挤成尖状，蒸熟出锅后黄亮，酥软香甜。这是一种杂粮精做食品。它的特点尚不在此，它是周祖公刘时代餱粮之餱的孑遗，为古食物的活化石。

二十二、羊刀炖

羊刀炖为庆城古来的食品，在现今的市面上仍有出售。羊刀炖好吃，但难制作，要经过接血、兑血、浸血、烩血等四个环节，以兑血最难掌握。先是接血。把适量的青盐放在瓷盆内，用此盆接现杀的羊血。羊血不能放置过久，最好现接现做。其次为兑血。待羊血未冷却之前，将荞面逐步加入，边加边用擀杖向同一个方向搅动，使血与面互相融合，达到稠稀适中，即将擀杖提起时面血自然下流便可。然后加水，夏季为凉水，冬季为温水，再搅动，搅到面血开始冒白花时，立即将擀杖提出，千万不可搅动。第三为浸血。刀炖兑好后盆内的捣炖已凝固起来、用勺将凝固的刀炖舀成薄片或用刀在盆内打成块状，再舀入开水锅里煮一下，刀炖定型。第四为烩血。把清油、葱花、各种调料（以花椒为主）放入炒锅里炝出味，放入已浸过血的刀炖和羊汤里烩制，即可。羊刀炖一般是边吃边烩，即把烩好的羊刀炖舀在碗里，加入用羊油炒好的辣椒油、葱花、香菜、配上蒜瓣就可食用。羊刀炖的软硬适中，麻辣香三味俱全，营养丰富，是庆阳人喜欢吃的一种特色食品。用猪血做的刀炖叫猪血刀炖。刀炖是补血圣品，当地很多医生建议贫血的人食补，首选就是羊刀炖。

二十三、王百万油糕

王百万油糕取白细面发酵和好，枣末、黑糖作馅，包成小圆球压扁，入油锅炸熟即可食用。从前，因宁县新庄王百万的油糕皮酥、肉脆、糖蕊甜爽，不腻不淡而火色尤佳，人多研习其技艺，后来，人们即将上乘优质油糕通称“王百万油糕”。

二十四、糖酥角

用冰糖、白糖、核桃仁及饼干渣等加少许熟油，捣碎和匀做成馅儿，以冷凝猪油加三分之一的白面和好，称为油酥面；以温水加少许猪油和白酒，再和三分之二的白面，称为水油面。将二者分别揉成软硬适度的面团，然后用水油面将油酥面包裹起来，擀成长方形，卷成直径约一寸的面柱，切成小面坨，再擀成小圆饼，包裹适量甜馅儿，捏成角状或饺子形，扭上花边入油锅炸成金黄色捞出即成。糖酥角千层薄皮，酥脆香甜，油润适口，滋味丰富。是庆阳人普遍食用的甜食风味小吃。庆城把糖酥角称酥合子，用以馈赠亲友，也可作为筵席上的一道菜。

二十五、甜　醅

将洗净的青稞或莜谷煮到开口，捞到面板上摊开晾冷，投入碾细的甜醅曲，装入陶器，放到保温处密封。待二至三天后，粮食生出粉状带绿色白毛后则成甜醅。食时在甜醅中加些凉开水，吃来酒香四溢，甜美可口，具有健脾开胃之功。

二十六、凉　粉

凉粉是庆阳人民炎夏十分喜欢的小吃。把荞麦磨成珍子后，用水淘洗泡软，加水揉搓取渣后使其淀粉，再加水成浆，下锅后一边烧火一边搅拌，熟后为膏状，摊晾案上或倒入盆中冷却。食时切成楞条或镂成细条，调入油泼辣子、蒜泥、芥末、韭菜、盐、醋等调料，凉爽可口，且有醒脾、明目、消暑的功效。也可以晒凉粉干和肉同炒，味道亦佳。暑夏之际，将做好的凉粉趁热用漏勺漏冷开水盆，状似小鱼儿，俗称“凉粉鱼”，加韭菜和酸辣汤食用，清凉爽口，消渴泻火。

二十七、黄　酒

庆阳人民用酒谷米加糟酿制，属传统酿酒。旧时，民间过节过年，红白喜事均饮黄酒。先把酒谷米入锅煮熟，加以酒麹拌和，再加入中药渣水，放于缸内，把缸口封严，冬季放在热炕上使其发酵。月余后即可倒入带凿眼孔的缸内，以竹筒或芋子筒过滤入大盆内，称为底子酒（上等酒），再边加水边掖滤，一连数天，可过滤出中等酒、淡酒，入缸内，以备春节和红白喜事用。黄酒清澈明亮，醇厚甘甜，优等酒可以用火点燃。有强筋壮骨，舒筋活血等功效，可泡药酒，作中药引子，也可做料酒。

第二节　土特产品

土特产品是指某地特有的或特别著名的产品。通常，土特产是指来源于特定区域、品质优异的农副业产品或加工产品，土特产可以是直接采收的原料，也可以是经特殊工艺加工的制品，无论是原料还是制品，其品质与同类产品相比，都是特优的或有特色的，并且具有跨地区的声望。庆阳各类农林畜产品与制品丰富多样，历史悠久，种类花样繁多，主要有苹果、杏、杏脯、金针菜、小米等。

一、黄花菜

黄花菜，古称“忘忧草”“萱草”，又因其花蕾形似金针状，又名“金针菜”。人们喜爱黄花菜的秀丽，但更重视黄花菜丰富的营养价值。据测定，每500克干花蕾中，含糖3克、蛋白质70.5毫克、脂肪2克、钙23.5毫克、磷86.5毫克、铁82.5毫克，还含有有益于人体的多种维生素，所以，黄花菜和香菇、木耳、发菜一起被甘肃人民列为名菜佳肴。庆阳人常把黄花菜与肉丝、鸡蛋、菠菜炒成人们喜爱的“木樨肉”；用黄花菜烧肉、煨鸡、炖鸭、炒豆腐，其味鲜美，独具风味。

“莫道农家无宝玉，遍地黄花皆真金。”这是前人对黄花菜的真切赞美。

黄花菜，学名萱草，为百合科植物，在我国已有 2 000 多年的栽培史。其叶、根、茎、花均可入药。味甘性平，有养血、平肝、镇静、安脑的功效。《本草纲目》云：烹食可以适口，能去湿利水、除热通淋、开胸宽膈，令人心平气和，无有忧郁，故以萱名。”李时珍也提出了“鹿食九种解毒之草，萱草乃其中之一”的说法。《本草纲目》载，萱草“性味甘凉，无毒、解烦热、利胸膈，安五脏，煮食治小便赤涩”。有止血、通乳、利尿之功效。民间常以黄花加白糖，煎水饮，治小便赤涩；黄花加藕节煎汤饮，治衄血、咯血也有明显疗效。

据现代科学分析，黄花菜含有丰富的糖类、蛋白质、钙、磷、铁、胡萝卜素、维生素 C 等，而其中蛋白质、糖类、钙、铁和硫胺素的含量在蔬菜中名列前茅，其中，维生素 A 的含量比胡萝卜还多 2 倍。黄花菜对神经衰弱、高血压、动脉硬化、慢性肾炎、水肿患者均有治疗作用。

经常适量食用黄花菜，对防病保健、延年益寿大有益处。如有习惯性便秘的老人，经常吃些黄花菜，既能健胃补脾，又能润肠通便，还可养血安神，且无副作用。据载，孙中山先生曾用“四物汤”作为自己健身的食疗食谱。“四物汤”即以黄花菜、黑木耳、豆腐、豆芽共同烹调，为营养成分完备的补血、养血良方，又是日常素食中价廉物美的珍肴。

但值得注意的是，鲜黄花中含有一种叫秋水仙碱的物质，这种物质在参与人体代谢过程中生成氧化二秋水仙碱，对人体呼吸道、胃肠有强烈的刺激，其主要症状表现为恶心、胃痛、腹泻，严重的还可能产生血尿症。

因此，采摘的鲜黄花不宜直接食用，应先将黄花蒸熟、晾干，以备烹调菜肴。

甘肃庆阳，是久负盛名的黄花菜之乡。每年夏令花朵盛开，塬上塬，杏黄色、橘黄色、米黄色、金黄色、绿黄色、金橙色的花朵流光溢彩，亭亭孤秀，高雅洁美，使路人都叹为观止。宋代诗人苏东坡赞叹之余写下了“萱草虽微花，孤秀能自拔”的动人诗句。

黄花菜在我国栽种区域极广，但其中尤以庆阳黄花菜质量列诸产区之首。有“西北特级金针菜”之誉。庆阳黄花菜之所以如此著名，这与当地的水土和栽培技术有关。庆阳地处甘肃东部，境内丘陵起伏，塬坝纵横，土质肥沃，雨量适中，气温较高，光照充足，自然条件十分适宜黄花菜生长。

黄花菜有单瓣和重瓣之分，庆阳黄花大多属重瓣，叶片宽厚，花大瓣肥，采摘一般掌握在开花前 1～2 小时为宜，标准是花蕾充分发育，花嘴不裂，颜色呈淡黄。采摘时动作要轻巧，避免碰伤花苔和小花，做到轻摘不带梗，轻放不损花，浅装不裂花，快运保质量；采摘来的花蕾要及时蒸制，以免花蕾放得过久而自行开裂，影响质量。

蒸后的黄花菜不能马上曝晒。如果蒸后遇到雨天，则必须烘干，否则极易腐烂。如是晴天经过两天晾晒后，用手紧握干菜少许，松手后仍能自然撒开为适度。黄花菜干制后，可按一、二、三级分装。以色泽金黄，条干均匀，无蛀虫，无霉变，无青条，无带柄杂质，无黑条，开花少的为最好。

庆阳黄花菜地理标志产品保护范围以甘肃省庆阳市人民《关于“庆阳黄花菜”地理范围界定的函》（平政函〔2004〕24 号）提出的范围为准，为甘肃省庆阳市现辖行政区域。

二、合水白瓜子

白瓜子品质优良，外观洁白，板大皮薄，仁厚味醇，含有人体所需的多种维生素、碳水化合物、矿物质、有机酸、蛋白质、脂肪以及防癌抗癌的葫芦素等，有滋容养颜、开胃生津、润肠通便之功效，远销日本、韩国、新加坡等国家和地区，是一种理想的绿色食品。

三、庆阳苹果

庆阳是全国苹果优生区之一，所产苹果硬度较大、果面洁净、色泽鲜艳、酸甜适度，品质优良。据测定，庆阳红富士苹果可溶性固形物含量为 16.5%，维生素 C 含量 4.2 mg/kg，总酸量 0.21%，均高于国家鲜苹果 GB1051—89 标准。另据甘肃省分析测试中心检测，感官、营养及卫生指标均符合《绿色食品温带水果》（NY/T 884—2004）标准要求，贮存 5 个月后，硬度为 7.5 kg/cm^2，高于其他地区。

四、正宁大葱

“正宁大葱”是甘肃省庆阳市正宁县特产。其特点是：其葱白嫩长、营养丰富，含有较多蛋白质、维生素和硫、磷、铁等多种无机盐。以炒汤漂而不沉、香味浓烈、耐贮藏、耐运输等特点享誉省内外，是绝佳的调料食品，备受消费者青睐，品种以三叶齐、掖辐 1 号、中华巨葱为主。2004 年获得“国家绿色认证”，“宫河”牌大葱获得国家绿色认证商标注册，并获西部交易会金奖。

正宁大葱的葱白（假茎）质地细密，柔嫩洁白，营养丰富，辛辣芳香，不易抽薹和分蘖，耐贮藏运输，延长供应，可鲜食、生食。

大葱中含有丰富的糖类、蛋白质、矿物质及丙种维生素、胡萝卜素，是营养价值较高的蔬菜。大葱的组织中含有白色油脂性的液体一硫化丙烯 [(CH2CHCH2) 2S]和大蒜素，具有增进食欲、开胃消食的功效，也是解腥味的佳品。中医医药上很早就利用葱韭蒜提取制剂，预防和治疗许多疾病。大葱具有较强的杀菌作用，并有通乳、利尿、治疗便秘等功效。

五、曹杏脯

宁县曹杏脯是采用当地特产曹杏为原料，精选加工而成的蜜饯类名牌产品。该产品选样考究、整形精致、片状饱满、脯质脆韧、色晶剔透、营养丰富，具有良好的健胃消食、防癌功效，是国内外名优特产。1982 年获甘肃省优质农产品奖，出口日本、东南亚等 20 多个国家和地区。1988 年获甘肃省乡镇企业系统优质产品奖。

六、宁县琥珀罐头

宁县特产琥珀罐头具有清脆、可口、营养丰富等特点，维生素含量是花生仁的 5 倍，食用后可增加记忆力，延年益寿，为中老年人和儿童滋补膳食佳品。宁县琥珀罐头，采用当地纸皮核桃，以先进工艺和配方加工而成。1989 年获甘肃省“兴陇杯”铜奖，1992 年获甘肃省首届丝绸之路节科技成果展示交易会银奖。1998 年获甘肃省优秀新产品奖。从 1989 年开始即出口苏联等国。

七、宁县曹杏

曹杏在宁县栽培历史已有 100 多年。因其为宁县早胜原曹家村农民以产于当地的大杏与陕西三原优良杏种反复嫁接培育而成，故名“曹杏”。它以果大、色艳、皮薄、肉厚、仁甜、味香成为中国西北唯一可与敦煌李广杏相媲美的优良杏品种。曹杏不仅在宁县早胜原一带广为栽植，而且在邻近的宫河、董志、屯字等原区广为引种。据有关资料显示，宁县以曹杏为主的杏园面积达 0.8 万公顷，年产鲜杏 3 200 多吨。

杏为我国原产，是我国栽培历史悠久的果树之一。远在两千六百年前的古书上就有记载，如《管子》（公元前 685 年）云：“五沃之土，其土宜杏”；又《山海经》（公元前 400—前 250 年）云：“灵山之下，其木多杏”；《西京杂记》云：“文杏，材有文采，济南金杏，大如梨，黄如桔，熟最早，味最胜……”；《齐民要术》云：“文杏实大而甜，核无文采。”此外还有《广志》《农书》《本草纲目》《群芳谱》等古书中皆有关于杏树栽培技术及其品种的记载。由此可见，过去我国劳动人民不仅掌握了杏树的栽培技术，而且对杏的品种也有比较详细的了解。

新中国成立前，早胜曹家人在陕西泾阳、三原等地经商时，将曹家大杏接穗带到三原北桥头，经当地群众嫁接繁殖后，品质变得比原产地更佳，该地群众就将此杏命名为“曹杏”。后来由付永安和阎良奎等人又从三原采回杏接穗嫁接繁殖，所结杏子，味美香甜，品质尤佳，深受本地群众欢迎。从此，早胜原一带群众先后引种推广，使曹杏得到了发展。

而今，曹杏不仅在早胜原栽培，且已引种到宫河原、合水原、董志原和屯子原，表现良好，仍能保持原品种特性。

曹杏属蔷薇科，杏属普通杏。曹杏果实中大，扁圆形，纵径 3.96 厘米，横径 4.1 厘米，平均果重 35 克，果大果重 62.5 克。缝合线中深，果肉不对称，顶部较凹，顶洼中深，果顶圆，花柱残存，梗洼深而狭。果皮底色橙黄色。阳面鲜红霞，皮较薄，中韧，茸毛少。果肉橙黄色，近核处微黄。肉质柔软致密，纤维极少，成熟一致，浆液多，味甜，香气较浓。离核，中大，短椭圆形，顶端尖圆。品质极上，丰产，61 年生树株产 400 公斤。

树势强，树冠较开张，呈圆头形，30 年生树干高 1 米，干粗 1.74 米，冠径 11.6 米，树高 7.1 米，主干粗糙、灰白色，皮孔中大、扁圆、少而较明显。徒长枝短粗，光滑有光泽。结果枝多、短粗，节间长 1.66 厘米，阳面红褐色果，枝花芽多，叶芽少，复芽占 84%。叶片较大，倒卵圆形，长 92.8 厘米，宽 8.3 厘米。叶绿色，皱缩较少，锯齿钝尖，叶柄长而粗。

主要物候期为三月下旬始花，四月上旬盛花，四月中旬终花，五月中下旬新梢停长，六月上中旬果实着色，六月下旬果实采收。植株抗寒力较强，抗旱力中等，耐瘠薄。

曹杏中含可溶性固形物 15%～18%；纤维少，汁液中多，含有丰富的营养物质和多种维生素。据资料介绍，杏子含有蛋白质、脂肪、淀粉、糖、酸、磷、铁、钙等和维生素 C、维生素 B17，尤以杏仁、杏干中维生素 B17 为多。

曹杏经济价值高，用途广。木质坚硬，纹理通顺细腻，是制作家具的好材料；枯枝落叶，可作燃料和饲料；杏核壳可制活性炭，在国防工业上用途很广。杏子除鲜食外，亦可加工杏脯、杏干、罐头等。曹杏甜仁每出口一吨，价值 6 000 美元；杏脯每出口一吨，价值 4 500 美元。宁县蜜枣厂，近年来加工杏脯 21.2 吨，1980 年所产杏脯（大、小）8.5 吨，远销香港市场，获得好评。

另外，杏仁是重要的药材，又是制造酒精和工业用油的原料；甜杏仁是制造茶点和杏仁粉的原料。杏对风土选择性不苛，是荒山荒坡绿化的优良树种之一。

八、罗川晒烟

正宁特产罗川晒烟俗称“旱烟”，又名“龙凤烟”“唐台烟”。主要集中在罗川，已有 1 200 多年的种植历史，曾被视为宫廷贡品。烟叶叶片肥厚、香味浓郁、吃味醇和，是正宁一大特产。目前全县种植面积 1 400 亩，产烟 70 万斤，产品远销陕西、四川、新疆、内蒙古、青海等 10 多个省市，总产值达 180 多万元。

九、宁县大枣

宁县大枣主要品系有金枣（又名吊枣、九龙金枣）、夏枣（又名圆枣）和冬枣三种。在大全县有人工金枣林 3.3 万亩，年产鲜枣 240 万公斤，皮薄肉厚，脆甜可口，营养丰富，是枣产品的主要原料。

宁县大枣已有两千多年的生产历史，《诗经》和隋唐史志中均有记载，曾以地方特产向朝廷进贡，因之得名。其枣梭状圆隆，个大、皮薄、色玫、肉厚、核小、味甜。鲜食脆酥醇甘，适口性强。加工而成的金丝蜜枣、金枣罐头、金枣酒等产品色亮形好，品质优良，堪称佳品，是天然绿色保健精品，1986 年被评为甘肃省优质农产品，1996 年获甘肃省第二届名优产品鉴评会金奖。九龙金枣又名晋枣，2005 年以来，“宁州”龙金枣鲜枣、干枣两个产品获得国家绿色食品发展中心绿色食品认证，被中国果品流通协会认定为“中华民果”，在中国（国际）首届枣产业博览会上荣获金奖。

十、环县荞麦

环县是庆阳地区乃至甘肃省荞麦的主产区。环县荞麦营养价值很高，每 100 克荞麦面中含有蛋白质 11.2%，脂肪 2.4%，碳水化合物 72%，所含维生素 B1、B2 均超过大米和小麦面粉；人体所需要的 22 种氨基酸，荞麦面里就含有 17 种，因此有“保健食品”之称。环县荞麦面适口性好，食用价值高，用荞麦面、荞麦糁子加工成的荞剁面、荞面、凉粉、油糕等，是有名的地方风味食品。同时，用荞麦皮做成的枕芯，柔软舒适，可明目清心，安神醒脑。环县每年种植荞麦 1 万公顷左右，总产 1 100 吨左右。

2010 年 10 月，经国家质检总局审定，决定对“环县荞麦”进行国家地理标志产品保护。

十一、什社小米

什社小米久负盛名，是甘肃省著名特产，省志、地方志都有记载，从明朝嘉庆年间一直是宫廷贡品。米粒色泽黄亮，圆润饱满、大小均匀，营养价值较高。据国家谷物监测中心和甘肃省农科院分析测定，什社小米的各项营养指标为：蛋白质 14%～16%，脂肪 3%～4.6%，可溶性淀粉 37%，β-胡萝卜素 0.12%，VB 含量为 0.99%，还含有 18 种人体必需的氨基酸，并且具有降低血压、抗衰老、美容驻颜、延年益寿的作用，对各类癌症也有一定的预防作用。什社小米熬成的稀饭香气沁人心脾，口感香甜无比，余味无穷，极易消化，老少皆宜，且具药膳效能。

第三节　传统手工艺品和工艺品

传统手工艺品和工艺品是指具有跨地区声望的当地生产的传统手工产品与工艺品，通常是通过一定的艺术构思，以纯手工或手工作坊的方式加工制作的产品。庆阳传统手工艺品种类繁多、制作精巧、设计新颖，是传统文化的重要组成部分，集地域性、实用性、艺术性、纪念性于一体，受到旅游者的青睐。

一、庆阳香包

庆阳香包又称“绌绌”，是庆阳的一种民间民俗物品。按照剪纸的图样，在丝绸布料上用彩色的线绣出各种各样的图案，然后缝制成不同的造型，内芯填充上丝棉、香料，就做成一种小巧玲珑、精致漂亮的刺绣品。这种刺绣品又叫荷包，庆阳民间称作耍活子。吉祥如意，祝愿祈福，禳灾避邪，祛病保平安是庆阳香包祈祝这个大千世界的亘古主题。

据史书记载，香包，又称荷包，亦称香囊、佩帏、容臭，庆阳俗称“绌绌”或“耍货”。庆阳地区有端午节制作和佩带“绌绌”（“绌”原指原始骨针的一种缝制方法，后借称用布缝制、袋口能松能紧的包袋）的习俗。其起始时间尚不可考，据说《黄帝内经》的作者歧伯曾携一药袋防疫驱瘟、禁蛇毒，开创“薰蒸法”。因岐伯生于庆阳，故此法在当地渐成习俗，流传不断。草药被称为“香草”，因而药袋便称为“香包”或“绌绌”。中华医学最早的经典之作《黄帝内经》中就有关于香包的记载。庆阳现存的最古老的香包历史也在 800 年以上。2001 年，庆阳市华池县在对境内宋代双石塔进行整体搬迁挖掘时，在塔体内发现了一只香包。据考证，这只香包距今至少有 800 多年，但仍色泽艳丽，图案如新，被称为“千岁香包”，这是迄今发现的最早的香包。

从古至今庆阳香包十分兴盛，成为人们佩戴或馈赠的佳品，而历史演化到近代，香包则多半用于民间端午节的赠品，主要功能是求吉祈福，驱恶避邪的。20 世纪 60 年代以前，庆阳香包的绣制普及到家家户户，庆阳女孩儿多“七岁八岁学针线”。20 世纪 60 年代后，庆阳香包开始走向沉寂。近二十年，香包的制作与刺绣又开始复兴，2002 年庆阳市被中国民俗学会命名为“香包刺绣之乡”。

庆阳香包是一种立体造型和平面刺绣兼容的纯手工艺制品，构型简单质朴，按制作技艺分有“绌绌”类、线盘类、立体刺绣类、平面刺绣类四大类型。“绌绌”又名藏针绣，其特点是把针线藏起来，以造型状物、形神兼备而不见针线为佳境，其工艺流程包括创意、选料、剪裁、状物等环节。线盘类香包是用各色线条盘成五角菱形的“粽子”，其技艺包括折壳子、配色线、盘线成型、成果（即将线盘成品连缀，吊上彩穗）等，如此制成的香包可以随身佩戴，可以挂在门庭，也可以馈赠他人，以寓示祥和平安。立体刺绣类香包内容庞杂，形式繁多，有单面挂、佩件，双面挂、佩件，立体挂件和摆件等近四百种样式，其制作过程分构图、刺绣、彩染、缝合、成果等环节，有过样子、打样子、扩背子、上样子、绣花、状物、成果、打扮等工艺步骤，制品讲究神似而不求形似。平面刺绣类香包风格敦厚凝重，厚实中流露出隽永，其制作有破线绣、合线绣、掇绣及齐针、辫针、缉针、掺针、抢针、挽针、盘金、点金、圈金等方法。

二、庆阳刺绣

刺绣是庆阳民间工艺美术品中的一大类，其分布面广，涉及千家万户，以庆阳、正宁两县的刺绣最为有名。

庆阳刺绣品种很多，有服装、坐垫、鞋面、袜底、枕顶、肚兜、耳枕、帽、荷包、烟袋、针扎和布玩具等多种，虽不及苏绣和其他绣派驰名中外，但它源远流长，历久不衰，有着深厚的基础、独特的风格，随着老区人民生活水平日益提高，它愈发焕发出迷人的光彩来。

庆阳刺绣色彩艳，层次分明，对比强烈，沉而不浊，艳而不俗。在色彩的配置上以红、黑、兰、白为主色调，取得了一种鲜明、艳丽、纯净、典雅而又沉着有力的效果。

三、合水地毯

合水是甘肃乃至中国地毯较为发达的地区之一。合水地毯、挂毯选用当地土种羊毛编制，其羊毛纤维粗长，弹性好，光泽强，是编制地毯的优质原料。配以精美的编制工艺和美丽的图案，使合水地毯质高艺精，五彩缤纷。

合水地毯以传统工艺为基础，多为手工制作，融入了佛教艺术以及其他艺术流派的风格特点，形成了独特的风俗。合水地毯做工精细，具有浓郁的东方文化气息和艺术特色。其用抽纹编织成形土传的传的宝、四凤等具有鲜明的地方特色。

合水地毯、挂毯远销日本、加拿大、东南亚、美国等国家和地区，深受中外客商欢迎。

四、耳　枕

耳枕是集实用与观赏于一体的传统工艺品，以做工精细、纹饰讲究、造型独特、柔软舒适为主要特点。合水耳耳枕全部出自民间巧妇之手，因枕头中间挖去一块，空间大小恰巧可保护耳朵不受头压而得名。

【讨论与思考】

1. 什么是广义的旅游商品和狭义的旅游商品?
2. 旅游商品的特点是什么?
3. 旅游商品对当地旅游业的影响有哪些?
4. 举例说明特色饮食的旅游价值。

第七章 人文活动类旅游资源

【经典案例】

1998年中国城乡举办大量的节庆活动，城市节庆活动有：广州迎春花会、上海旅游节、青岛国际啤酒节、苏州国际丝绸节、大连国际服装节、哈尔滨冰雪节、南京国际梅花节等。表现各民族乡土风情的节庆活动有：潍坊国际风筝节、西藏羌塘睿马节、岳阳国际龙舟节、乐山国际大佛节、自贡国际恐龙灯会、凉山彝族火把节、新疆葡萄节、景德镇国际陶瓷节、曲阜国际孔子文化节、保定敬老健身节、天津渔阳金秋旅游节、绍兴古城风情节、湖州含山蚕花节、贵州苗族“姐妹饭”节、贵州布依族查白歌节、天水伏羲文化节。这一系列的活动都促进了当地旅游业的极大发展。

从上述城市所举行的一系列促进旅游业发展的节庆活动来看，我们可以得到以下启示：一是举办有特色的节庆活动应因地制宜；二是挖掘当地的文化传统活动；三是利用当地的优势资源（包括名人、特色产品）。

（资料来源：邹统钎等：《旅游开发与规划》，广东旅游出版社1999年版）

思考：庆阳有哪些促进本地旅游业发展的人文活动旅游资源？

人文活动旅游资源是指那些以社会风情为主题，反映社会风貌、人文意识、人文教育以及人文文化等内容，可以被旅游业开发利用的活动性、过程性的旅游资源。

人文活动类旅游资源是人文旅游资源的一类，主要强调在人类文化的影响下，人类文化行为的过程性和传承性，包括了人格化的自然环境，人在自然环境下的文化行为。民风习俗、民族风情是人文活动的具体体现。人文活动作为一种习惯，对民族群体的思想和行为有着很大的约束作用。

一、人文活动的旅游特征

1. 社会政治性

它是指这种资源是在一定社会政治制度和社会意识形态制约下形成的，

展现、提供给旅游者的旅游产品，也必然反映本社会政治、文明之人文风貌。如社会主义国家的民族风情旅游，主要展现民族团结和睦的风貌，展现历史上的盛大与衰弱和现今自强不息的人文风貌。那些低级的、黄色的和带有迷信色彩、殖民色彩的、不健康的人文活动，应排除于旅游资源之外。

2. 民族文化性

无论是社会风情，还是社会艺术乃至饮食等内容，都是归属于一定的民族，展示着一定的文化内涵，即社会性同民族性水乳交融，缺乏民族性就不足以体现其社会性。我国由56个民族组成，突出这一点，将使我国以民族风情为主体的人文旅游资源的类型更加丰富。

3. 地域差异性

由于我国南北方自然环境的差异、东西部的经济差异，各地各民族的活动方式、饮食、服饰等也具有很大的不同。如在中国的饮食习俗中，南鱼北肉，南米北面，南甜北咸，表现出强烈的地域差异。民族文化的形成总是依托一定的地域空间，因此人文活动类旅游资源具有鲜明的地域分布差异的规律和特征。

4. 形式多样性

中华民族 5 000 多年的发展历史连续而没有中断，积淀了浓厚的文化底蕴。从饮食到起居，从服饰到装饰，从南到北，从东到西，各种文化广阔而深厚，礼仪文化、风俗文化、茶文化、酒文化、饮食文化、服饰文化等，可谓包罗万象，形式多样。

5. 展示体验性

人文活动类旅游资源当然也可以通过实物展示，但更重要的是依托一定的文化活动过程，向游客展示生动、独特、新奇、神秘、有趣的文化内涵。人文活动类旅游资源的开发，关键在于活动过程的组织，在于提供给游客的活动过程设计，在于可参与程度及体验性。

二、人文活动类旅游资源分类

人文活动类旅游资源是新提出的人文旅游资源类型，2003年5月1日实施的《旅游资源分类、调查与评价》（GB / T18972—2003）国家标准，将人文活动类旅游资源划分了4个亚类和16个基本类型。亚类（基本类型）分别是：人事记录（人物、事件）、艺术（文艺团体、文学艺术作品）、民间习俗

（地方风俗与民间礼仪、民间节庆、民间演艺、民间健身活动与赛事、宗教活动、庙会与民间集会、饮食习俗、特色服饰）和现代节庆（旅游节、文化节庆活动、商贸农事节、体育赛事活动）。

三、人文活动类旅游资源的旅游价值

首先，人文活动是文化参照的对象。中国地域辽阔，民族众多，“千里不同风，百里不同俗”，各民族各地区在长期历史发展中形成了鲜明、独特的民俗，在居住、饮食、服饰、生产、婚姻、家庭、村寨、节日、丧葬、信仰、风尚、礼仪、禁忌等方面都有自己的特色。游客出于对异域文化的好奇和认知心态，以不同的方式感知、体验其文化内涵。如厌倦大都市生活的现代人，从平面化、模式化的生活中解放出来，追寻那些现代人失落的传统文明，或者追求自己生活中所没有的新奇和刺激。

其次，人文活动是审美参照的对象。旅游活动本身就含有审美娱乐的成分，游客对人文活动的满足，大多由审美娱乐活动获得。因此，最能吸引游客的是各民族包含宗教仪式在内的艺术活动。在游客的眼里，艺术形式甚至成为他们认知不同民族的标志。

再次，人文活动是向外界展示本土文化的窗口，是对自身文化的肯定。人文活动作为旅游内容，其吸引对象是外来人，具有向外域文化展示本土文化的特殊意义。同时，加深了本民族与其他民族的接触和交融，增强了自己的民族自信心和乡土自豪感。

最后，人类活动作为旅游资源，是获得经济利益的重要手段。人文活动类旅游资源的开发，可带来可观的效益，对于带动民族地区的社会进步、经济发展，提高文明程度和生活质量，具有十分明显的作用。

人文活动旅游资源为古今人类所改造，是能激发人们旅游动机的物质财富和精神财富。人文活动旅游资源具有阶层性、民族与地域性、时代性、形式多样性、参与体验性、动态与互动性等特征。

第一节　人事记录

根据中华人民共和国国家标准《旅游资源分类、调查与评价》（GB/T 18972—2003），人事记录包括人物和事件，也就是说，人事记录包括历史和现代著名的人物和实践，与人事记录相关的名人生活、活动遗址遗迹和事件发生地是满足游客探究欲望的载体。其中的人物包括政治名人、文化名人和艺术名人等，而事件指发生过的历史和现代实践，包括战争、自然灾害、事故灾难等。

庆阳出现了众多的人事记录，现将其中重要的人物和事件进行简要的概括和说明。

一、岐　伯

岐伯是我国远古时代最著名的医生，甘肃省庆阳市庆城县人。清乾隆年间《庆阳县志·人物》记载："岐伯，北地人，生而精明，精医术脉理，黄帝以师事之，著《内经》行于世，为医书之祖。"岐伯从小善于思考，有远大的志向，喜欢观察日月星辰、风土寒暑、山川草木等自然界的事物和现象。还懂音乐，会做乐器，测量日影，多才多艺，才智过人。后见许多百姓死于疾病，便立志学医，四处寻访良师益友，精于医术脉理，遂成为名震一时的医生。黄帝为疗救民疾，尊他为老师，一起研讨医学问题。《黄帝内经》多数内容即以他与黄帝答问的体裁写成。所以，记载岐伯的最早的文献是《黄帝内经》。后人为了纪念他们所做的贡献，专门修建了岐伯庙。如《庆阳县志·坛庙》载："岐伯庙，在县城南。"《辞海》载："北地，郡名，战国秦置。治所在义渠，西汉移治马岭（今甘肃庆阳西北）。"岐伯又尊称为岐天师，意为懂得修养天真的先知先觉。张志聪《黄帝内经素问集注》卷 ："天师，尊称岐伯也。天者，谓能修其天真。师乃先知先觉者也，言道者上帝之所贵，师所以传道而设教，故称伯曰天师。"战国时期，医学家们将黄帝与岐伯的医论谈话整理成《黄帝内经》流传至今，是我国最早的医学经典著作，史称"医书之祖"或"岐黄要术"。

二、不　窋

不窋，古代周族部落首领。夏代，不窋先祖世代为农官，时称后稷。不窋袭父职，继任农官，时夏孔甲帝"好鬼神，事淫乱，夏后氏德衰，诸侯叛之"，致使朝纲大乱。不窋失官，遂率部族奔庆阳一带。到此后，不窋以庆阳一带为根据地，开始了先周早期的政治、经济和思想文化活动。

不窋教民改地穴式居住为窑洞，重农耕，种庄稼，还倡养猪、养牛、养鹅，植树种花，为庆阳早期的农业经济发展做出了贡献。为保证部落安全，不窑经详细勘察，修建了不宙城（今庆城县城）。不窋故城遗址在今庆城县城东南3里处。县城东山为不窋当年居住地。不窋死后，葬于庆城县帽盒山巅。后历代立有碑。

三、鞠 陶

鞠陶乃不窋之子。夏孔甲年间，随父奔狄戎之间（今庆阳一带）。在不窋执政时，鞠陶负责挖陶窑，大力改善人民居住条件，被后人称为鞠陶（鞠者，盈多也；陶者，窑也），后人称周老五。

不窋死后，鞠陶主政，他继承先祖遗风，大力发展农牧业，亲自下地劳动，牧羊，养鹅。相传今庆城县城的鹅池洞就是他当年养鹅的地方。

四、公 刘

公刘本名姬刘，在名字之前加一个“公”字，表示尊敬。公刘世居北豳（今甘肃省庆城县），是古代周部族的杰出首领、周先祖不窋的孙子、鞠陶的儿子、周文王的祖先。鞠陶死后，公刘继其位。《诗·大雅·公刘》便是其后人祭祀时称颂他功绩的诗歌。他“复修后稷之业，务耕种，行地宜”，带领族人开垦荒地，兴修水利，制造农具，整修田园，种植五谷，发展畜牧，传播农耕文化，对庆阳川原地带农业区域的形成与发展做出了很大贡献。尔后，公刘将其活动扩展到宁县、合水、正宁、镇原一带，并移居温泉附近。22岁时，将首府迁移至南岗（今宁县城西庙嘴坪），史称“公刘迁豳”，极大地开拓了周的基业，其势力范围包括今庆阳市、陕西省旬邑、彬县、长武、淳化、耀县、宜君、黄陵及泾川、灵台等16个县城。

公刘造福后代，惠及子孙，后人修邑建庙，尊为神圣。每年农历的三月十八日，庆阳、长武、彬县等四方百姓赴公刘庙拜谒祭奠，缅怀这位华夏农耕文化的不朽开拓者。

五、公孙贺

公孙贺（公元前？—前91年），字子叔，北地义渠（今宁县）人，祖先是匈奴人。公孙贺的父亲（也有说法认为是他的祖父）公孙昆邪（公孙浑邪），汉景帝时为陇西太守，率军平定吴楚七国之乱有功，封平曲侯，著书十余篇传世。中元四年（公元前146年），因犯法获罪，被免为庶人。汉景帝时期，少年公孙贺从军，数次立功，任太子舍人。当时的太子正是后来大名鼎鼎的汉武帝刘彻。刘彻即位后，升公孙贺为太仆，后娶武帝皇后卫子夫的姐姐卫君孺为妻，元光年间，公孙贺任轻车将军，率军驻扎战略要地马邑。公元前 133 年，与李广伏兵于马邑，企图诱歼匈奴单于主力而未得逞，其后随卫青横扫匈奴，先后参加了河南战役、河西战役、漠北战役，因功封南茆侯。后以左将军出定襄，无功，而又因“坐酎金”，失侯爵。公元前 103 年，石庆死后，公孙贺代为丞相，封葛绎侯。征和二年正月因子致祸被杀。

六、李 息

李息（生卒年不详），北地郡郁郅李（今庆城县）人。少年从军，侍奉汉景帝；在汉武帝时，曾多次任将军，带兵征讨匈奴，镇守边邑，因军功封关内侯。

汉武帝元光二年（公元前 133 年），汉朝廷派李息为材官将军，随同御史大夫韩安国将兵 30 万驻守在马邑。汉武帝元朔元年（公元前 128 年），匈奴侵犯辽西、渔阳，杀死了辽西太守。武帝派卫青、李息分别出兵抗击，卫青攻雁门，李息攻代郡，共同打败了匈奴，俘获数千人。元朔二年（公元前 127 年），卫青、李息率军北上，突袭云中、高阙的匈奴军，又捕获数千人，牛羊无数。元朔五年（公元前 124 年），卫青率兵 3 万出击朔方，李息与岸头侯张次公领兵出击北平，掩袭右贤王王庭，右贤王措手不及，仅带几百人仓皇出逃。这次战争，将匈奴白羊王、楼烦王逐出汉境，俘获 15 000 人，其中包括右贤王 50 多人，获得大捷。汉武帝拜卫青为大将军，封李息为关内侯。

七、甘延寿

甘延寿（公元前？—前 25 年），字君况，北地郡郁郅（今庆城县）人，西汉将领。出身名门，少年时就善骑射，被选拔到御林军中。他很有力气，投石块、举重物一般人都赶不上他；轻功也很好，据说能逾越御林军驻地的楼台、阁亭；在与其他军士徒手搏斗时，没有人能胜过他，后被提升为郎官。汉元帝看重他的武艺和气力，不久便调升为辽东太守，曾因事被免官。车骑将军许嘉推荐他担任了郎中和谏议大夫，随后朝廷派他出使西域，就任都护骑都尉，与副校尉陈汤共同诛灭了匈奴的郅支单于，被封为义成侯。死后谥号壮侯。

八、傅介子

傅介子（公元前？—前 65 年），西汉勇士和著名外交家，汉族，北地郡义渠县（今宁县）人。

汉昭帝时，西域龟兹、楼兰均联合匈奴，杀汉使官，略劫财物。到元凤年间，傅介子以骏马监的身份请求出使大宛，拿着汉昭帝的诏书去谴责楼兰、龟兹国。傅介子到了楼兰，责备楼兰王怂恿匈奴截杀汉朝使者时说：“大部队就要到了，您如果不包庇匈奴，匈奴使者经过这里到各国，为什么不报告？”楼兰王表示服罪，说：“匈奴使者刚刚过去，应当是到乌孙，中途经过龟兹。”傅介子到了龟兹，又责备龟兹王，龟兹王也表示服罪。傅介子从大宛回到龟兹，龟兹人说：“匈奴使者从乌孙回来，正在这里。”傅介子乘机率领所带的汉军一起斩杀了匈奴使者。傅介子回到京城把情况上奏，汉昭帝下诏任命他为中郎，升为平乐监。傅介子对大将军霍光说：“楼兰、龟兹国多次反复无常却没有受到谴责，不能用来惩戒他国。我经过龟兹时，他们的王离人很近，容易得手，我愿前去刺杀他，以此树立威信告示各国。”霍光说：“龟兹国路远，暂且去楼兰试验此法。”于是就上奏汉昭帝派遣他前去。傅介子和士兵一同带着金银钱币，声称把这些东西赏赐给外国。他们到了楼兰，楼兰王看起来不愿亲近傅介子，傅介子假装离开，到达楼兰的西部边界后，傅介子指使翻译对楼兰王说：“汉朝使者带有黄金锦绣巡回赐给各国，大王如果不来受赐，我就要离开到西面的国家去了。”当即拿出金币给翻译看。翻译回来把情况报告给楼兰王，楼兰王贪图汉朝财物，就来会见使者。傅介子和他坐在一起饮酒，并拿出财物给他看。

饮酒后都醉了，傅介子就对楼兰王说：“天子派我来私下报告大王一些事情。”楼兰王起身随同傅介子进入帐幕中，两人单独谈话，两个壮士从后面刺杀楼兰王，刀刃在胸前相交，楼兰王立即死掉了。他的贵族及左右官员都各自逃走。傅介子告谕他们说：“楼兰王有罪于汉朝，天子派我来诛杀他，应改立以前留在汉朝为人质的太子为王。汉军刚到，你们不要轻举妄动，一有所动，就把你们的国家消灭了！”

尔后就带着楼兰王的首级回京交旨，公卿、将军等都议论称赞他的功劳。汉昭帝于是下诏令说：“楼兰王安归曾充当匈奴的间谍，暗中侦探汉朝使者，派兵杀戮抢掠卫司马安乐、光禄大夫忠期门、郎遂成等三人，以及安息、大宛的使者，偷走漠使节印以及安息、大宛的贡品，极端违背天理。平乐监傅介子拿着符节出使，诛杀了楼兰王安归，把他的头悬挂在北面的城楼上，以正直之道回报有怨恨的人，没有劳师动众。封傅介子为义阳侯，赐给食邑七百户。士兵中刺杀楼兰王的都补官为侍郎。”

傅介子去世后，他的儿子傅敞有罪不能继承爵位，封号被废除。元始年中，又封傅介子的曾孙傅长为义阳侯，王莽失败后，才断绝。

在庆城县县城北大街东面，有条短巷，原名“傅介子巷”，人们简称“傅家巷”。据推测有三种可能：一是傅介子祖宅；二是傅介子出生地；三是傅介子生前居此地。这个“傅家巷”的名称一直流传到20世纪50年代，修建庆城县宾馆时被拆毁。

九、王　符

王符（85—162年），字节信，安定临泾（今甘肃镇原县）人，东汉政论家、文学家、进步思想家，无神论者。王符一生隐居著书，崇俭戒奢、讥评时政得失。因“不欲彰显其名”，故将所著书名之为《潜夫论》。王符思想深刻、观点鲜明、文笔犀利，至今读其作仍给人一种淋漓畅快的感觉。

王符一生将全部精力贯注在他的《潜夫论》里，这部书不显于当世，直到《隋书·经籍志》才列入了目录。王符与马融、张衡等著名学者友善。

王符是庶出之子，舅家无亲，所以在家乡受歧视；又不苟于俗，不求引荐，所以游宦不获升迁。于是愤而隐居著书，终生不仕。延熹五年（162年），同乡度辽将军皇甫规解官回安定。乡人往谒，皇甫规冷落退职太守，而欢迎王符。以致时人传语说：“徒见二千石，不如一缝掖。”可见他在当时颇负盛名。

王符著书“以讥当时失得，不欲彰显其名”（《后汉书·王符传》），题曰《潜夫论》。今存本35篇，《叙录》1篇，共36篇，虽有脱乱，但大致仍属旧本。全书以《赞学》始，以《五德志》叙帝王世系、《志氏姓》考谱牒源流而终。其余诸篇，分题论述封建国家的用人、行政、边防等内外统治策略和时政弊端，兼及批评当时迷信卜巫、交际势利等社会不良风气，“其指讦时短，讨摘物情，足以观见当时风政”（《王符传》）。而在思想上则“折中孔子，而复涉猎于申、商刑名，韩子杂说”（汪继培《笺〈潜夫论〉序》），大致以儒为体，以法为用。所以《文心雕龙》归之“诸子”，而《隋书·经籍志》则入于“儒家”。

《潜夫论》反映出王符的思想是一个复杂的综合构成，其主流是孔孟的儒家思想，掺杂了一些道家和法家思想，就是说先秦思想对他影响极深，也很难摆脱西汉传统的影响。譬如《盐铁论》中的“重本抑末”和董仲舒的“天人合一”或“天人感应”相似。但王符终究是东汉人，他面对的现实与西汉的思想状况比较起来，就又有了不少的变通和发展。

十、李 恂

李恂（生卒年不详，约1世纪后期至2世纪前期），字淑英，安定临泾（今镇原县）人。东汉的一位廉吏。

李恂少年时研习《韩诗》，后教授生徒，门徒从学者常达数百人。郡太守颍川（今河南禹县）人李鸿敬慕他的才华，请其署理功曹，未及上任，又被任命为凉州从事。其时恰逢李鸿逝世，他遂不应州命，放弃从事之职，而给李鸿送葬至颍川故里。李鸿葬后，又为其守丧三年。

后来，李恂受命任职司徒桓虞府。之后又被任命为侍御史，持节出使幽州。到州后他宣布皇恩，安抚了北狄，并将沿途所经地区的山川、屯田地、聚居村落等画成地图，细列标示，共百余卷，悉数上奏，得到汉章帝的嘉许，以功升任兖州刺史。在任期间清正廉洁，以身自律，常常“席羊皮，服布被”。后调任张掖太守，同样威望很高。时逢大将军窦宪率军北伐匈奴，屯兵武威，远近州郡官员为讨好窦宪，莫不争相馈送厚礼，唯独李恂奉公不阿，未送礼品。因此得罪了窦宪，被窦宪构陷而免官。

此后，李恂又被征用，任命为谒者，使持节领西域副校尉。西域多奇珍异宝，他到任后西域各国侍子、督使、胡商纷纷馈赠他以奴婢、大宛马、金银和香罽等，他一无所受。时北匈奴南下，屡断西域道路，不时扰边，使得玉门关以西使命不通。李恂斩杀北匈奴将领，阻止其南下，打通了西域道路，他的恩威并行于西域。

其后，李恂又被调任武威太守，旋因坐事被免职。步行回归乡里，潜居山泽，住着草庐，与诸生织席维持生计。时值西羌反叛，他被羌人俘虏。羌人素闻其名，敬其为人，就将他放了。时遇岁荒，司空张敏、司徒鲁恭等派儿子给他送去粮食，他坚辞不受。后迁居新安（今河南渑池县东）关下，以拾野果、草籽、橡实而自资，享年九十六岁而卒。

十一、傅 嘏

傅嘏（209—255年），字兰石（一字昭先），北地泥阳（今宁县米桥乡）人，傅介子之后人，傅巽之侄。三国时曹魏重臣。弱冠时便已知名于世，被司空陈群辟为掾属。为人才干练达，有军政见识。正始初年，为尚书郎，迁黄门侍郎，因得罪何晏而被免职。司马懿诛曹爽后，以傅嘏为河南尹。任职期间，集前人之政举，使百姓获益。

又迁任尚书，朝议伐吴而有三计，傅嘏认为三计都不可行，朝廷不听，果然为诸葛恪所败。此后傅嘏地位日隆，受封进爵。正元二年（255 年），毌丘俭、文钦作乱，傅嘏及王肃劝司马师自往讨伐，最终大破叛军。司马师死后，司马昭还洛阳辅政，傅嘏以功进封阳乡侯。同年逝世，时年四十七，追赠太常，谥元侯。著有文集二卷、录一卷。《全三国文》收录其《对诏访征吴三计》《请立贵嫔为皇后表》《诸葛恪扬声欲向青徐议》《难刘劭考课法论》《皇初颂》。

十二、傅　玄

傅玄（217—278 年），字休奕，北地泥阳（今宁县）人。西晋时期文学家、思想家。祖父傅燮，汉灵帝时任太守，因战败殉职，父傅干，三国时为扶风太守。

傅玄幼年时随父亲逃难河南。专心诵学，性格刚劲亮直。举孝廉，太尉辟，都不至。州里举其为秀才，除任郎中。后参安东、卫将军军事，转温县令，再迁弘农太守，领典农校尉。任内颇为称职，曾数次上书，陈说治国之策。五等制建立，封爵鹑觚男。司马炎为晋王，以傅玄为散骑常侍。西晋建立，进爵鹑觚子，加驸马都尉，与散骑常侍皇甫陶共掌“谏职”，后拜侍中，因事被免官。又任御史中丞，提出了有名的“五条政见”。后升任为太仆，转任司隶校尉，因当众责骂谒者及尚书被劾免。不久即去世，享年六十一岁，谥号刚。后追封清泉侯。

傅玄的思想成就主要有唯物论的哲学思想，认识论上的朴素唯物主义。在自然宇宙观上，他认为“元气”是构成自然界事物的基本元素，自然界的生成不是靠“造物主”“神”“天”等神秘力量。他丰富和发展了古代元气一元论的自然观，充分肯定人的主观能动性，指出了人性的可塑性。

傅玄的政治思想成就，主要是“民本”思想。他认为“国以民为本”，民安则国安，民危则国危。傅玄总结秦亡的教训，指出要实现长治久安，统治者须息欲富民，“民富则安乡重家，敬上而从教；贫则危乡轻家，相聚而犯上，饥寒切身，而不行非者寡矣”。具体提出分民定业、兴修水利、公平役赋、“官民同耕”、裁汰冗员等主张；反对腐化，提介简朴，严肃吏治，注重德治，充分体现了民本思想。

傅玄的文学著述颇丰，诗赋、散文、史传、政论无不擅长。传世之作为明代张溥所辑《傅鹑觚集》，清代严可均在《全上古三代秦汉三国六朝文》中辑录傅玄的散文和辞赋，逯钦立《先秦汉魏晋南北朝诗》辑录其全部诗作，清《四库全书》辑录其大量诗文，新中国出版的《汉魏六朝诗选》《汉魏六朝散文选》《中国历代文学作品选》等书，选收傅玄不少诗文。傅玄文学的突出成就在诗歌方面，现存一百多首，绝大多数是乐府诗，独树一帜，成就最高。

十三、傅　咸

傅咸（239—294 年），字长虞，北地泥阳（今宁县）人，西晋文学家，傅玄之子。曾任太子洗马、尚书右丞、御史中丞等职。他为官峻整，疾恶如仇，直言敢谏，曾上疏主张裁并官府，唯农是务；并力主俭朴，说“奢侈之费，甚于天灾”。死后追赠为司隶校尉，谥号“贞”。傅咸留有《傅中丞集》一卷，收入《汉魏六朝百三家集》。傅咸诗今存 10 余首，多为四言诗，风格庄重典雅，但缺乏诗情。另有几首五言诗较有情采，如《赠何劭王济诗》：“槁叶待风飘，逝将与君违。违君能无恋，尺素当言归。”

十四、胡充华

胡充华是北魏宣武帝皇后（？—528 年），安定临泾人（今庆阳镇原县南），原名胡仙真，充华为妃嫔封号。北魏司徒胡国珍之女。幼年时受到良好教育，成年时入佛寺为尼，宣武帝即位初年，被召入宫讲道，后为嫔妃。延昌四年（515 年），其子元诩被立为太子，为肃宗。熙平元年（516 年），宣武帝去世，年仅 6 岁的元诩继位，是为孝明帝。胡充华以皇太后身份垂帘听政 13 年，实际掌握了北魏最高政治权力。

胡太后临朝听政之初，颇有一番作为。她每日临朝批阅朝臣奏章，对重大案件亲自决断，亲自考核地方官员，一时之间，朝纲肃整，百官膺伏。然胡太后一旦拥有不受约束的最大权力，其天性中追求奢靡的阴暗面很快就暴露无遗。

胡太后大肆崇佛，深信佛法能减轻罪孽。临朝后，她佛事口炽，耗资巨万广建寺院，开凿石窟，其建筑规模之宏大，实属历代之最。如在洛阳龙门山、伊阙山建造石窟寺，前后用工达 80 多万个；在皇宫旁修建永宁寺，其中一所浮图塔高 90 丈，塔上立柱高 10 丈，离开京城百里之遥犹能见之。寺内僧房多达千间，其中铸丈八金佛像一尊，中等金佛像 10 尊，玉佛像 2 尊。佛刹上有金宝瓶，瓶下有容露盘 30 种，周围皆垂以金铎。浮图塔四面窗扉上缀满金钉。高风永夜，宝铎和鸣，铿锵之音，声闻 10 余里。当时，全国庙院激增至 3 万余所，僧尼多达 200 余万人。仅洛阳一地，寺院竟有 1 367 所，自佛法传入中原，塔庙之盛，未之有也。

《中国文艺词典》将其列为中国女诗人，代表作为《杨白花歌》，这首诗貌似淡水而实为醇酒，在中国文学史上常被作为北朝的代表作品加以介绍。

《杨白花歌》云："阳春二三月，杨柳齐作花。春风一夜入闺闼，杨花飘荡落南家。含情出户脚无力，拾得杨花泪沾臆。秋去春来双燕飞，愿衔杨花入窠里。"

十五、皇甫镛

皇甫镛（788—836年），字稣卿，临泾（今镇原县）人。自幼聪慧过人，熟读古今经典，中进士及第。并先后担任宣歙、凤翔府从事、殿中侍御史、礼部员外郎、河南县令、都官郎史、河南少尹等职，其清廉执政，素有贤名。后其兄获罪革职，因其勤政爱民，不受株连，朝廷遂加授国子祭酒，后又改为太子宾客、秘书监之职。开成初年，皇甫镛被授予太子少保，卒年49岁。其精通文史、工文善诗，计有文集18卷，诗赋14篇，作品广为流传。代表作《和武相公闻莺》云："华馆沈沈曙境清，伯劳初啭月微明。不知台座宵吟久，犹向花窗惊梦声。"

十六、王　饶

王饶（？—957年），庆州华池（今华池县）人。素有才名，后晋时期依附高祖石敬塘，颇有一番作为。天福初年，王饶任控鹤军使，后为奉校，因功被加封为检校尚书左仆射。天福六年（941年），善于骑射的节度使安重荣举兵叛乱，晋高祖石敬塘命杜重威率兵讨伐，王饶随军参加平叛。在宗城，安重荣大败溃逃，转而盘踞常山，负隅顽抗。杜重威与王饶配合默契，攻克常山城池，诛杀安重荣。王饶因战功被加封为检校司空，不久晋升为本军都校，兼任连州刺史。是年，大将安重进趁高祖北巡邺都之机，自襄阳举兵反叛。晋高祖命高行周、李建崇统帅军队，以王饶为行营步军都指挥使，前往襄阳平叛。王饶进兵神速，以火攻之术破敌，安重进在败逃中被火烧死。在连续多次的平叛战争中，王饶均是以前锋先行，作战勇敢，屡建战功，备受朝廷赏识，在大败安重进之后，被任命为深州刺史。次年，入京担任奉校，加封检校司徒，兼任钦州刺史。后又改任本军右厢都指使，并任阆州团练使。王饶在任职期间，为政以德，施民以惠，对僚属要求十分严格，因而深孚众望，得到百姓的爱戴和赞誉。

后晋末期，契丹人据中原，"太原王"刘知远在晋阳建国称帝，国号汉，史称后汉高祖。不久，刘知远进兵南下，迁都汴京。当时常山郡还被契丹所占领，正在该郡的王饶与李筠、白再荣等发动兵变，消灭契丹党羽，收复失地。刘知远下旨嘉奖王饶，任命他为观察留后，加封光禄大夫，赐爵开国侯，不久又改任镇国节度使，加封检校太傅。后汉时期，王饶因政绩卓著，爱惜百姓，被时人誉为俊杰之士。

后周建立之初，王饶又以“三朝元老”的声望和功绩加封同平章事，授赐为“推诚奉义翊戴”功臣。他尽心奉职，遵守法度，君臣合力，治国利民，逐渐革除了一些弊政，使境内得到小安。周太祖末年，他又被加封为检校太尉，改镇贝州，成为举足轻重的封疆大吏。周世宗柴荣即位后，封王饶为侍中，改任彰德军节度使，他极力协助世宗整顿纲纪，减轻民赋，训练军队，准备统一大业，使国家元气得到恢复。显德四年（957 年），王饶病逝于东京家中，终年 59 岁。死后追封为“荣国公”，载誉后世。

十七、王 庶

王庶（生卒年不详），字子尚，庆阳人。宋徽宗崇宁五年（1106 年）举进士，任泾州保定知县，后改任怀德军通判。北宋灭亡，赵构渡江到临安登基，是为宋高宗。南宋高宗时任集英殿修撰，升龙图阁待制，节制陕西六路兵马，后任陕西制置使。绍兴五年，调任兴元知府，兼任利夔路制置使，因招训“义士”有功升征猷阁学士。绍兴六年，任湖北安抚使，镇守鄂州。后升显谟阁待制，兼荆南府知府、湖北经略安抚使，复任直学士。绍兴七年，任兵部尚书，拜枢密副使。后因坚决抗金受陷害罢官，安置于道州，后忧愤而死。宋孝宗时，追复其官职，死后，谥号“敏节”。

十八、李彦仙

李彦仙（1095—1130 年），初名孝忠，字少严，宁州彭原（今西峰彭原）人。小有大志，精于骑射，喜欢谈论兵法，善交豪杰之士。其家乡地处边境，与金界接壤。他每次出行都留心观察山川形势，乘金人放牧之机，侦察敌情，截取其军马而归，曾随种师中抗金，入云中郡作战，因杀敌立功，补为校尉。

靖康元年（1126 年），金兵进犯汴京，李彦仙散尽家财，招募兵马勤王，被授予承节郎，率 3 000 壮士增援京都。当时李纲奉旨宣抚两河，李彦仙上书弹劾李纲不知用兵之术，结果得罪了秦桧，遭到有司追捕，不得不易名逃匿。这年，金兵占领了河东，李彦仙为报效国家，再度从军。

河东失陷后，李彦仙前往陕州拜见守将李弥大。李弥大请教西北防务，他中肯建议，详尽回答，被留为裨将，驻守殽渑之间。建炎元年（1127 年）四月，金兵进犯陕州，经制使王燮抵挡不住，率部逃跑。这时，李彦仙以石壕尉身份坚守三嘴山，父老乡亲纷纷投靠，他妥善安置老弱病残，选拔丁壮补充士卒。不久，金兵主力进攻李彦仙部。有一凶悍金将站在山寨前高声骂阵，李彦仙抖擞神，单枪匹马冲下山寨，以迅雷不及掩耳之势将其生擒活捉，挟回山上，两军看得目瞪口呆。李彦仙巧施计谋，先派部分精兵埋伏，后同金兵正面厮杀，双方拼斗正酣时，伏兵突从金兵背后掩杀过来，金兵猝不及防，大乱溃逃。李彦仙率部乘胜追杀万余人，夺取战马 300 匹，一战成名。消息传出，开封、洛阳一带群众争相投靠，队伍迅速扩大。李彦仙接着兵分四路，接连攻下金人 50 余座营垒。

金兵进占陕州城时，让降顺者和未逃散的士卒驻守，李彦仙暗派兵士混入其中，并约定时日，内应外合攻打陕州城。建炎二年（1128 年）三月，李彦仙率兵攻打陕州南门，城中弟兄放起大火，金兵慌忙退到南城抵抗。这时，李彦仙预伏的水军从城东北潜入，与城外军队呼应夹击，金兵弃城逃散，陕州城光复。

李彦仙乘胜渡过黄河，在中条山安营扎寨，蒲城、解州至太原的老百姓纷纷前来归附。李彦仙派邵隆、邵云等率军攻打安邑、虞乡、芮城、正平和解州接连告捷。皇帝对辅臣说：“知李彦仙与金人战，再三获捷，朕喜而不寐。”授李彦仙陕州知州兼安抚使，升武节郎、阁门宣赞舍人，并赐他袍带、枪剑。当时，潼关以东只有陕州在大宋手中，李彦仙加紧修筑城墙，深挖护城河，扩充军备，大力屯田，并将全家搬到陕州，表示要“以家殉国、与城俱存亡”。神稷山义军首领邵兴率众来归，李彦仙命令他屯守山门，后邵兴拼死抗金，收复虢州。建炎二年冬，李彦仙在陕州城下与金将乌鲁撤拔大战七天，金兵死伤惨重，仓皇撤离。建炎三年（1129 年），李彦仙又在中条山痛击来犯之金朝都统娄宿部，杀得金兵抱头鼠窜，俘获金将 18 人，娄宿侥幸脱逃。李彦仙被朝廷授予右武大夫，宁州观察使兼同、虢二州制置。

金都统娄宿敬重李彦仙才能，企图派使者劝降，许以河南兵马元帅之职。李彦仙断然拒绝，并斩杀来使。李彦仙忠勇抗金，严正肃穆，若有违纪、抗令之人，虽亲属也严惩不贷。他对朝廷赏赐、缴获的敌军财物，都尽数分给将士，自己分文不取，因而，所属部队作战勇敢，所辖区域政治清明。

建炎三年（1129 年）腊月，金将娄宿率 10 万大军兵分 10 路进攻陕州。李彦仙端坐樵楼之上，气定神闲，一边饮酒，一边令手下人役大作鼓乐。暗地里却令士兵深挖地道，直通至金兵大营。夜里，李彦仙派健卒冲出地道，在金兵营寨举火焚烧，亲率大军冲杀出城，金兵大溃，后退数里扎营。建炎四年正月，金兵利用鹅车、天轿、火车、冲车等攻城工具加强了对陕州城的围攻，李彦仙在战斗中被金人炮火所伤，全身糜烂，仍坚持不下火线。此时城中粮食已尽，军民煮豆充饥，处境异常困难。李彦仙只得向川陕宣抚使张浚求援，张浚一面派人从僻道前来劳军，一面急令泾原路都统曲端出兵救援，但曲端素来嫉妒李彦仙军功，谎称无法出兵。张浚亲自率兵来援，因道路被阻而不得进。这时，娄宿又用高官厚禄引诱李彦仙投降，遭到严词拒绝。因围城已久，守城士兵伤亡人数不断增加。月底，金兵破城而入，在激烈的巷战中，李彦仙左臂被砍断，娄宿命部下必须生擒李彦仙。李彦仙为免被敌人俘虏，渡河逃脱，中途闻金兵屠城，不禁大为悲痛，说："金人之所以屠城，全是因为我长期坚守不降之故，我为什么要背弃陕州父老苟且偷生呢?"遂投河而死，年仅 36 岁。其全家也被金兵屠戮，只有一弟一子幸免于难。

李彦仙一生英武，与士兵同甘共苦。当时北宋已亡，关东陷落。因李彦仙拼命抗敌，只有陕州独存二年之久，使金兵无法长驱直入。此间，李彦仙率陕州城军民大小战斗 200 余次，歼敌无数，终因粮尽援绝而失陷。他死后被追赠为彰武节度使，建庙于高州，号曰忠烈。绍兴九年，又立庙于陕州，号曰义烈。乾道八年，赐谥号忠威。

十九、杨 政

杨政（1097—1157 年），字直夫，原州临泾（今镇原县）人，南宋抗金名将。其父杨忠，为宋时武将，在抗击西夏入侵中原时战死。

杨政深怀国耻家仇，毅然于北宋徽宗宣和七年（1125 年）应募入伍，初为弓箭手，在南宋建炎元年至绍兴二十七年（1127—1157 年）间，在南宋抗金名将吴玠部下效命，在秦陇一带抗击金人。吴部九战九捷，有力遏制金兵南下进犯。在多次战役中，杨政指挥若定，英勇善战，冲锋陷阵，屡立战功，被升任为武显郎。

南宋高宗绍兴元年（1231 年）五月，杨政以军功，被提升为恭州刺史。杨政长年战斗在抗金战场上，绍兴二年（1132 年）三月，他和南宋抗金名将吴璘率部大败金兵于方山原。次年，金军新任统帅撒离合，乘吴玠在河池（甘肃省徽县）之机，率军直取汉中，杨政随吴玠部应战，双方大战饶凤关（今陕西西乡县以北汉水北岸），宋军大败，关被攻破。绍兴四年三月，金兀术、撒离合又率骑兵十万，欲攻仙人关（今陕西凤县西南），取道入蜀。这时，杨政向吴玠建议："仙人关，蜀之厄塞也，应当坚守，时而出奇击之。"吴玠采纳了他的意见，并筑军垒于关外防御。因敌多变而又奸诈，所以杨政采用了随机应变战术，他命士兵万箭齐发，轮流射击，矢如雨下，奋勇迎敌，连日百余战。激战中，金军将帅督战进攻更急。杨政又选精兵千余人走出山谷，截断金兵增援，并乘敌不备，夜袭敌营，砍杀敌兵无数。又在四面山谷之中，点燃无数火把，擂动战鼓，震天动地，喊杀助威。金军不知虚实，惊恐乱阵，彻夜不宁，于是被迫逃遁。杨政以军功显赫，再次被任龙神卫四厢都指挥使、环庆路经略安抚使。

绍兴五年（1135 年）二月，杨政奉吴玠令，率师收复了秦州之后，整肃吏治，安抚居民，军纪严明，秋毫无犯，为时人称颂。绍兴九年（1139 年）杨政诏还，其母亲受封感义郡夫人，其升武康军承宣使，兼任熙河兰巩路经略安抚使和熙州知府。绍兴十年五月，金兀术又率大军南犯。杨政又与统制杨从义合兵迎击，大败金兵于凤翔城南，并在宝鸡渭水上与金兵交锋，七战七捷，被任命为武当军节度使。翌年九月，金军将领胡蓝、习不祝又集合步骑兵五万来攻。杨政与吴璘、郭浩统兵迎战于仙人原，金军溃退。同年十月，杨政乘机走出和尚原，率军夜袭陇州（今陕西陇县），趋赴吴山。此一战，大败金兵于宝鸡，并生擒金军万户通检。

绍兴十一年十一月，宋金再次和议达成。杨政奉诏从政，任兴元府知府。后官至御前诸军都统制，加少保、太尉。绍兴二十七年（1157 年），逝世军中，享年 60 岁。后追赠开府仪同三司，谥号“襄毅”，后世人立祠永祀。

二十、孟　逸

孟逸（史书记载为孟懿），今合水县人，元朝开国将领，武艺超群，喜欢书法。初为士兵，英勇善战。世祖至元四年（1267 年），智取卢州，大建奇功，元世祖忽必烈诏赐金袄 12 领，宝剑 1 柄。至元九年（1272 年）三月，缅王父阿必领兵数万入侵，诏命逸率师云南，征服缅国，获胜而归。敕赐金袄 1 袭，宝钞 50 贯。至元十九年（1282 年）九月，内钦授逸宣命符，信武将军宣慰使副都元帅之职，掌管边陲军旅。授其弟小将军之职，其孙亦授职。

逸暮年归居合水，至老而终，享年 72 岁，俗称“金牌孟元帅”。其墓址于今板桥乡常家嘴村。

二十一、景　清

景清（？—1402 年），明代陕西真宁　（今正宁县山河镇寨子村）人，有一说法他本姓耿。少年聪慧异常，过目成诵。洪武二十七年（1394 年），景清榜眼及第（中进士），授翰林院编修，旋改御史。洪武三十年（1397 年）春，明太祖朱元璋召见了他，命署为左佥都御史。有一次因“奏疏字误，怀印更改”，被给事中弹劾进了监狱，时隔不久就被释，奉诏去川、陕一带巡察私茶，后升为金华知府。明惠帝建文元年（1399 年），任北平参议。同驻北平的燕王朱棣过从甚密，言谈之中，因言论明晰，受到赏识。建文二年（1400 年），晋升为御史大夫。此间，惠帝朱允炆推行削藩政策，燕王朱棣公开反对，以“清君侧”的名义，率军南下，号称“靖难”。景清表面追随燕王，暗地里联络齐泰、练子宁、黄子澄、方孝孺等人，起誓结盟，谋划讨伐叛逆，力保惠帝。建文四年（1402 年），燕军渡过长江，攻陷应天（南京）城，惠帝朱允炆被火烧死，朝臣死者甚多。齐泰、练子宁、方孝孺等人同殉国难，唯有景清幸免。朱棣登基，改年号为永乐。明成祖永乐元年癸未（1403 年），朱棣复命景清为御史大夫。景清复命为御史大夫后，因刺杀明成祖被灭九族。

明宣德年间（1426—1435 年），明宣宗朱瞻基诏天下纂编实录。根据建文帝是合法皇帝而明成祖朱棣是篡权谋位的事实，下令为建文帝殉难的方孝孺、练子宁平反昭雪，称其为大明忠臣。真宁县儒学教谕王正考证景清的忠烈事迹，上疏奏请皇上祭祀景清。朝廷下诏追封，谥号“忠烈”。并在各地儒学为方孝孺、景清建祠纪念。景清墓在正宁县山河城东约 1 华里处，遗址尚在。

二十二、李梦阳

李梦阳（1473—1530 年），字献吉，号空同子，庆阳人。他出身寒微，祖父曾遭人陷害，死于狱中，父亲李正，早年穷困，冬着单衣，炕无芦席。梦阳在饥寒交迫中度过童年，11 岁读书，参加乡试不中，后加倍攻读。弘治六年（1493 年）参加陕西乡试名列第一，次年中进士。十三年（1500 年），拜户部主事。刚直不阿，执法如山，先后 5 次入狱。弘治十四年（1501 年），命监税三关山，又遭诬告下狱，不久开释。武宗继位后，转任户部员外郎，不久任郎中。后弹劾刘瑾遭陷害下狱。正德五年（1510 年），刘瑾被诛，任江西提学副使。后又遭弹劾下狱，被贬为庶民，归家闲居。嘉靖初年，受宁王朱宸濠谋反案株连，再次入狱，被革职削籍。其一生创作丰富，仅诗现存 2 100 余首，赋文也颇见功力，特别是墓志铭、序文、传记、书信、奏章等独树一帜。他与何景明、徐祯卿、边贡、康海、王九思、王廷相等人主张“文必秦汉、诗必盛唐”，是明代复古运动“前七子”的主要人物。著有《空同集》66 卷，流传于世。

二十三、韩 鼎

韩鼎（？—1515年），字延器，号斗庵，乐蟠（今合水县）人。幼时家贫，但苦学不辍。成化十八年（1482年）考中进士，授予礼部给事中，官至兵部右侍郎。

韩鼎青少年时期，立济世安民之志，以国计为己任。进入仕途，矢志不渝。成化二十三年（1487年），明宪宗病死，其子朱佑堂（孝宗）即位，任用贤良，开诚纳言，勤于治理。韩鼎多次上书，尽忠极谏，就君德、王道、用人、理财、治兵、兴学及谨慎国家大事、坚守国家信用等事剀切数陈，无不切中时弊。他主张裁减宦官，提倡节俭和于民休息，为“弘治中兴”做出努力，受到孝宗皇帝的赏识。先任右给事中，不久升左给事中，后升任江西按察司副使。在江西政绩卓著，升兵部右侍郎，授光禄太常卿。武宗正德年间，统制全陕兵马讨伐宁汉王叛乱有功，获赐大量金币。不久，称病卸职归里，77岁去世。著有《延庵集》和《庆阳府志》10卷（为庆阳最早的一部府志，后来大量散佚）。今庆城南十里坪有韩鼎父子墓和谕祭文碑，曾有韩鼎“银台司谏坊”、韩守愚“青云接武坊”，现已废弃。

二十四、赵邦清

赵邦清（1558—1622年），字仲一，号乾所，明代真宁（今正宁永和乡于家庄）人。

少时家境贫寒，刻苦读书。万历十九年（1591年）中举人，次年中进士，授山东滕县知县。二十六年，因政绩卓著任吏部验封司主事。二十七年，升任吏部稽勋司郎中。三十年，遭陷害贬官三级。四十五年，因南北党争，被削职归里。天启二年（1622年），奉诏出任遵义监军参议，率军征讨反叛，病逝军中，终年64岁。去世后，赐谥号“光禄侍卿”。其一生著述颇丰，有《鹤唳草》《瞑眩录》《梦遇仙汜》《游艺海纳集》等，大多已散佚，仅存《神柏记》一篇。

赵邦清墓在永和乡于家庄老坟畔村大坊北侧原面上，东距乡政府3公里。这里原有3个大冢，系赵邦清及其眷属墓地。墓前原有墓志碑和石人、石马、石羊、石虎各1对，均被毁，只有1对石豹幸存。1987年，当地群众集资，重建墓冢，树立墓碑。

二十五、米万钟

米万钟（1570—1628 年），明代著名书画家，字仲诏、子愿，号友石、湛园、文石居士、勺海亭长、海淀渔长、研山山长、石隐庵居士，陕西安化（今庆阳市庆城县）人，徙居燕京（今北京），米芾后裔。

米万钟少年时代受到良好教育，对中国传统文化（儒、佛、道教）研究尤深，颇有学问。其兄米万春，隆庆九年考中武进士，任通州参将；其弟米万方，在锦衣卫任武官。米万钟于万历三年（1595 年）参加科举，考中进士，先后任永宁、铜梁、六合县令，不久升任江西按察使，转任山东参政。米万钟为政清廉，关心民众疾苦，注重文化教育，所到之处，颇受称颂。万历皇帝死后，朝政混乱，大宦官魏忠贤乘机把持朝政，后又得到明熹宗宠信，网罗党羽，阉党爪牙遍布朝廷内外，把持要害部门。许多官员趋炎附势，米万钟却刚正不阿，与阉宦集团格格不入。天启五年（1625 年），米万钟因屡次发表不满阉党专权的言论，终于遭到魏忠贤爪牙倪文焕的弹劾诬陷，被削职夺藉，直到崇祯元年（1628 年），魏忠贤集团溃灭，倪文焕被处死，他才得到复职起用，担任太仆少卿。但当时的朝廷，政治已陷入极端腐朽黑暗的境地，内忧外患，米万钟忧国忧民，积劳成疾，不久去世，终年 59 岁。

他学识渊博，才气出众，尤善书画，其作品风雅绝伦，气势浩瀚，烟云流畅，名满天下，与当时华亭董其昌、临府邢侗、晋江张瑞图齐名，为四家；与董其昌时称“南董北米”，今故宫博物院珍藏有米万钟书画多幅。他也爱石成癖，时称“友石先生”，收藏了大量奇形怪石，并对每一块石头认真研究，整理成《绢本画石长卷》，被收藏在北京大学图书馆。其一生著作颇丰，著有《澄澹堂文集》十二卷、《诗集》十二卷、《易经》十二卷、《石史》十六卷、《象纬兵铃》十二卷、《琴史》八卷、《奕史》四卷和《篆隶考伪》二卷。

二十六、巩焴

巩焴（1594—1663 年），字成我，号育炉，真宁县（今正宁县）堡巷村人。出生书香门第，5 岁时开始读书。天启七年（1627 年）中举，崇祯四年（1631 年）进士名列第六。是年八月，任河南林县知县。六年，调任河南安阳知县。其后，升礼部祠祭祀主事，继迁本部郎中。十二年，调任河南分巡道兼右参议，整饬彰、卫、怀三府，有军功。十三年，离职回原籍。十五年，诏任河南巡抚，未赴任。十六年十月，又补授河南省学政、布政司参政，未及赴任，李自成攻陷西安，巩焴隐藏于隐南山之下。十七年正月，李自成在西安称王，选为礼政尚书，避隐未仕。后隐居三水县（今陕西旬邑县）官家洞，以诗书培育子孙和求学之士，并以诗文会友，曾批注四书，编修《崇祯·真宁县志》（但因无力刊印，憾未传世）。顺治十八年（1663），清兵包围官家洞，死不降清，被熏烧而死，终年 69 岁。后人为纪念巩焴，在正宁县罗川（今罗川乡政府所在地）立有“学宪坊”（由于年深久远，此坊已毁）。

二十七、刘奕煜

刘奕煜（1782—？年），字黎轩，宁州（今庆阳市宁县）早胜人，生于清乾隆后期。嘉庆三年（1798 年）戊午科举人。嘉庆六年（1801 年）中辛酉恩科进士，授翰林院庶吉士。九年，升翰林院编修。他通览古典，很快成为当时翰林院出类拔萃的名流学士。由于博学多才，书法文章颇有造诣，经常参朝议政。他的才华深受嘉庆皇帝赏识，年仅 20 多岁时就被赐升为皇太子旻宁（即后来的道光帝）的侍读，成为道光帝的启蒙恩师。

道光帝即位后对刘奕煜十分器重，任命他为河南、江西道监察御史，后又提升为户科掌印给事中，兵科给事中，成为当朝显赫的治国要员。他在任职期间，从家书中得知庆阳府各州县发生罕见的灾荒，田禾无收，饥民载道，逃荒乞讨者不计其数。为救民度灾，他反复考虑写出奏折呈报皇上。道光帝过目后，亲批户部发银数万两用于救灾，但救灾银两却被各级贪官层层克扣，到达民间时已不足半数。刘奕煜得知实情后，十分气愤，再次上书道光帝，皇帝命都察院查处。不少贪官污吏受到惩罚，刘奕煜也因此声震朝野。那些被查处的官吏对他恨之入骨，伺机进行报复陷害。一次，有人设计为他庆功大摆宴席，他不知奸计，应邀赴宴，结果中毒身亡，道光帝闻报痛哭失声。为表彰他的功德，道光帝下旨命大祭厚葬，并在其故居宁县早胜镇修府、造祠，建造堂墓，工程从破土到建成长达三年之久。堂墓造成后，举行了隆重的安葬仪式。其府、祠修建也十分豪华壮丽，成为近代宁县建筑群之冠。

刘奕煜安葬后，道光帝为安抚恩师在天之灵，全部豁免了宁州自嘉庆末年至道光五年所欠钱粮税款。

二十八、董福祥

董福祥（1839—1908 年），字星五，环县毛井人。为人直爽，打抱不平。同治元年（1862 年），陕甘回民起义占据陇东，他组织地方团练，保卫家乡。后受诬陷被捕，大难不死，在安化县发动起义。三年，接受环县县令邀请，防守环县城。不久，又倒戈反清，联络回军与捻军大败清军于金积堡。七年，清重兵清剿，降于刘松山部，任前敌总指挥，所部被编为“董字三营”。九年，攻破金积堡，杀死回军首领马化龙。十一年，进军河州，迫使马占鳌部投降。十二年，进剿西宁，连败回军首领白彦虎（白后来投靠阿古柏反动政权）。光绪二年（1876 年），随左宗棠西征新疆，收复乌鲁木齐，攻克玛纳斯城，首战告捷。三年四月，率部先后攻克达坂城、托克逊城。八月，连克喀喇沙尔、库车、阿克苏、乌什等城，又收复喀什噶尔、英吉沙尔、叶尔羌以及和阗四城，后驻军喀什噶尔 19 年。因功屡升，直至乌鲁木齐提督，加尚书衔。二十年，中日甲午战争爆发，奉旨率军入卫京师。次年，镇压河湟地区回族和撒拉族叛乱，因功加太子少保，调任甘肃提督，节制陕甘军马。二十三年，率甘军进京。戊戌政变后，董军被编入武卫军（北洋三军之一），任武卫军统领，驻防直隶、山西。二十六年，奉命入北京，驻永安门。后配合义和团抗击八国联军。是年七月二十日，北京陷落，随扈慈禧太后西逃。二十七年，革职回到金积堡。三十四年病逝，享年 70 岁。

二十九、解长春

谢长春（1841—1915 年），环县洪德乡河连湾村人（后迁居虎洞乡刘解掌村）。9 岁时上过一年私塾，10 岁即随堂兄演唱道情皮影，不久便担当主演，13 岁出师组班，独立演唱。后因关陇一带爆发回民反清斗争，逃往陕北定边谋生，进入当地皮影戏班，一住三十多年。在这里他接触了不少民间艺人，切磋技艺，艺术造诣大为提高，是他艺术生涯的兴盛期。进入暮年，他回到家乡重建解家班，在环县、陕北、宁夏、内蒙古等地演出。他经过长期的艺术实践积累，对道情皮影的乐器和唱腔进行了改革，将胡琴由二弦改为四弦，增加了笛呐（小唢呐）、水梆等乐器；在唱腔上，吸收其他剧种与民歌的特点，创造了一些新技巧、新唱法，使道情皮影的表现手法更为丰富多彩，艺术感染力更为强烈。与此同时，他根据历史故事和其他剧目改编、移植了许多道情皮影剧本，如《忠孝图》《日影塔》《蛟龙驹》《苦节图》《善恶图》《九华山》等，至今仍为陇东道情皮影戏的保留剧目。他也十分重视艺徒的培养，吸收了不少学徒传授技艺，其中较知名的有敬乃梁、杜民华、韩得芳、魏国诚四人，被称为解氏“四大弟子”。他集多种技艺于一身，不仅是道情皮影演唱大师，还是皮影雕刻大师，他的皮影作品，刀法娴熟、造型生动、风格古朴，为皮影收藏家所看重，被誉为全国皮影雕刻中少见的珍品。1915 年 1 月他在为群众的演出途中逝世，终年 73 岁。他毕生致力于道情皮影艺术的创新和发展，在同行和观众中享有很高声誉，被推崇为陇东道情皮影戏艺术的领军人物。

三十、张　俊

张俊（1844—1901年），字杰三，环县人。少时务农，性格刚正不阿。同治元年（1862年），回民起义占据陇东，成立乡民自卫军保卫家乡。后归附董福祥，转战于陇东、陕北一带。六年，随左宗棠镇压陕甘回军，任“董字三营”左营统领，出花马池，克灵州，攻克金积堡，捕杀马化龙。十一年，随董福祥进军西宁，围剿白彦虎。光绪二年（1876年），随董福祥西征新疆，因功授西宁镇总兵，后调任伊犁镇总兵。二十二年，因镇压河湟地区回族和撒拉族起义有功，接替董福祥升任喀什噶尔提督。二十四年，转任甘肃提督。次年，经荣禄推荐，进京充任北洋武卫全军翼长兼统中军，屯守北京市东部。二十六年，病逝于北京，终年57岁。死后赐谥号“壮勤”。

三十一、张九才

张九才（1865—1927年），字玉山，环县环城镇文旗寨人。身材魁梧，勇力过人。清末民初，被推举为木钵忠义坛坛主。民国三年（1914年），组织南乡民团打退滋扰环县的青洪帮头子吴登云，名震全县。四年，陇东大旱，宁县、泾川相继爆发农民抗税斗争，张九才率环县聚众响应。八月，以“扶清灭洋”为口号，举旗起义，自任义军总司令，活动于庆阳一带，庆阳、镇原、合水及陕西保安等地民团纷纷响应，队伍扩至万人，遂率众南下，火烧庆阳中寨和三十里铺教堂。后受到大力围剿，退向子午岭，活动与陕北定边一带。五年四月，归附绥远护国军卢占魁部。后投奔陕军田玉浩部，历任营长、团长、旅长，先后驻防咸阳、泾阳。十六年十月病亡，终年65岁。

三十二、张宸枢

张宸枢（1866—1931年），著名书法家，字柴垣，号少堂，镇原县临泾乡祁家庙村人。出身书香门第，10岁知文，精于诸子，喜于辞章。19岁举乙酉科拔贡，同年中举，部选为庄浪县学训导。1915年，平凉、庆阳一带爆发农民起义。9月初，肖金、董志、太平等地农民也包围县城，抗捐抗税，遂出面与县政府交涉，要求缓行新税法。后遭到政府追捕背井离乡，西出玉门，辗转伊犁。1917年返回故里，任县立高等小学校长，教书育人，著书立说，撰成《通鉴纲目提要》《中外政治论衡续》《西路》等书，受学生及社会爱戴，选为众议院议员。为民生疾苦常转辗郑州、北京等地，后客死北京。其一生广泛临摹古代各家法帖，最终形成笔力矫健、神采丰满的书风。其工楷兼长，尤擅草书。驰名于陇东，其作品人们争相求之。

三十三、慕寿祺

慕寿祺（1874—1947 年），著名学者，字子介，号少堂，镇原县平泉镇古城山人。出身书香世家，幼时即熟读诸子百家。18 岁参加泾川童试，拔诸生第一，选入兰州求古书院学习。1903 年中举人，次年任甘肃文科高等学堂教员。后加入中国同盟会。1911 年 3 月，他通电全省实行共和，成立临时省议会，选为临时议会议员，并在兰州设立阅报社，传播革命思想。1912 年被选为甘肃临时议会议长。1913 年任甘肃省长公署秘书长，后遭本省共和党人的嫉恨下狱，不久开释，失位政界。1918 年，袁世凯复辟失败，他重归政界，连续担任要职。1935 年，国立甘肃学院成立，任文史系教授。1945 年 4 日主持创办《拓报》，宣传进步思想。1946 年离开教坛。1947 年 2 月病逝，葬于兰州龚家湾南坪。其一生著述丰富，有《周易简义》《读经笔记》《经学概论》《陇上同名录》《河伍天雁》《甘肃省历代大事记》《求是斋群粹录》《吏治研究 ·行政类讲议》《尊孔论》《音韵学源流考》《中国小说考》《吏治研究所行政类讲义》《调查录》等 30 余部。其中，《甘宁青史略》40 卷，堪称一部西北百科全书，由燕京大学校长赵尔巽题词，赵元贞和李炳校对，刘庆笔等知名人士作序，记载了自伏羲氏以来 4 000 多年间甘宁青三省的政治、经济、军事、文化、宗教、民俗、地理等历史，成书后影响很大。

三十四、赵元贞

赵元贞（1879—1974 年），字正卿，正宁县永和乡于家庄人。7 岁入私塾读书，19 岁中秀才。1903 年考入甘肃文科高等学堂，1908 年选送京师大学堂，学习地质专业，1913 年夏被选派美国公费留学，先后在加利福尼亚大学、柯州高尔登大学、纽约哥伦比亚大学、匹兹堡大学深造。1921 年获冶金学博士学位。1923 年回国任甘肃教育厅长，并创办《甘肃教育月刊》杂志，建立矿师养成所。1924 年任矿务调查局总办，兼任矿师养成所所长。1925 年后先后在甘肃学院（兰州大学前身）、甘肃农业学校授课。1939 年，他创办兰州志果中学，并任校长。新中国成立后，志果中学改名为兰州二中，继续担任校长。1950 年被任命为甘肃省教育厅副厅长。1960 年任省政协副主席，兼任《甘肃文史资料选辑》编委会主任。“文化大革命”期间，受到打击，被关入“牛棚”。1972 年 2 月，美国总统尼克松访华时，询问其近况，后来在周恩来的关心过问下，恢复其工资待遇和甘肃省政协委员、常委、副主席等职务。1974 年在兰州病逝，享年 96 岁。

三十五、孙万福

孙万福（1883—1944 年），农民诗人，环县曲子镇刘旗村人。出身农民，生活困苦。1936 年，红军西征解放环县后，带头组织变工队，开荒种地，支援前线。1943 年出席陕甘宁边区劳动英雄大会，受到毛泽东、朱德、刘少奇等中央领导的接见，并诵读了他创作的《咱们的领袖毛泽东》的歌词，轰动了延安文艺界，人们称他“劳动诗人”“一字不识的作家”。其后又创作了《歌唱毛主席》《边区人民要一心》《我们边区象清泉》《我们边区团结得象铁桶》《马专员》《王旅长》《赵县长》《自卫军》《二流子要转变》《抗战剧团》等。他的诗歌在延安《解放日报》《陇东报》等报刊发表后，引起了延安文艺界的关注。时任延安鲁艺学院院长的周扬同志亲自访问了他，并写下了《一位不识字的劳动诗人——孙万福》的文章（发表于 1943 年 12 月 26 日的《解放日报》）。其一生口头创作很多，今收集到的发表在报刊上的仅 20 多首。1944 年 7 月逝世于洪水。

三十六、刘仲邠

刘仲邠（1891—1940 年），原名刘兴周，原籍山西省灵丘县，出生并定居于庆城。少年聪颖好学，由监生保花翎五品，职任千总。他为人正直豪爽、行侠仗义、疏财助人，却屡遭庆阳民团司令谭世麟谋害，被迫于 1927 年回原籍居住。在山西，他热心地方公益事业，主持创修唐河引水工程，获山西省政府银质菊花奖章一枚，授予“义士”称号。1934 年重回庆阳。1936 年西安事变后，红军教导师进驻庆阳县城，他开仓放粮，救济穷人，向红军捐粮二十多石。1937 年 10 月，八路军一二九师三八五旅驻防庆阳，他主动腾出房屋、窑洞，供旅部使用，积极为部队筹集粮草，带头发起支前募捐活动。1938 年，他带头减租减息。1939 年面对国民党顽固派掀起第一次反共高潮，他联合进步民主人士安定人心，并送次子刘克武参加八路军。1940 年开办“利民工厂”，并担任厂长，生产边区军民急需的被服等物资。同年 9 月，陇东分区召开临时参议会，建立“三三制”政权，被一致推为议长。1940 年 10 月突发急性喉病逝世。陇东地委书记马文瑞、陇东专署专员马锡五、三八五旅旅长王维舟、副旅长耿飚等党政军及各界人士亲自参加追悼大会进行吊唁。

三十七、刘养锋

刘养锋（1894—1960 年），原名刘葆锷，著名学者、书法家，今西峰区肖金镇人。敏而好学，博闻强记。6 岁开始读书，并临帖习字。11 岁入私塾。1911 年入乡间小学。1914 年考入兰州中学。毕业后，被甘肃省教育厅保送日本留学。1921 年春考入帝国大学政治经济系。1922 年留学中断，在银川任教。1926 年投笔从戎，在吉鸿昌部十九师任政治处长兼秘书。1928 年夏随吉鸿昌驻军河北，兼任河北省河间县县长，后随军进驻甘肃陇南，接任碧口百货局长。1929 年年初，随军抵达宁夏中卫县，后代理宁夏省政府秘书长。1929 年冬任宁夏教育厅长。1933 年秋回平凉中学任教。1938 年初任甘肃学院训导长兼教授两年。1941 年，镇原县中学成立，任校长。解放战争初期，转入庆阳县立初中教书。1953 年年底，调任庆阳专署第三科（文教科）科长。1955 年任平凉专署文卫组副组长。其对《楚辞》有较深研究，著有《〈离骚〉笔记》和《养锋诗集》等。其书法笔力稳健、内蕴深厚，各体兼长，尤娴熟魏碑，且自成一格。有《习字入门》和《临梁子云书列子语》等字帖及碑匾楹联传世。

三十八、任鼎昌

任鼎昌（1899—1929 年），字宜之，宁县太昌镇任家胡同村人。10 岁入太昌镇小学读书，1917 年考入平凉省立第二中学。1923 年进入北京大学学习，并开始接触马克思主义学说。1924 年年初，转入西北大学读书。1925 年参加“驱吴运动”，不久又参加大规模示威游行，声援上海人民的反帝斗争。是年夏天组织成立“青年社”。1926 年 4 月加入了中国共产党。1927 年 5 月随杨虎城东出潼关，参加北伐；7 月中旬，冯玉祥下令“清党”，他被迫离开皖北，返回西安；8 月在宁县太昌镇成立中共宁县支部；11 月受王孝锡委派，前往平凉恢复和开展党的工作，并担任中共平凉特支书记。1928 年 4 月 17 日被国民党反动派逮捕，解往兰州。1929 年 10 月病逝于狱中，时年 30 岁。

三十九、柯与参

柯与参（1903—1978 年），中医专家、中医教育家，宁县九岘乡岳木川村人。少失父母，家境贫苦。1920 年入甘肃省立第一师范学校读书，后留校任教，不久调任兰州陇右学校校长。因爱妻夭亡，立志学医。1931 年 3 月在平凉任国民军陆军新编十三师军医。1932 年 3 月任甘肃省图书馆主任。1933 年被推选为甘肃省国医馆馆长和中央医馆理事，并发起创办了甘肃第一个中医学术刊物《国医月刊》。1945 年加入了中国民主同盟。建国后，先后担任兰州市中医协会会长、甘肃中医学会理事长等职，并当选为政协甘肃省第三、四届常委、民革甘肃省委员。晚年，为甘肃省新医药学研究所研究员、甘肃中医学院筹备领导小组组长。1978 年 9 月在兰州逝世，终年 75 岁。其尤擅治疗妇科、儿科（著名儿科良药“健儿素”就出自他的处方）及消化系统疾病，有《中国当代医疗经验荟萃》一书出版。另外，他博学多才，精于古典诗律，善于书法，欧体楷书苍劲有力；并收藏有文史、医书和历代碑帖一万余册，堪称收藏家。

四十、王孝锡

王孝锡（1903—1928 年），又名存身，字遂伍，宁县太昌镇西壕村人。8 岁读书，1918 年考入平凉省立第二中学。1924 年 4 月考入西安国立西北大学，接触并开始学习共产主义学说。1925 年 5 月发动西北大学同学进行反对北洋军阀陕西督军吴新田的“驱吴运动”。“五卅惨案”后，参与组织“反对英日屠杀同胞雪耻会”“沪案援红委员会”等反帝爱国组织，声援上海工人阶级的斗争。同年 6 月加入中国共产党。是年夏天，在太昌镇成立了甘肃第一个“青年社”。冬天，在西北大学发起组织了甘、宁、青同学参加的“旅陕青年会”。1926 年在陕西参与筹建中山学院，培养出一批经验丰富的政工干部前往冯玉祥部队开展工作。1927 年 3 月被派往兰州，整顿国民党甘肃省党部，任省党部青年部长，并秘密建立了中共甘肃特别支部，任组织委员，还兼任了甘肃督办公署政治部主任等职。1927 年 4 月成立兰州青年社，被选为会长；6 月任西北特派员，坚持在陕甘斗争；8 月回到宁县太昌镇成立中共宁县支部，任支部书记。后又成立太昌青年社。1928 年 5 月 6 日参与组织领导了旬邑暴动，建立了苏维埃政府和中国工农革命军第二路军，后因国民党反动派的疯狂反扑而失败。1928 年 10 月 15 日，王孝锡在家中被逮捕。1928 年 12 月 30 日晨在兰州安定门外萧家坪城隍行宫前英勇就义，年仅 26 岁。

四十一、张振财

张振财（1904—1988 年），陕甘宁边区特等劳动英雄，华池县城壕乡城壕村人。出身贫苦，3 岁丧母，读过 4 年私塾。1934 年秋参加革命工作，为南梁游击队搜集情报；年底，城壕村建立了党支部、乡政府，他做通讯联络工作。1937 年被捕，后被营救出狱。1939 年起拼命劳作，后成开荒英雄。1943 年 3 月被推选为城壕村变工队队长。1943 年 3 月被评为县劳动英雄。11 月初又被评为陇东分区劳动英雄，不久又被推选为陕甘宁边区特等劳动英雄，并出席了陕甘宁边区第三届生产展览和第一届劳动英雄大会，受到毛泽东、朱德、刘少奇、周恩来等中央领导人的接见与宴请。1944 年又被评为边区特等劳动英雄。1946 年加入了中国共产党，任中共城壕区四乡副支书。1954 年任城壕村高级农业社社长。1963 年任城壕大队党支部书记。1976 年开始受到错误批斗。1977 年选为中国共产党第十一次全国代表。1988 年逝世。

四十二、张孝友

张孝友（1905—1961 年），字师仲，书画名家，西峰区肖金镇李城村人。出身贫寒，好读书习字。肖金镇金城寺小学毕业时就能通晓诗文，能书善画。平凉柳湖师范毕业后投笔从戎，任冯玉祥部政治处工作委员会科员。1931 年任陇东绥靖司令部少校参谋主任。1933 年任庆阳五属（辖庆阳、宁县、正宁、合水、环县）保卫团团总。抗战爆发后，庆阳五属保卫团改编为保安第四团，任第三团团长，驻防静宁。后调任陇东第一警备大队副大队长，继而调甘肃省政府任视察之职。1940 年任合水县县长。1945 年前后秘密加入中国民主同盟，后任甘谷县长、西和县长。1949 年秋率西和县政府和保安队全体人员随蒋云台部起义，被改编为中国人民解放军西北独立第三军二十七团，任团长。1951 年入西北人民革命军政大学学习，结业后在民盟甘肃工委工作。1955 年后先后在庆阳地区建设科、平凉地区林业局等单位工作。1957 年被错划为右派，后以“历史反革命分子”被捕入狱。1961 年 5 月 8 日病故狱中。1981 年昭雪平反。工篆隶，善画虎，有《张孝友书法选》一书行世。

四十三、郭廷藩

郭廷藩（1905—1993 年），原全国政协委员，宁县五顷原乡岘子村人。出身富农，幼读私塾，16 岁正宁县中心小学毕业，在村学任教。1932 年起开始接受革命思想，并为红军游击队收集情报。后策反宜君县马栏民团沙秉彦部起义，投身革命。1933 年加入中国共产党；10 月，中共正宁县支部委员会成立，任支部统战委员兼农会会长。1933 年秋组建龙嘴子回民游击队。1935 年 5 月，陕甘边南区革命委员会正宁办事处成立，任办事处主任；8 月，中共新正县委和县革委会成立，任县委统战部长、县革委会主席。1936 年 2 月，任新正县独立二营政委；4 月任中共新正县委书记兼独一营政委。抗战爆发后，调任中共新正县委书记。1941 年任县参议会副议长。1943 年 10 月当选为新正县县长，兼保安大队队长。1945 年 8 月任陕甘宁边区第二届参议会副议长。1947 年 2 月任新正县县长、代理新正县委书记；10 月调任淳耀县委书记。1949 年 2 月任中共陕西省路东工委书记、关中军分区副政委兼路东总队政委；4 月调任三原军分区副政委；9 月任三原分区专员。1950 年 3 月调任宝鸡专区专员。1952 年 4 月起先后担任青海省黄南州委书记、省监察厅厅长。1960 年任青海省监委第一副书记、省委委员。1977 年任青海省政协副主席、党组副书记、第五届全国政协委员。1980 年离休返乡后，亲自撰写革命回忆录，审定县志和组织史。1993 年 9 月逝世于正宁县湫头乡，终年 88 岁。

四十四、李培福

李培福（1912—1983 年），甘肃省政协原副主席，华池县悦乐镇上堡子村人。出身贫农，9 岁进私塾读书。1933 年加入游击队。1934 年加入了中国共产党，任龙木庄支部书记；6 月，庆北办事处成立，任办事处土地委员。1943 年 9 月，田河区苏维埃政府成立，任主席；12 月，庆北县苏维埃政府成立，任县政府土地委员。1935 年 9 月，临时革命政府庆北办事处成立，任主席。1936 年 2 月任庆北游击队总指挥；6 月，曲子县苏维埃政府成立，任政府主席。1937 年 11 月任华池县抗日民主政府县长。1946 年 11 月升任陇东分区副专员。1948 年 2 月任陇东分区专员。1949 年 10 月任中共甘肃工委委员。新中国成立后，先后担任甘肃省民政厅长、省委农村工作部部长、副省长、省景泰电灌工程总指挥兼党组书记、省革命委员会副主任、省四届政协副主席、省五届人大副主任等职。曾被选为中共第七次全国代表大会候补代表，中共“八大”“九大”“十大”代表。1983 年在兰州病逝，终年 70 岁。

四十五、何占鳌

何占鳌（1912—1995 年），农民雕塑艺术家，西峰区温泉乡何家坳人。小时候念过两年私塾，15 岁开始师从俱含华、赵廷凤、刘立成等人学艺，三年后出师，成为董志塬小有名气的塑画艺人。新中国成立后，他在劳动之余，先后创作了《毛主席来到农民家》《降龙》《老来红》《李景兰》《新婚夫妇上工地》《新伙伴》《蔡文姬》《飞天》《夜读》《地头打电话》等上千件作品。1959 年 2 月，温泉公社为他举办“农民雕塑展览室”。1960 年进入省群众艺术馆进修，学习现代雕塑技法。同年 5 月作为特邀代表出席全省文教群英会；6 月出席全国文教群英会，受到刘少奇、周恩来、朱德、宋庆龄等领导人的亲切接见。1962 年，他与雕塑家罗代奎合作的《引水上山》雕塑，参加甘肃省美术展览。1964 年，他雕塑的《守场》参加甘肃省美术作品展览会、西北五省区第四届美术作品展览会。1965 年，《守场》作为甘肃省唯一参展作品，参加全国工农业业余美术作品展览会。“文化大革命”期间，他从未间断创作，其中《石油工人》《钢铁工人》等 50 多件雕塑成为这一时期的代表作。“文化大革命”后，他先后创作了《天女散花》《公刘圣祖》《李梦阳》《纺线线》《大生产》《送军鞋》《采撷》等富有地域特色和革命老区光荣历史的优秀作品。1982 年，中央新闻纪录电影制片厂拍摄了《农民雕塑家何占鳌》专题片，在《祖国新貌》专题中向全国播放。1985 年，甘肃电视台录制《农民泥塑家何占鳌》，在甘肃、陕西等电视台播出。1995 年逝世，享年 83 岁。

四十六、李秀峰

李秀峰（1915—1966 年），甘肃文联创始人之一，宁县政平镇人。幼年丧父，11 岁读私塾。1930 年考入西安民兴小学，后入民主中学读书。1931 年考入国民党宁夏十五路军教导团当学兵，并初步接受马克思主义。1942 年回平凉女子师范学校任教。1943 年任政平小学校长。1944 年任甘肃省立高级农业职业学校教员。1948 年 8 月任兰州大学中文系讲师。1949 年，发起成立兰州文协，任副主任。1950 年在兰州文协的基础上成立甘肃省文联筹委会，任筹委会副主任。1954 年 12 月，甘肃文联成立，任副主席。先后兼任《甘肃文艺》《陇花》《甘肃日报》副刊的总编职务。并写出了《黑金运输队》《英雄会师在石油城》《石油工人的旗——郭孟和》等文学作品。1958 年，中国作家协会兰州分会成立，任分会副主席，并创作了《别情依依》《白衣相芬芳》《鳞光闪闪》等诗歌、散文和长篇小说《在祖国的土地上》。20 世纪 60 年代初，他先后到平凉、庆阳、天水、河西等地，深入社会，调查研究，广泛接触工农兵作者和文化人士，口授心传，修改作品，书信交流，培养了一大批青年作者。“文化大革命”开始后，李秀峰受到严重冲击，被迫投黄河自尽，时年 51 岁。

1979 年 8 月 8 日，中共甘肃省委为他平反昭雪，甘肃省委宣传部、省文联在兰州华林山革命公墓为他举行了隆重的追悼仪式，中国文联、中国作家协会及著名作家巴金、李季等及其生前友好分别送来花圈、挽联，发来唁电沉痛悼念。1980 年 5 月，甘肃人民出版社出版了他的散文集《春天的声音》。

四十七、王秉祥

王秉祥（1916—1993 年），原名王东平，原全国政协常委，宁县金村庙人。出身贫农，1925 年入肖家台小学读书，后到正宁王家峁小学堂读书。1930 年被迫当兵。1933 年 4 月逃回家乡，投身革命。1935 年 7 月加入中国共产党，任中共新宁县一区四乡党支部书记兼赤卫军大队长。9 月任关中苏区中共新宁县委宣传部长、组织部长。1936 年 4 月任陕甘边红军三路指挥部一支队队长。西安事变后，红一支队编为贺龙部红二军团独立团，任团长。1937 年 3 月入延安中央党校学习。1938 年后任中共新宁县委组织部长、宣传部长、保安科长等职。1943 年被评为陕甘宁边区劳动模范。1945 年 5 月后，历任中共关中地委组织部干部科科长、组织部副部长、宣传部副部长、部长，兼任关中分区党校副校长。1946 年任关中西线指挥部政委、警备一旅一团政委，兼任中共新宁县委书记。1947 年任中心县委书记。1949 年 3 月调任陇东地委书记。1950 年 6 月改任中共庆阳地委书记兼军分区政委。1951 年 2 月调任甘肃省委组织部副部长兼省人事厅厅长、省劳动就业委员会副主任、西北行政区监察委员会委员、省土地改革委员会委员、省政府参事室主任、文史馆主任、妇女委员会书记等职。1954 年任中共甘肃省委组织部部长、省委党校和省行政干校校长、甘肃省人民政府委员。1956 年任中共甘肃省委专职常委，7 月被选为中共八大代表。1959 年任中共甘肃省委书记处书记，12 月当选为甘肃省常务副省长和第二届全国人大代表，以及省政府党组书记。1960 年 6 月任甘肃省农垦委员会主任。1962 年在纠正“左倾蛮干”错误中受到极不公正的对待，被撤职。“文化大革命”中遭受错误批判和迫害。1979 年初任中共甘肃省委常委、副省长。1981 年任中共甘肃省委书记兼省政法委书记、省保密委书记。1982 年被选为中央纪律检查委员会委员。1983 年任中共甘肃省顾问委员会副主任，11 月任政协甘肃省委员会主席兼党组书记，同时兼任甘肃省地方志编纂委员会主任、中共甘肃省委党史资料征集委员会主任。1985 年当选为中共全国代表大会代表。1987 年当选为中共十三大代表。1988 年 3 月当选第七届全国政协委常委、经济委员会委员。1993 年 8 月，在兰州逝世，终年 77 岁。

四十八、刘志仁

刘志仁（1918—1970 年），宁县湘乐镇南仓村人。出身农民，读过 4 年私塾。1931 年开始接受革命思想。1937 年 7 月被推选为南仓村第一任村长，并开始创作全新的秧歌剧，他自编自演的第一首新秧歌是《张九才造反》。1939 年后组织编演的新秧歌有《九一八》《新三恨》《反特务》《保卫边区》《新开荒》《大生产》《桂姐纺线》《改造二流子》《送郎参军》《边区政府好》《放脚》《读书识字》等 10 多台剧（节）目。1942 年加入中国共产党。先后创作出《百团大战》《反对摩擦》《织手巾》《劳军歌》《十二月忙》等剧（节）目，其秧歌剧开始走向成熟。1944 年 11 月，出席陕甘宁边区文教英雄大会，荣获特等艺术英雄称号，被誉为“新秧歌运动的旗帜”，受到毛泽东、周恩来、朱德等中央领导人的亲切接见。1945 年，再次被选为边区英雄。新中国成立后，长期担任乡、村基层干部，多次当选为县、省党代表和人民代表。1966 年，“四清”运动中，他被错误定为富农分子，并开除了党籍。“文化大革命”中，受到不公正批判，于 1970 年 11 月 20 日含冤去世。十一届三中全会后，平反昭雪。

四十九、祁秀梅

祁秀梅（1920—1990 年），民间剪纸艺术大师，镇原县临泾乡包庄村黄畔小村人。从小家境贫穷，未能上学，但她赋性聪悟、心灵手巧，酷爱剪纸和刺绣，长期刻苦磨炼，从模仿、传承到独创，技法娴熟，出神入化。其剪纸作品题材广泛、内容丰富、风格独特、自成一家。剪纸表现的内容主要分为传统民俗和现代两大部分，共一千多种。民俗及传统剪纸作品保留了古代羌戎部落的原始图腾崇拜，大胆夸张，寓意深刻，粗犷中包含了阳刚之气，具有神秘雄奇、穿插多变的特点。表现的题材有十二生肖、二龙戏珠、鹿鹤回春、狮子滚绣球、金鸡戏牡丹等；反映民间故事的有武松打虎、唐僧取经等。现代剪纸作品主要反映农村社会主义精神风貌，主要有大型作品《庆祝国庆》等。剪法主要有阳明剪、对称剪、单剪、混合剪、影形剪；运用染色、套色、剪纸绘画结合的色彩表现手法。图形有窗花、门饰、顶棚花、鞋花、枕头花、炕围花等。1986 年，中央美术学院聘她进京讲学表演。《人民日报》《中国美术报》《中国剪纸报》《甘肃日报》等报纸也先后对她的剪纸作品及艺术进行过介绍。中央电视台、甘肃电视台还拍摄过她的剪纸艺术专片。1993 年 4 月，中央宣传部、国家计生委联合摄制 30 集大型电视系列片《国情国策》，对她的剪纸拍摄了专辑。《中国现代书画家篆刻名人录》《中国现代艺术人才大集》

《中国民间美术大全》等大型辞书收录介绍了她的作品。其作品被中央美术学院收藏200多幅，地、县文化馆也均有收藏，还流传到意大利、日本、新加坡等地。2004年6月6日，东西方艺术家协会（纽约）、东西方民俗艺术委员会、东西方剪纸艺术家协会授予她“东西方杰出的民间剪纸艺术大师”称号。

第二节　艺　术

艺术是人类精神文明的重要组成部分，它的内涵相当丰富。根据中华人民共和国国家标准《旅游资源分类、调查与评价》（GB/T18972—2003），艺术包括文艺团体和文学艺术作品。

一、文艺团体

文艺团体是指表演戏剧、歌舞、曲艺杂技和地方杂艺的团体，现在我们将庆阳几种主要的文艺团体介绍如下：

（一）秦　腔

庆阳县明朝及之前政属陕西省，“秦”即陕西省简称；秦腔就是陕西省从唐、宋、元朝兴起发展的地方剧种，比如流传各地尤其是西北五省之秦腔、郿户、碗碗腔年代长远，至今足有一千五百年之久。

庆阳秦腔剧团历史距今久远，比如清朝光绪年间庆阳城刘九头戏班子；宣统年间田老四成立的戏班子；川铺杨乡药、赤城蒋兴龙、药王洞任义杰等成立的戏班子在县内外演出几十年并有名须生杨政民、常俊德，名花脸张东娃、张兴来等也是陕甘有名的戏子。

民国二十六年（1937年），庆阳八大家之“富兴李”三掌柜李林渊，外号“三光棍”在西峰李家地内新建修剧场戏楼，成立“通俗社”。

目前庆阳表演的秦腔剧目有《周仁回府》《狸猫换太子》《百花公主》《八大锤》《三曹父子》《状元媒》《游龟山》《火焰驹》《白逼宫》《湖阳公主》《酷情》《香包情》等，深受本地群众的喜爱。

（二）陇　剧

陇剧的前身是流传在甘肃环县环江地带的陇东道情。陇东道情历史悠久，唐代陇东道情就建有道观，道教音乐繁衍不断，明清以来在道教音乐基础上，民间艺人逐渐吸收当地民间音乐营养，增加了股弦等乐器，演变为以皮影形式流传在陇东环县、华池、庆阳一带的陇东道情。

清代同治年间，环县著名道情艺人解长春（1843—1916 年）的皮影班曾在宁夏、内蒙古、陕北以及当地流动演出多年，颇受群众赞赏。解长春毕生致力于道情演唱和皮影技艺的革新，将原来用的二股弦改为四股弦，在木梆上加个小铜铃，每敲一下，梆铃并响，称为“水梆子”。在他的传授和影响下，人才辈出，陇东道情进入兴盛时期。

清末民初，根据地域条件的不同和艺人们的不同条件和特点，形成了不同风格的唱腔流派。环县南部流行的唱腔委婉细腻，清新流畅，长于抒情，代表艺人有活跃于中华人民共和国成立前后的史学杰、敬廷玺、敬乃良、马召川等。环县北部流传的唱腔质朴沉厚，高昂激越，长于叙事，代表艺人有活跃于中华人民共和国成立前后的徐元璋、魏元寿、梁世仓等。

抗日战争和解放战争时期，陕、甘、宁边区的革命文艺工作者，在利用陇东道情进行宣传鼓动工作的同时，对陇东道情进行了初步搜集和整理。

中华人民共和国成立后，甘肃省文化部门先后于 1952 年、1958 年和 1963 年三次组织大批戏曲、音乐工作者，对陇东道情进行了系统的搜集、整理，共征集到剧本六十二本，各路艺人唱腔二百余段，曲牌一百四十六首，打击乐谱五十四种，民歌六十二首，录音资料达三千一百二十米，并汇编成《陇东道情》一书，以及《陇东道情年考谱系表》等重要资料。

陇东皮影走上舞台最早是以演唱的形式。1956 年，全国民族民间舞蹈会演，甘肃代表团的史学杰、徐元璋、敬廷玺、赵建吉等老艺人，以坐唱形式在怀仁堂演唱了陇东道情《二姐娃做梦》，受到毛泽东主席、周恩来总理和其他领导人的称赞和鼓励。1957 年，庆阳县秦剧团以真人的形式在舞台上试验演出了《刘巧儿》《杀庙》。

1958 年，环县秦剧团试验演出了《金碗钗》《高山流水》《挑女婿》《三里湾》《杀庙》等剧目。甘肃省秦剧团在 1958 年西北五省（区）戏剧观摩演出大会上演出的陇东道情传统剧目《二姐思春》《吵宫》和新编现代剧目《六姑娘》《最后的钟声》等小戏，获得好评。

1959 年成立了甘肃省陇东道情剧团，演出了大型历史剧《枫洛池》，进京参加了国庆十周年献礼演出活动，周恩来总理、朱德委员长、董必武副主席等领导人观看了演出，首都文艺界知名人士对道情剧的诞生给予了充分肯定和高度评价，确认了这一新的戏曲剧种。

此后，甘肃省陇剧团带着《枫洛池》《旌表记》等剧目赴华北、华东、西北等大中城市和地区交流演出，扩大了陇剧的影响。除甘肃省陇剧团外，1965年在祁连秦剧团基础上组建起酒泉地区陇剧团（1969年解散）。

1979年将原环县文工团改建为环县陇剧团，1981年成立庆阳地区陇剧团。省内各地秦剧团也多有演出陇剧者。另外，甘肃省艺术学校还设有陇剧班，先后培养了二期学员。

2009年，路笛创作的陇剧《公刘耕春》被西峰区秦剧团搬上舞台。该剧讲述的是先周的第三代祖先公刘带领族人发展农业，驯化耕牛，传授耕作技艺，并与邻邦西王母国解决边界争端、农牧矛盾，最后和睦相处的故事。后来此剧几经修改，最后定名为《周祖公刘》。该剧是庆阳市挖掘农耕文化资源，打造农祖题材陇剧的开始。

2009年，庆阳市集中优秀人才倾力打造了大型现代历史陇剧《情系南梁》。该剧由庆阳资深老编剧李应魁编剧，说的是20世纪30年代中期，国民党对以刘志丹、习仲勋所领导的陕甘边南梁苏区政府发动了疯狂的围剿，不少红军战士在保卫苏区革命根据地的战斗中身负重伤，急需补充救治药品。我党在环北的地下联络员徐东亮利用道情皮影戏班在红白两区演戏作掩护，与杨明霞、师傅杨成业等为筹药、送药、护药与敌警察局长方天为首的反动势力进行了巧妙的周旋和不屈不挠的斗争。在南梁政府的支持下，最终掌握了主动，智取了方天，将急救药品按时送达指定地点。全剧既体现了南梁苏区政府与广大人民群众之间的鱼水深情，又使陇东皮影、剪纸、庆寿、婚嫁、丧葬等民俗风情得到充分展现。从而，塑造了徐东亮、杨明霞、杨成业等栩栩如生、有血有肉的道情皮影艺人的舞台形象。

大型历史陇剧《医祖岐伯》由庆阳市陇剧团排演，该剧将黄帝的天师岐伯进行艺术活化，展现了庆阳作为“岐黄故里”承传岐黄文化的深远意义。

另外，由庆阳市电视台和环县人民政府拍摄制作的大型专题纪录片《传奇陇剧》，从环县道情、华丽转身、陇剧登场和好戏连台4个方面对庆阳陇剧的诞生、传承、发展和革新进行宣传；庆阳市陇剧创作也佳作迭出，有《陇东娃》《黑白人生》《香包情》《古月承华》《宗师解长春》《山城堡儿女》《留守岁月》《双塔情缘》《女儿如花》《绿叶红花》等，并有多个剧目获省级和全国性奖项。

（三）迷糊戏

迷糊戏始于清朝的陕西、甘肃等地军屯。一些逃荒的民众将当地的户戏带到新疆，后经流传演变成迷糊戏。它具有自己独特的风格和弹唱技巧，具有浓厚的乡音韵味、方言土语和唱腔。分布流传于农六师新湖农场、芳草湖农场及红旗农场等垦区，已有100余年的历史。

2008年6月，迷糊戏入选国务院批准文化部确定的第二批国家级非物质文化遗产名录。

庆阳迷糊戏属于剧团表演的众多节目之一，在大型晚会、庙会、节庆日上演，深受广大群众喜爱。

（四）皮　影

庆阳的皮影艺术，是与陇东道情并蒂绽放的“姊妹花”。它与陇东道情共生共荣，根深叶茂。

皮影艺术作为庆阳民间文化的主要形式之一，多运用于常见的皮影戏表演。然而，它的精美之处不仅表现在戏剧表演过程中，而且在于它本身就是一件绝妙的艺术佳品。庆阳皮影雕刻精细，风格古雅，兼收并蓄，庆阳民间剪纸、石刻、雕塑等艺术手法，创造了它与众不同的艺术造型和风格。

庆阳皮影以透明度大、立体感强、刻工精细、造型诡秘且规范为特点，多以戏剧人物为主，兼以布景陈设、花草树木、神怪异兽，人物分解为身首各异，以动为结构体，既便于演出，又能欣赏，一草一木、一人一体，在刀法及着彩上都显现出眩晕的效果，以雪花纹为最精致，所有刻工都镂现出中国远古文化的符号。

庆阳皮影的制作工艺极其考究，非牛皮而不用，而且对牛皮质量的要求也非常严格，要达到平整耐用，厚度适宜，润泽透明，柔而不软，硬而不脆。牛皮经过浸沧、框架、阴晾、刀刮等多道工序之后，才动手精心雕刻。人物、动物、景物的雕刻都曲直有序，阴阳、虚实、疏密、长短错落有致。皮影的着色也极其讲究，以大红、大绿、滕黄主色，兼用少许蓝色、黑色，而且点染时只用纯色。这样演染而成的皮影色彩绚丽，色调和谐，人物栩栩如生，景物浑然天成。

庆阳皮影其人物高约20厘米，颈细长，手臂过膝，男无突出之胸肌，女无隆起之乳房，演出时，根据剧目需要，不换身却可改换头具。除影人外，内中还有雕刻的飞禽走兽，山石花卉，金殿宝帐，亭台楼阁，鱼鳖海怪，神仙鬼妖，案几桌凳等道具、布景。设计构图想象力丰富，刻制手法异常奇妙。

庆阳皮影的“用武之地”，俗称“亮子”，用长方形木框，绷上薄绵柔韧的白纸或布制成。庆阳皮影多用于陇东道情的表演，也有用于秦腔、眉户等西习匕地方剧种表演的。它作为陇东黄土高原民间艺术的一枝奇葩，受到了庆阳城乡人民的钟爱，也越来越受到国内外艺术家的关注。它已成为许多人收藏的艺术珍品。1987年，环县道情皮影队应邀出访意大利期间，曾巡回世界名城罗马、米兰、威尼斯、佛罗伦萨等 13 个城市演出，轰动一时，名震域外。

（五）唢　呐

庆阳唢呐艺术以前称“陇东唢呐”，是以唢呐为主奏的民间吹打乐艺术，也称鼓吹乐。因其有积淀雄厚的曲牌音乐体系，庞大的演奏群体，广泛的民俗应用，独特的演奏技艺和浓郁的地方风格，成为我国浩瀚的民族民间音乐中的一个独特乐种。2005 年 8 月经西峰区人民政府申报，2006 年 5 月 20 日被国务院正式批准为国家级非物质文化遗产。

据明《庆阳府志》记载，鼓乐已是明代婚丧习俗礼仪中的一部分，明人沈德符《万历野获编》曾言，嘉庆、乾隆年间所兴《奇生草》《粉红莲》《银纽丝》等曲，在庆阳唢呐中也有同名曲牌。可见庆阳唢呐在明代已广为流传。庆阳唢呐艺术从清代开始逐步成熟，至民国达到兴盛期。新中国成立初又有了新的生机。“文化大革命”期间却被当作“四旧”扫除，陷入沉寂期。20 世纪 70 年代末，文化部门开始修撰集成，对庆阳唢呐进行挖掘抢救，为复苏期。80 年代初至今为振兴变革期。

从复苏期至今在各级政府的支持下，经几代人的努力，庆阳唢呐艺术已以新的姿态活跃在陇原大地。

在庆阳市，按地域分布和器乐演奏特点可分为三个唢呐派系：一是华池县部分乡镇流行的大杆唢呐。其低音迂回深沉，高音粗犷奔放，演奏技巧多样，表现力丰富，与陕北唢呐是同一派系。二是镇原县部分乡镇及其周边地区（如平凉泾川等地）流行的铜杆唢呐。因其主要部件为黄铜质地，音色清新有金属效果，但音准难以掌握，曲目量少。以上两种派系虽然存在，但不具代表性。以西峰区为中心广泛流行于庆城县、环县、合水县、宁县、正宁县及镇原县的部分乡镇、华池县部分乡镇的木杆（也有竹杆的）B 调唢呐，音色嘹亮纯净，细腻委婉，演奏技巧丰富，声响连贯顺畅，华丽质朴，曲牌蕴藏量大，是庆阳唢呐艺术的代表派系。

唢呐班社，当地俗称“吹手班子”“乐人”“响手”。班社没有一定人数限制，少者二人，多者十余人。由七至十人组成的队伍叫“全班子”。有“大件的”“小件的”两种组合形式。如两支唢呐领奏，伴有鼓、钹、小钗、钩锣为“大件组合”。“小件组合”也称“细乐”：由一支小唢呐领奏，伴有土管子、笛子、板胡、二胡、三弦、扬琴、牙子、板鼓、梆子、小钗、小锣等。一般乐手都能掌握两件以上乐器，可根据需要在人员不变的情况下随意调配。

庆阳唢呐曲牌，内容丰富，意味质朴，自成体系，独具风格。经普查采录的就有 1 200 余首，经筛选入编《庆阳地区民间器乐曲集成》的曲子达 496

首。这些曲牌按源流沿革可分为器乐化程度较高的传统曲牌，民歌变化类与地方戏曲相关类。就习俗应用可分为通用曲牌、红事曲牌、白事曲牌。

通用曲牌如“开门”“担水”“宫调”“楚调”等。大部分乐曲所表现的意境往往不能从名目上得到完整的启示，主要通过乐曲情绪去理解所表达的情感，我们也可以把这种不分场合演奏的曲牌称为一种“背景音乐”。

红事曲牌用于喜庆场面：如《粉红莲》《银纽丝》《闹五更》等，有的欢快热烈，激情奔放；有的生动活泼，如言似语；有的委婉柔和，诙谐幽默；有的高洁清雅，威武雄壮……如红事中常演奏的《地里兔》，表现了野兔在广阔田野里欢腾嬉戏的场面，通过两支唢呐惟妙惟肖地模拟，妙趣横生地“对口”(“对口”是问答式乐句，你一言我一语好似对话)，其神态活泼，形象生动，充分表达了人们热爱生活的乐观情绪。

白事曲牌曲调悲哀凄凉，节奏平稳缓慢，与肃穆痛哭的祭奠场面配合贴切，相互感应。有《抱灵牌》《哭长城》《祭灵》《柳青》等。如白事中的必备曲目《雁落沙滩》，表现了一群大雁排着整齐的队伍，经过长时间的飞行，到达目的地。这时乐曲速度加快，节奏活跃，当落入沙滩后，它们好似七嘴八舌在谈笑风生。突然一声枪响（演奏时放鞭炮做效果），大雁们被惊吓，立即飞起，愈飞愈高，愈飞愈远，乐曲三起三落，寓意同样的遭遇循环重复。之后乐曲转入尾声结束。其波澜起伏的戏剧性构思，时而跌宕雄健，时而哀鸿遍野，不断地激起人们的联想。这一悲剧的描写，寓意了人生道路的艰辛。

（六）荷花舞

荷花舞又名云朵子、地云子、莲花转，是流行在庆阳南部的一种舞蹈形式。演出者为清一色的妙龄少女，一般6～8人。人数可多可少，适宜在各种场合表演，形式分边歌边舞和不歌只舞两类。边歌边舞，即在音乐伴奏中轻歌曼舞，舞姿以甩纱带为主，身段一扭三弯，摇扭相配，颇有风吹莲叶的轻柔动态。歌词共四段，每段四句，曲调为陇东民间传统小调“杨燕麦”。不歌只舞，只用舞蹈语言表演，抒发情怀，舞蹈队列常变换花样，队形有“龙摆尾”“燕穿梭”“剪子股”等。动作要轻松自然，轻捷平稳，用“碎步”，脚跟先着地，脚尖后着地，有前脚着地，后脚跟着虚抬的姿势，走如舟穿莲群、飘逸轻柔。演员要年轻漂亮、身段苗条，一旦起舞，如水浮荷花，在池塘里轻盈漂转，美不胜收。

荷花舞的艺术效果令人神往，使人陶醉。伴着那优美的乐曲，一群少女身着淡黄色大襟上衣，浅绿色裤子，粉红色筒裙，手挽长长的草绿色纱带，端庄秀丽，婀娜多姿，幽雅地“坐”在彩灯装饰的花盘上，踏着轻盈的碎步，手中的纱带时而抛撒开去，时而收拢在握，那神态和动作美丽俊秀，清逸飘洒，个个如飘飘欲飞的仙女，人人似碧波之中的莲妹。晚间演出，在灯光的映衬下，会把人带入一种梦幻般的仙境。

荷花舞是陕甘宁边区时期新宁县南仓村（今宁县湘乐镇南仓村）村长、社火头刘志仁创作排导的。刘志仁从小就喜爱文艺活动，又有一些演唱技能，每年村里耍社火，他都积极参加。1931 年，当刘志丹率领红军游击队在宁县盘克原闹红时，刚过 20 岁的刘志仁因热爱红军，拥护革命，被群众选为村长。为了宣传革命，他把流行的乡间小调加以改造，加进宣传革命、打土豪、抗日救国的新内容，组织群众演唱。1939 年以后，他创作编演的新秧歌愈来愈多，题材多为动员人民抗日救亡，减租减息，反特防奸等。1942 年，他加入了中国共产党，创作热情更加高涨，创作编导出了《百团大战》《织手巾》《反摩擦》《劳军歌》等一大批秧歌剧。“云朵子”是当时流行在宁县东区盘克、九岘一带的一种社火形式。刘志仁用“杨燕麦”曲调表现新内容，加入了他对解放区新生活的热爱，当时没有女演员，他就组织青年男扮女装，把原舞中的淡黄色上衣改成粉红的荷花色偏襟上衣，把浅绿色的裤子改为从上到下由浅到深的绿色荷叶形的喇叭裤，腰上系根丝带，在脚面以上别个内圆外方的莲花盆座，座上插荷花灯，手拿长长的草绿色纱飘带，演员着装从上到下犹如一朵盛开的荷花。在悠扬的“杨燕麦”乐曲中，演员轻移莲步，手舞飘带，轻盈如鱼浮莲池，鲜嫩似水中莲娃，真有映日荷花之动感；若在晚上，莲座周围的莲花灯齐放光华，整个舞场犹如万家渔船在水面游动，甚是好看。

1944 年 11 月，刘志仁在延安参加文教工作者代表会，大会要刘志仁在延安民众剧团挑一些青年人排练荷花舞，为会议演出。刘志仁选了 8 个十五六岁的漂亮小伙子，让他们男扮女装，以女演员的身姿动作表演荷花舞。后来任中国文联委员、甘肃省文联主席的程士荣（当时 16 岁），就是从延安民众剧团里被刘志仁选中、参加排演荷花舞的演员之一。那时边区生活困难，无服装，无道具，刘志仁便指导小演员用纸糊，每个演员做四个大荷花，分别插在小腿旁莲花盆里的四个角上，做成一个内方外圆的莲花盆，再用绳子把莲花盆吊在腰带上，脚踏碎步，莲盆便如水中荷花，轻轻移动。尤其在晚上演出，油灯点燃，红花盛开，绿叶吐翠，好看极了。荷花舞排成后就在陕甘宁边区政府大礼堂小舞台演出，毛泽东、朱德、刘少奇、周恩来、任弼时等领导观看了节目。大会期间，刘志仁把荷花舞带到广场和街头表演，深受延安老百姓喜欢。陕甘宁边区文教群英会结束后，刘志仁又应邀在关中分区进行了多次演出，受到社会各界的欢迎。

刘志仁编排的荷花舞是一个完整的艺术品，是庆阳人民的创造。它是根据庆阳民间流传很久的“云朵子”“莲花转”改编而成的。后来，戴爱莲指导中国青年代表团排演荷花舞，赴波兰参加世界青年联欢节，获金质奖。荷花舞因此而蜚声海内外。2003 年第二届中国庆阳香包民俗文化节上，中国民俗学会命名荷花舞发源地庆阳为“荷花舞之乡”。

庆阳人喜爱荷花舞，每个重大节日都要表演荷花舞。2002 和 2003 年首届和第二届中国庆阳香包民俗文化节上，庆阳人又表演了数百人参演的场面宏大的荷花舞，受到了中外宾客的热烈赞扬，如今中国舞协以荷花舞为标准，设立了中国舞蹈“荷花”奖，成为中国舞蹈最高奖，这也是庆阳人的光荣。

二、文学艺术作品

文学艺术作品指对社会生活进行形象的概括而创作出的作品。

（一）庆阳民歌

庆阳有着悠久灿烂的历史文化，在中国上下五千年的文明史上，庆阳文化长久占据着历史一隅，在大西北、在中国的心脏熠熠生辉。庆阳文化绚丽多彩，皮影、剪纸、陇东道情和民歌被称为庆阳“四绝”。其中，民歌作为能够形象生动地反映劳动人民生活的艺术形式，在庆阳文化中举足轻重。

远在殷周时期，庆阳就产生了咏颂社会生活的诗歌，现存于《诗经》中的有《豳风·七月》《大雅·公刘》《小雅·采薇》《豳风·东山》等，或表现劳动人民的苦乐，或抒发戍卒思乡之情，或咏怀周先祖功德。但是，古代流传下来的庆阳民歌很少，现在依然流传的多是 19 世纪末到 20 世纪 50 年代的作品。这一时期中国社会激烈变革，促使庆阳民歌迅速发展起来，并呈现出兴旺的景象。尤其在 20 世纪 20 年代末，陇东山区成为革命老区，庆阳民歌也揭开了最灿烂的一页，数以千计的红色歌谣不仅在当地民间流传甚广，而且不少歌谣成了后来红极一时、唱遍神州的民歌，至今仍被广泛传唱。如《咱们的领袖毛泽东》《十绣金匾》（《绣金匾》）、《边区十唱》（《军民大声唱》）等。很多作家也在庆阳民歌中取材，提炼加工出不少优秀的文学作品。如李季的长诗《王贵与李香香》即取材于华池县乔河、桥川一带流传的一曲信天游。

庆阳民歌包括小调、信天游、酒曲、劳动号子等多种形式，有独唱、对唱、领唱、齐唱等不同表现方式。《辞海》里记：“合乐为歌，徒歌为谣。”庆阳民间也将各种不同内容和表现形式的民歌当作民谣传颂，或者将民谣配乐歌唱，有时也又说又唱，且歌且舞，更显民歌的灵活与多变。

小调以它广泛的题材，丰富的内容以及简单灵活的形式博得了群众的喜爱。它被庆阳人视为“家曲”，是和那些被人们称为“野曲”“山曲”和“酸曲”的民歌不同的曲子。在人们心里，它属于正统民歌，所以流传最广，数量也最大，约占庆阳民歌总量的五分之三。小调句式结构有两种，一种是字数相等，长短相同的，如每句5个字，或7个字，或9个字；每段2句，或4句，或6句。另一种是长短句相间，字数和句子偶奇数都不同，长短不一的。两种形式都有共同的特点，即韵律整齐，自然流畅。小调的曲调受西北其它地方民间音乐的影响，调式较复杂，但结构顿挫分明，抑扬有序，听上去舒展而协和，优美而亲切，再配以生动的唱词，可产生极强的艺术感染力。而且小调所反映的内容相当丰富，有叙述神话传说、历史事件和人物的；有颂扬革命英雄的；有赞美爱情、反抗封建压迫的；也有吟咏自然风景、风土人情的。在所有能够反映社会生活的文学样式中，小调以它独有的风格占据着民间文学中不容忽视的地位。

庆阳小调长于叙事，一般有场景、人称和故事情节，形式上有长有短，短的两三句，长的可达百句，无论哪种形式，都可以活灵活现地反映生活，展现生活景象。庆阳小调也善于刻画人物现象，三言两语，一个鲜活的人物便跃然纸上。比如一首描写新娘子的小调：

> 一对眼睛明生生，好像天上织女星。两道眉毛弯又长，好比天上的明月亮。满口牙齿白如银，张嘴一笑爱死人。说话声音脆生生，好比筷子敲盅盅。一对辫子肩上坠，走路好像蝴蝶飞，绿绸裤子红夹夹，好像一朵牡丹花。

简洁明快的语句，形象生动地为我们描绘出一位美若天仙的新娘。

另外，庆阳小调中篇幅较多的是描写劳动人民悲惨生活的。如《熬长工》《拉长工》《王二旦揽工》等，字字血泪的控诉有如千斤重锤敲在人心上，“上房里抛下老母亲，下房里丢下小亲人”“大年初一揭不开锅哟，走投无路当长工”“吃糠咽菜麸子面”“碗里的菜汤照人影”。而作为对比，又有描绘了富贵地主的贪婪的，“掌柜爱钱会盘算，三下五除二，一年工钱都扣完”。这些描写，都是劳动人民根据自己的真实生活状况叙述的，所以更加富于感染力和震撼力。除此之外，哲理小调也较多，如《十劝郎》《五劝人》等，在群众中流传颇广，有一定影响。

（二）刘巧儿

《刘巧儿》，中国评剧作品，作者王雁。据1943年袁静剧本《刘巧告状》和说书演员韩起祥的说唱《刘巧团圆》改编。剧本描写陕甘宁边区农村少女刘巧儿，自小由父亲做主与邻村青年赵柱儿定亲，后其父贪图财礼，唆使巧儿退婚，嫁给财主王寿昌。巧儿不允，遂自己做主与柱儿定亲。刘父到县政府告状，地区马专员用群众断案的方式解决了这宗案件，使巧儿的婚姻如愿以偿。这是一件发生在 20 世纪 40 年代延安抗日根据地的真人真事，在群众中甚有影响。全剧反映了青年男女对自由婚姻的大胆追求。刘巧儿形象突出，性格开朗奔放，清新可爱。

1924 年农历四月十五，封芝琴出生在甘肃省华池县城壕乡转嘴子村樊坪庄，乳名捧儿。幼时，捧儿便被父亲许给张家柏儿为妻。随着年龄渐长，两人经常往来，互生爱慕之意。但是，因张家贫穷，捧儿先后又被父亲另许给高家、另一户张家及朱家，但都遭到捧儿拒绝。眼看封父不断为捧儿张罗婆家，张柏儿家担心夜长梦多，便集合族人夜闯封家，抢回捧儿，为两人完婚。封父到县政府状告张家“抢劫民女”，县司法处未作深入调查，即宣布婚姻无效。

多变的婚事，并未让捧儿失去主意。在陕甘宁边区新生活的感召下，捧儿徒步上百里路，到庆阳专署驻地庆阳城状告“父母之命，媒妁之言”对她婚姻的干涉和县政府断案不公，争取婚姻自主的权利。时任陇东分区专员兼陕甘宁边区高等法院陇东分庭庭长的马锡五（新中国成立后曾任最高人民法院副院长），采取调查、调解与审判相结合的方式，协同县政府召开群众大会，进行公开宣判，纠正了华池县抗日民主政府的错误判决，使这对有情人终成眷属，“马锡五审判方式”也由此诞生。

这起争取婚姻自主的民事案件不仅让周围的百姓们刮目相看，而且轰动了陕甘宁边区，成为 20 世纪中国八大名案之一。当时，延安《解放日报》，重庆《新华日报》《陇东报》等接连对此进行报道。随之，著名艺人韩起祥将之编成陕北快书《刘巧团圆》、陇东中学教员袁静创作了秦腔剧《刘巧儿告状》在边区广为传播。新中国成立后，中国评剧院又将其编为评剧《刘巧儿》，由著名演员新凤霞主演，随后又被长春电影制片厂搬上银幕，使“刘巧儿”的故事传遍全国，甚至还推动了第一部《婚姻法》的宣传普及。

自此，捧儿便有了一个妇孺皆知的大名——“刘巧儿”，她的故事更是家喻户晓。“刘巧儿”成了新中国巾帼楷模、妇女解放的象征。

（三）毛泽东为李丕福题词“面向群众”

“面向群众”是 1943 年 1 月 14 日，中共西北中央局在延安召开的高干会上，毛泽东为大生产运动中做出重要贡献的陕甘宁边区党政军干部中的生产英雄原华池县县长——李丕福同志的题词。题词表达了毛泽东主席对生产英雄李丕福同志的高度评价和充分肯定，也寄托了毛泽东主席对边区人民的殷切期望。

李丕福（1912—1983 年），华池悦乐上堡子村人，曾任华池县苏维埃政府主席，陕甘边区庆北县游击队总指挥，曲子县苏维埃政府主席、华池县县长。1943 年入延安中央党校学习，后历任庆阳专署副专员、专员。中华人民共和国成立后，历任甘肃省民政厅厅长、中共甘肃省委农村工作部部长、省委常委、甘肃省副省长、省景泰电灌工程指挥部总指挥，甘肃省第四届政协副主席和第五届人大常委会副主任，是中共八大、十大代表。

1938 年，抗日战争进入相持阶段，日本帝国主义将矛头指向各解放区战场，对抗日根据地实行烧光、杀光、抢光的“三光”政策。国民党政府停发了对八路军的供给，陕甘宁抗日根据地经济十分困难。最困难时，连一般的吃饭穿衣都成了问题。为了克服面临的严重困难，党中央提出“自己动手，丰衣足食”“发展生产，保障供给”的号召，中共中央于 1939 年年底、1941 年年初在延安两次召开生产动员大会，发起了大生产运动。

在毛泽东主席和中央的号召和部署下，李丕福县长组织华池人民掀起了轰轰烈烈的大生产运动，1939 年到 1940 年全县区开荒增加耕地 12.26 万亩，实现了“耕三余一”至“耕一余一”。1938 年交公粮 720 石，1941 年 3 963 石，1942 年 5 900 石，对革命的贡献逐年增加。同时，李丕福以身作则，规定从县长到一般办事员每人一把镢头，农忙季节上午劳动，下午办公，要求县以上干部每人每年生产粮食两石，区干部一石，乡干部六斗。1940 年至 1942 年，全县机关干部收入细粮 296.6 石，做到了机关经费和伙食全部自给。在实现“耕三余一”至“耕一余一”的前提下，办起了许多自给性的工业和手工业。1941 年边区政府下达华池县政府征兵 300 名、征粮 1 000 石的任务，李丕福为了尽快完成任务，连夜从延安出发，六天的路程只用了两天半赶回县上，紧急动员，仅用七天时间就完成了这两项任务。当年华池县被评为全边区征粮乙等模范县。由于他对工作认真，所以那些年华池县的各项工作如举办工商业、发展文化教育、扫除文盲、大搞卫生以及生产建设等样样赶在前面，被誉为模范县长。1943 年《解放日报》撰文对华池以“干部积极肯干，每次工作最先完成”为题进行了肯定，文章说：“华池自县长以下的干部许多都是有丰富斗争经验的，地方干部工农分子和各阶级进步人士，他们具备许多宝贵的优点，如：一、对革命事业忠诚；二、埋头苦干的精神；三、切实朴素的作风；四、积极性高，责任心强，凡上级给的任务都不打折扣的执行。”

1943 年 1 月 14 日，中共西北中央局在延安召开的高级干部会议闭幕之前，就近年来领导国民经济建设及公益经济事业成绩昭著而又刻苦奉公，受到群众信任的干部如李丕福等二十二名，予以隆重奖励；对三五九旅、延安县委、县政府及延安南区合作社三单位予以团体的奖励。三个单位和二十二名受奖同志姓名及主要成绩，均由西北局书记高岗同志亲自在大会上宣布，被授予“劳动英雄”荣誉称号，并上台领奖。由林伯渠同志授奖，团体奖品为西北局赠送的红绸旗，个人奖品除毛毯外，还有毛泽东同志逐一给这些党政领导干部中的生产英雄们亲笔提写的奖状题词，尤为珍贵，勉励他们时刻将党和人民群众的利益放在第一位。

授奖时，全场掌声如雷，群众推选王震同志代表答词，王震同志随即阐述二十二位劳动英雄获奖的原因，他说：“这是由于毛主席、朱总司令提出长期抗战的发展生产，克服困难的正确方针，毛主席号召我们要自己动手，朱总司令亲身指导实行屯田政策。由于中央西北局和边区政府的正确政策，由于广大干部战士和人民热烈响应毛主席、朱总司令的号召，拥护西北局和边区政府经济建设政策，我们今天的成绩表现了广大干部、战士和人民的积极性和创造性，我们谨领了光荣奖品。这个光荣，是在党的正确理论指导下，是干部和群众努力的结果，但是，我们的工作还不免有许多缺点，在兴奋鼓舞之下，我们更加努力，求得克服缺点，坚决去执行新的经济建设的任务，深信今后将获得更大的成绩。”

会上毛泽东主席做了关于领导问题的重要讲话，他指出，党的领导就是集中人民意见，经过思考研究变成党的意见，然后又将党的意见拿到人民中去实践，这就是所谓的群众观点和领导艺术，就是真正理论和实践的联系。毛泽东为华池县县长李丕福（曾用李丕福）题词“面向群众”；为陇东地委书记马文瑞题词“密切联系群众”；为陇东分区专员马锡五题词“一刻也离不开群众”；为陇东驻军三八五旅旅长王维舟题词“忠心耿耿，为党为国”。毛泽东为陇东老区干部的题词，具有很强的针对性，也从不同侧面，对生产英雄提出了希望与要求，为以后生产运动的深入开展指明了前进的方向。同时，这些题词朴素而又集中地表达了党的群众路线及其基本内涵，对我党的群众路线的形成产生了重要影响。

第三节　民间习俗

根据中华人民共和国国家标准《旅游资源分类、调查与评价》（GB/T 18972—2003），民间习俗包括地方风俗与民间礼仪、民间节庆、民间演艺、民间健身活动与赛事、宗教活动、庙会与民间集会、饮食习俗、特色服饰、旅游节、文化节、商贸农事节、体育节。

一、地方风俗与民间礼仪

（一）生　俗

庆阳民间，讲究人生的礼俗由来已久，名目繁多，其中既有迷信色彩，又包含着美好的企盼。

1. 祈　子

每逢娘娘庙会，华池城乡一些不孕或无男孩的妇女即由家人陪同到娘娘庙烧香求子，抱回神像前摆放的泥娃娃或布娃娃，如果怀孕，来年再去还愿，进献灯油、现金等，并送上加倍的泥娃娃或布娃娃。县内最著名的是白马乡菩萨山娘娘庙会，每年农历三月二十逢会，不孕或无男孩妇女，纷纷前往叩拜，祈求娘娘赐福赐子。

2. 催　生

孕妇即将分娩时，娘家要派人或由娘家妈亲自去女婿家看望待产的女儿。看望时所带礼品有水果、鸡蛋、婴儿衣裤、斗篷之类，意为催生。

3. 出　生

婴儿临出生时，农村人多请有经验的接生婆接生，或到距离村子较近的医院请助产师来家接生；城镇妇女进入预产期，多住进医院待产。当地孕妇生产忌住娘家，但产后娘家人即可前去探望。孕妇产后称“月婆子”。产妇一般由婆婆或娘家妈等人侍候饮食起居。当婴儿呱呱坠地时，婆婆必熬一碗小米粥给产妇喝，据说有催奶作用。婴儿出生第三天，要在囟门、胸口、两嘴角进行针灸，据说能祛风防病，保证婴儿平安。

4. 睡偏头与绑膝盖

婴儿出生后，让其枕着装有玉米、黄米、黄豆之类的枕头仰面睡觉，防止形成侧向偏头；有的父母还用布带将婴儿膝盖、脚脖包紧捆扎，以使其长大后行走能保持两腿笔直，姿态优美。有意识地“睡偏头”“绑膝盖”，掌握适度，利于体态的健美，但并不符合育儿科学，已为大多数人所摒弃，而在农村仍有沿用者。

5. 满　月

满月也称“出月”。男孩满月为 29 天，女孩满月为 30 天。孩子满月之日，亲朋好友要携带衣物、花布、斗篷等婴儿用品前往祝福，并要给婴儿拴“长命锁”。新中国成立前及 50 年代，以银锁为主，现多以用红毛线拴钱币系于婴儿脖颈代之。孩子满月时，主人家都要设宴款待来宾，还要请一位儿孙满堂的妇女给孩子剃头，并将胎发用红纸包好保存。据传，婴儿胎发极为重要，遗失会对孩子不利。满月宴席间，亲朋好友给婴儿的父母、叔辈、爷爷、奶奶脸上涂抹锅底黑或红印油，以此表示祝贺并增加喜庆气氛。现时孩子满月还要请摄影师、录像师来家中照相、录像留念。

6. 百　日

百日亦称“百岁”。婴儿出生 100 天时，外婆及至亲好友再次前往婴儿家祝贺，主人家以酒菜款待。这一天也要给孩子照相，还要烫上金字“百日留念”，以作永久纪念。

7. 周　岁

孩子满周岁时要举行“抓周”仪式，即以剪刀、书籍、针线等物件放在孩子伸手可及的地方，视其所抓何物以卜孩子将来的志向和情趣。此日也要照相留念。

8. 过　关

华池民间传说，孩子犯了“关”，便多灾多病，给孩子“过关”则可祛病除灾。过关有多种形式。

抱养者家庭需支付一定的钱帛方可改姓。抱养的孩子与亲生子女相同，有对老人赡养的义务，亦有财产继承权。另外，县内还有“一子开两门”的习俗，即一个孩子兼承两家宗祧。孩子的名字中常含有两家的姓氏，如杨继丁、张永赵等。

（二）丧葬礼俗

庆阳民间，孝道根深蒂固，经久不衰，后辈对长者的丧葬、悼念竭尽全力，极为隆重。

1. 备　棺

一般年岁较大的老人，子孙都要提前为其准备好寿棺。棺料以柏木为上，松、桐、杨木次之。早年棺木多为纯色，现有漆红色、黑色者且雕花刻字。寿棺做成后，要宴请亲朋好友，收受贺礼。晚辈要给老人磕头，给木匠磕头、送花红，俗称“扫木”或“贺材”。

2. 穿 衣

老人临咽气时，儿女要给其穿好寿衣，扶坐在矮凳或炕桌上，待绝气后在口内放一枚穿线的银钱，称“禁口钱”，即死者面见阎王的第一份礼物。寿衣一般为单数，7～9 件不等，上衣有贴身衬衫、棉袄、罩衫、大衣等，下身有衬裤、棉裤、罩裤等。

3. 停 床

老人咽气时，要烧一只纸扎的彩马，称“接气马”；绝气后，头要朝门仰卧，身下铺设与死者享年同数的谷草，称“岁数草”。亡者脸盖白纸，脚绊红绳，身旁拴一只公鸡，称“守丧鸡”。人死亡时，忌身边无人，忌直接死在炕上，否则为“背冷炕”，被视为下场不好。

4. 报 丧

待遗体停好后，主家派人或孝子专程告诉死者舅家或娘家，然后派人分别通知其他亲友。孝子到亲戚家报丧，要跪在大门外，隔墙告知，不能直接进门。其他报丧者无此规矩。

5. 戴 孝

从人死亡之日起，五服以内子孙辈均要披麻戴孝。亲生儿女和长孙要穿孝袍、系麻绳、戴拉孝，以白布漫鞋面，手执“哭丧棒”（上方下圆，齐心间高低的杨木或柳木棒制成），谓重孝。其他亲属有的穿孝衫、戴孝帽，有的只戴孝帽。在为亡者“攒三”之后，次要亲戚均可换孝（脱下孝服），女儿可在周年后换孝，儿子与儿媳则必须在三年后方可除孝。

6. 入 殓

入殓即移尸入棺。人亡故之后，一般在第二天入殓，身下铺红色绸布或棉布做成的褥子，脸面盖白纸，头下垫枕头（内装少量锯末）。周围用锯末包填实，以防抬棺时尸身移动。亡尸忌见天日，如隔屋入殓，尸身出门时，上面须有遮盖物。入殓后，停入灵堂，忌猫、狗进入。

7. 设灵堂

人亡后当日或第二日即请匠工做纸活，设帐幔，供香案。帐内置灵牌、摆供品。灵堂两边悬挂挽联，周围摆放纸人纸马、童男童女、金斗银斗。灵牌前燃香火，点灯烛，摆冥钱、冥纸，供献馍、献饭、献果、献碟。桌下放置烧化纸钱的瓦盆或土盆。

8. 出讣告

以亡者全体子孙名义将其死亡日期用大字书写，贴在木板上置于门外，意为告丧，同时也显示亡者子孙的阵容。

9. 出　纸

请阴阳先生用白纸凿刻银钱图案，用绳子吊上高杆，悬垂而挂，谓出纸，可代替“出讣告”。

10. 凭　吊

同族男女及亲朋好友前来灵堂吊唁，焚纸点香，以寄哀悼之情，称“烧纸”或“奠纸”。现除烧纸、燃香外，还要敬献挽联、挽幛、匾额、花圈等。

11. 看茔地

人亡故后请阴阳先生选择墓地，为“看茔地”。当地人有“子孙出在坟里”的说法，所以对茔地的选取上非常讲究，多择向阳、利水，特别是风水好的地方为茔地。墓后要靠得实，墓前要有对应物，周围环境要好，或有绿水缠绕，或有青山环抱等。一旦选定理想的茔地，则可延续多代，逐渐形成庞大的祖茔。

12. 打　墓

均请邻里帮忙，或打土墓，或修砖墓。土墓墓穴一般宽 1.2 米，长 2.5 米，深 3 米。墓窑一般长约 2.6 米，高 1.2 米，宽 2 米。

13. 出丧及下葬

下葬时辰由阴阳先生决定，多在卯时，即 5～7 时。亲友抬棺出门，孝子在前拉纤恸哭，由长子或长孙执“引魂杆”，在棺前号哭徐行。另有两人，一人提灯，一人提纸钱，边走边撒，名曰“丢买路钱”。沿途经过桥梁庙宇，要燃纸焚香，过官宾事还要行文祷告。途经民居时，主家均要在门前煨火送行，实为避驱晦气，以防鬼魂入户。

（三）婚　俗

华池人对婚姻大事极其重视，订婚程序颇多，嫁娶礼俗尤为隆重。

1. 相　亲

在确认男女属相合婚、辈分平等的前提下，双方在其长辈或同辈姐嫂陪同下，于约定地点见面，互看容貌、身材，初步了解对方举止言谈及个人修养等，若双方相中，则互赠礼物。女方一般赠送鞋垫或其他小件饰物，男方则以衣物、钱币相赠，数目不等。凡相不中的，则不接受对方礼物，或有碍于情面，勉强接受的，事后由媒人转退对方。女方相不中而收受男方馈赠，事后不退的会受到社会的非议。见面结束后，由媒人分别传达男女双方意见。

2. 看　家

非招赘上门的，均为女到男家去看其家道，并了解有关情况。女方择取吉日，由父母或媒人陪同去男方家里，首先观看其家地理位置、自然环境、交通条件、距中心市镇路程、上学条件、医疗条件、当地物产、生产条件及当地贫富情况，然后看其住宅、家业、陈设、卫生习惯等，最后还要通过其他渠道向邻里或知情者打问其家庭成员的品行和邻里关系等情况。现时看家，对男方本人在农村的比较认真，对于在外工作的，一般只看重男方本人的品行和工作条件，至于老家的其他情况则不甚看重。

3. 订　婚

订婚俗称“挂锁”或“吃小酒”。看家满意后，由女方指定地点，男方备两瓶白酒（酒瓶用红头绳拴系，酒喝完后瓶内放两颗麦粒）、丈二红头绳及数量不多的钱币。在到达指定地点（男家或女家）后，媒人将红头绳一分两半，拴系钱币（早年栓系铜钱，现在依双方家庭经济状况，拴十至百元不等）挂于男女双方脖颈，名曰“挂锁”，也有公公给未来儿媳“挂锁”，丈人给未来女婿“挂锁”的。然后将两家老人酒杯斟满酒，令其交换后一饮而尽，名曰“换杯”。之后，两亲家向媒人敬酒三杯，男女双方互赠订婚礼物，订婚仪式即告结束。订婚的招待费用完全由男方负担。

4. 言　礼

言礼即商议彩礼的品种、数量及规格等，也称“纳礼”。挂锁之后，由媒人来回通话商定言礼的时间和地点。言礼时媒人充当中间人，在双方意见比较接近时，由媒人最后判定。本地彩礼包括人民币、银元、衣物等，另外还需要男方为新婚夫妇购置其他物品，如家具、家电、首饰、衣物等。无论女方索要与否，男方都必须给女方的母亲扯一件上衣，名曰“离娘衫”。此外，纳礼时还要带上一定数量的礼馍馍（白面馒头）和一只羊腔腔（羊的胴体），近年多被免去。城镇的彩礼相对于农村要少一些。纳礼分头程、二程、三程进行，当地叫“三程礼”。

5. 完　礼

完礼即最后一次交纳彩礼。娶亲前，男方托媒人或派其他人带着未交完的彩礼、衣物等到女家商量娶人时间等诸项事宜，如女方无异议，即算完礼。随后，双方按议定日期通知亲友届时参加嫁娶仪式。

6. 嫁　娶

嫁娶日子的选定十分慎重，先请阴阳先生根据历书，在大体范围内提供几个吉利日子，以便主家选择。男方视本身准备情况及主要亲友能否参加等因素，决定一个日子，如女方因某种原因不能同意，则需另择吉日，如女方无异议，结婚日子即算敲定。之后，男方带酒礼上门恭请父亲的舅家和母亲的娘家（即所谓老外家和小外家）参加婚礼，前来“挂红”；再分别口头相请其他诸亲友。如今城镇多用请柬。

7. 挂　红

旧时结婚第二天开宴席前，现时则在拜天地之后，由总管或司仪主持，恭请老小外家，即父亲的舅家和母亲的娘家来宾为新郎披红挂彩。旧时多用丈二红布，现时则用锦缎被面，给新郎交叉拴系肩头腋下。新郎新娘叩头致谢。挂红时鼓乐吹打，鞭炮齐鸣，场面十分热闹。

8. 迎　亲

迎亲之日，男方组成 3～11 人的迎亲队伍（必须为单数，回来时加上新娘为双数），内有一名娶人的妇女，称“娶人的”，由其嫂子、叔母或村中经常娶人的漂亮女性担任，一名“拉马娃娃”，一名男性“约客的”，此三人绝不可少。另有响手（吹鼓手）1～2 人，背（或抬）箱子的 1～2 人。其他人员身份不定，可有可无。迎亲所带物品有两瓶白酒（旧时为两壶黄酒），两个花馍馍（内包有核桃仁、红枣、花生等。馍馍在回来时要揣在新娘怀里，预示早生贵子），一块红色蒙头布（盖头），以及新娘所穿衣物、所戴首饰等。旧时及今农村山区，均用雄性马、驴娶亲，忌用骡子、骟马、骟驴迎亲，实为先民生育崇拜的遗存，也留有重男轻女思想的痕迹。农村交通方便后，多用蹦蹦车、拖拉机，也有用汽车娶亲的。城镇则用小轿车迎亲，首车均选为红色。

9. 洞　房

洞房最初说是深邃的窑洞，后因新婚用房装饰富贵华丽，不许别人随便出入，便增添了神秘色彩。自从南宋诗人汪洙在《神童诗》中咏出“洞房花烛夜，金榜题名时”的诗句后，洞房一词便传遍天下。新人入洞房前，洞房里的新床已经铺好，长命灯已点着，不许有一个闲人在里边。洞房门锁着，门闩上插有纸炮。新人被抱到洞房门口时，有专人立即点燃纸炮，打开洞房门。新人入洞房的同时，由一人瞅准，把跟随看热闹的男娃娃，向洞房掀进两个，表示新人婚后第一胎会生男孩。在洞房门上响纸炮，则表示能把邪气打跑，使新人平安进入洞房，吉祥如意。

10. 铺 床

铺床亦称“翻人身”。耍房结束后，由送女的和娶亲的妇女进行，把洞房床上的毡或床单反铺好，下面压擀面杖和切面刀。由新娘坐于床正中，新郎趿鞋，把意味着八个男孩的八个核桃和意味着八个女孩的八个枣，用脚拨滚，围绕新娘左右各转三圈，谓“趿帐”，象征合家团圆。如果有能耍的人在场，要抢核桃和枣，主持人要全力阻拦，抢到者要新娘发烟点火，方可退回所抢的核桃和枣。最后，主持人用擀面杖和切面刀将毡和被褥翻正。娶亲的妇女问：“人身翻过来了吗？”送女的妇女说：“翻过来了。”接着将核桃和枣压在四角毡下。一边压一边说：“双双核桃双双枣，双双儿女满院跑。”所压核桃枣儿供新郎和新娘享用，门外有听房者如果要吃，新人可从窗户递接让吃。《中国风俗大辞典》载：“铺床习俗约始于宋。”华池民间今仍流传，意为祈盼早生贵子。

11. 回 门

回门是新郎新娘婚后二人首次去娘家。“回门”习俗在先秦时代称反马，汉以前不广泛流行。宋代吴自牧《梦粱录·嫁娶》中记载：“两新人于三日或七日九日，往女家行拜门礼，女亲家设宴款待新婿，名曰会郎，亦以上货礼物与其婿。”拜门礼就是当时的回门，说明宋代已有此俗。庆阳民间回门，最初是在婚礼的一个月以后，后来随着婚礼的简化，回门与婚礼之间间隔的时间越来越短。一般在送女的人从男方家走的时候商定某日回门。普遍是三天以后回门，也有赶节日回门的，就得半个月或一个月后回门，也有定在正月过年拜年时候回门的。

届时，夫妇双方均直接到新娘娘家去。古时，新娘骑驴，新郎步行随同。新时代，夫妇不是乘汽车就是骑自行车或摩托。新郎第一次到岳父家，岳父要以贵客款待。新郎去时根据岳父门户多少，要带够一定礼物。除过拜岳父母，还要拜岳父母弟兄嫂，岳父族中有几户就得去拜几户。一般少则三天，多则五天。临走前，岳父母家要备一席饭，请来家门弟兄和个别亲戚，陪新郎吃饭。这桌酒饭，必须由新女婿坐上席，新女婿到岳父家只有这一次破例地坐一回上席。以后，岳父家凡遇大小事，新女婿都帮忙出力，不能按客人对待。待饭菜端上来后，所有陪客都要拿出一定数量钱，凑起来用盘子端给新女婿，意思是喜钱，表示祝贺新亲戚。饭后，新女婿夫妇二人一同要回到家中。旧时，新婚夫妇回门，新娘娘家要下请帖，新郎要回帖。

二、民间节庆

1. 除　夕

农历腊月三十（小月二十九）为除夕。此日清晨，全家人皆早起，整天都很忙碌。男人们洒扫庭院，张贴神像、符咒、钱马、对联，悬挂祖影，奉陈家谱，设置香案，摆献供品。所贴神像，有门神秦琼、敬德，灶神张奎等。所贴对联，灶龛两旁多用“上天言好事，回宫降吉祥”，横额为“一家之主”；卧室炕（床）对面墙上贴“抬头见喜”或“对面生财”；老人们的炕墙上贴“老者安之”或“百病不生”；庄院门外贴“出门见喜”；院子里贴“满院春光”；粮囤上贴“粮食满仓”；畜圈贴“槽头兴旺”。各房（窑）门上的对联不甚统一，但一般选写三四副对联，横额多为“辞旧迎新、五谷丰登、国泰民安、吉祥如意”等。旧时大多买红纸请人书写，现今多从街上购买印刷好的春联，十分方便。女人们主要在厨房蒸馒头、炸油货、煮肉、擀长面。女孩子剪贴窗花，换床单、被套，打扫房间、窑洞，帮助贴年画；小男孩跑前跑后，互相嬉戏、打闹、放鞭炮取乐。下午，家庭男性成员上祖坟，焚烧纸钱祭奠祖宗。

傍晚，点亮灯笼，鸣放鞭炮，由男性最长者洗手净面，主持敬神，点蜡、上香、烧表（黄纸）、叩拜，从灶神开始，门神、土地爷等全要敬到。敬过各神后，全家人吃一顿细长面，名为“拉魂面”，一般都吃得很少。入夜，城镇居民前往十字路口，面朝故乡，画个圆圈，为先人烧纸，口中念叨“爷爷、奶奶拾钱来，爸爸、妈妈拾钱来……”；农村人则在祖影、家谱香案前燃烛焚香、叩头祭拜。敬毕祖影，全家人按长幼依次叩拜行礼，称“辞岁”；家长给晚辈逐个散发“压岁钱”，亦称“押魂钱”。辞岁后，将各类吃食端上桌（旧时多在炕上），有暖锅，意为全家团圆，吃肉骨头，意为“啃鬼”。各种酒、菜、年糕、油货、核桃、花生、红枣、瓜子、苹果、橘子、香蕉、梨等，任由大人、小孩挑选，尽情吃喝。除夕夜要点长明灯，全家人围坐一起，打牌、下棋、讲故事、说笑话、猜谜语等，通宵达旦，彻夜不眠，谓之“守岁”，亦称“坐夜”。现时以观看中央电视台春节联欢晚会为主。新年钟声敲过之后，各家争相出门，点燃鞭炮、礼花，辞旧岁，迎新年。此时，所有城镇、乡村，鞭炮齐鸣；礼花升空，万紫千红，通天透亮，老少欢呼，山鸣谷应，除夕庆典达到最高潮。之后，打牌的人们一直坚持到天亮，多数人便渐次进入除夕梦乡之中。

2. 春　节

正月初一，也叫“过年”。春节是汉民族最重要的节日。旧时，华池人大年初一讲究早起，近处有庙宇的必先到庙中敬神祈福。家家户户争烧头炉香，以求全年吉利。敬过庙神后，便在自家各处神位、祖宗牌位前上香焚表，叩头礼拜，鸣放鞭炮，迎接诸神归位。

春节早饭要吃得早。饭前，长者坐于炕上，子孙按辈分磕头作揖，谓之“拜年”。早饭以吃饺子为主，也有暖锅等其他美味佳肴。

早饭后，邻里互相拜问“年过得好”。小辈向邻居长者行礼叩头，也是春节“拜年”的一部分。拜年时相约群集出门，各家都用最好的酒菜招待，尤以自产的黄酒为先。谁家的黄酒味美、劲足，能醉倒人，便受到人们的推崇和夸赞。正月初一，村里当年结婚的新媳妇或由年长的妇女陪同，或与别的新媳妇结伴在全村挨门挨户拜年。所到主家的长者，要给新媳妇“见面礼”或“压岁钱”。太阳升起之后，各家各户给家畜头上拴系红布条，将牛、羊、骡、马、毛驴等赶上大路，烧香焚表，祭奠路神，以求各路神灵保佑家畜一年四季出门平安，谓之“出行”。

正月初二，各家携带年食礼品出村拜年。新婚夫妇先拜见岳父母，其他人先拜舅家。送小孩坐外家（即舅家）、串亲戚，出大门时，要燃炮驱邪，并在小孩额前抹锅底黑以避邪；在小孩回来时，要在额前抹红，俗称“打号”。正月初三，各家收取门、灶等处钱马、符咒、纸表等焚烧，以示春节第一段落敬神结束。

三、民间演艺

（一）秧歌舞

秧歌舞又称“地秧歌”，是普及全省的传统集体舞。秧歌舞舞队一般由11人组成，其中花旦4人，童子4人，老旦、丑角、媒婆各1人。内容多以爱情故事为题材，可以表演出70多个队形变化，持续时间达2小时之久。秧歌舞除舞蹈外，大场秧歌为一完整的社火队；小场秧歌只包含说书、唱曲、小戏等内容。

（二）踩高跷

踩高跷为表现平衡技术的一种地方艺术，是甘肃各地春节社火中最为精彩的节目之一。根据剧情内容，将具有高超踩高跷技术的男女演员装扮成历史人物、戏剧人物、神话人物，双足绑在两根木杆（高跷）上，边走边表演。踩高跷难度极高，一不留神，就有摔倒和伤筋断骨之险。因而，它以精湛高超的空间平衡技术为广大群众所喜爱。

（三）跑旱船

旱船也叫“花船”或“彩篷船”，是从唐代流行的秧歌基础上演变成的一种民间舞蹈形式。旱船多用竹、木、秫秸扎成船形，上搭彩篷，周围糊以彩纸，扎以纸花，前后各有一腊花盆，内燃蜡烛。表演时，由“船姑娘”钻入船中，将船套于腰间，如坐船状；船外，艄公手持桨板，作划水行船状，和船姑娘对舞，犹如水面行船一般。其表现形式有停止、前行、后退、颠簸和陷泥等姿态，显得惟妙惟肖。跑旱船时多边舞边歌，内容主要反映各族人民的劳动和爱情生活。

第四节　现代节庆

根据中华人民共和国国家标准《旅游资源分类、调查与评价》（GB/T 18972—2003），现代节庆包括旅游节、文化节、商贸农事节和体育节。庆阳的现代节庆有以下几种：

一、庆阳香包民俗文化艺术节

香包是庆阳民俗文化的代表。庆阳民俗文化是一种超越表象模拟而直指心性的人文精神的展现，既有香包刺绣、皮影、剪纸等工艺美术系列，又有陇东秧歌、道情、民歌、荷花舞等表演艺术系列，也有地坑院、窑洞建筑等黄土风情系列。所有这些，都堪称人类社会历史的“活化石”。

香包在庆阳源远流长。发现于华池县双塔寺一只保存完好、色艳如新的金代香包，距今近千年，是我国现存最古老的宝石链香包。民间收藏的宋元明清刺绣作品多达数百件，是庆阳香包文化繁荣的见证。

庆阳民俗文化处处显现着稚拙粗犷、纯朴深厚的原生态文化，散发着浓郁的乡土气息，其鲜明的色彩、奇特的造型、深刻的寓意，无不给人以强烈的视觉冲击和无尽的性情陶冶。

“中国庆阳香包民俗文化节”的诞生，是庆阳地域文化长期孕育的结果，也是中华传统文明长期孕育的结果，有着深厚的历史积淀和广泛的人文基础，已经成为庆阳传统文化与现代文明相互衔接的重要纽带，成为庆阳文化力量与经济力量相互作用的重要方式。

香包节极大地提高了庆阳知名度，重塑了庆阳的对外形象和庆阳文化之魂，使国内外更多的人士领略了庆阳的美丽神奇。

庆阳老区办节会，许多领导同志和国内知名学者给予了极大关注，薄一波、铁木尔·达瓦买提、王光英、马文瑞、贺敬之、张仃、靳之林等以及甘肃省的一些领导同志都曾热情题词，予以支持。薄一波赞誉“庆阳香包甲天下”，王光英称庆阳香包为“民族瑰宝”；习仲勋、许嘉璐、布赫、吴阶平等领导同志曾欣然担任节会顾问；《欧洲时报》、香港《大公报》、中央电视台等国内外重要媒体对庆阳进行了大力宣传推介；全国民俗学会年会在庆阳召开，《走庆阳》《看庆阳》《庆阳历史文化览胜》《庆阳民俗艺术之魂》《庆阳史话》等一批画册书刊的出版以及许多曾参加香包节的国内民俗学专家纷纷出版专著，对庆阳丰富多彩的民族民间文化进行了研究发掘，起到了良好的宣传推介作用。以征集香包节节歌为契机，开展的新民歌创作演唱活动，涌现出了《美丽神奇的庆阳》《荷包飘香》《欢迎您到庆阳来》等优秀歌曲，进一步推波助澜，扩大了香包节的民俗文化内涵。

香包节作为一个文化与经济互动，集商流、物流、人才流、信息流、资金流于一体的综合性盛会，已成为庆阳与外界在工商、经贸、科技、文化、旅游等各个领域广泛合作交流的有效载体，成为招商引资、抓项目、促发展的广阔平台，拉动了国际国内两种资源、两种市场的双向互动，促成了一批农产品加工、基础设施建设、文化旅游等项目的签约实施，使庆阳开放开发达到了一个新水平。现在，“中国庆阳香包民俗文化节”已经得到国家文化部产业司、国家民委文化宣传司重点支持，由甘肃省委宣传部、省文化厅和庆阳市委、政府共同主办的全国有重要影响的成功节会。

二、庆阳农耕文化节

中国（庆阳）首届周祖农耕文化节于2009年9月21日至25日在“周祖农耕文化之乡”甘肃省庆阳市举行。

中国（庆阳）“周祖农耕文化节”由国家农业部、文化部、甘肃省政府作为支持单位，由农业部农村社会事业发展中心、文化部社会文化司、甘肃省委宣传部、甘肃省农牧厅、文化厅、商务厅、庆阳市委、庆阳市政府主办；中国农业科学院、中国农业博物馆、中国石油集团、中国华能集团、世界华人华侨华商联合总会协办。

2002年中国民俗学会命名庆阳市为“周祖农耕文化之乡”。

从夏朝孔甲年间算起，至商代康丁年间古公亶父南迁岐山，周祖在庆阳共传承12代，达400余年之久。周人在庆阳教民稼穑，开创了先周农耕文化的先河，使庆阳由以牧业为主的游牧区变为以农业为主的半农半牧区，对后来庆阳经济文化的发展产生了巨大影响。

三、庙 会

庙会是指因节日或规定日子在寺庙附近或既定地点举行的聚会，期间进行购物和文体活动，是集宗教祭祀、商贸服务、文化游乐于一体，老幼皆喜欢参与的民众集会活动。庆阳人将去民间集会称之为“赶集”，每个乡的“集”规定的日子不同，均以农历日期为准，每隔3～4天有一次“集”。

庙会作为一种重要的民俗文化现象，它的历史源远流长，影响深远，分布广泛，名目也很繁多。庙会最初主要是古代农业社会中神灵崇拜的产物。自西汉哀帝时佛教传入中国，特别是东汉顺帝时土生土长的中国宗教——道教创立后，由于历代帝王对宗教的推崇和各地教徒迅猛增加，建造寺庙之风四起，宗教祭祀活动需要的香、纸、金箔、黄表、糕点、糖果、吉祥物，饮食小吃之类的商贸活动随之产生。祭祀活动的定期举行，寺庙周围商贸服务项目的增加，从事商贸服务的人员也日渐增多。庙会祭礼融合其他思想意识和外来宗教的信仰，形成一种丰富而复杂的意识混合体。所以，寺庙所在地就逐步形成了庙会。在中国古代，从京城到深山老林，从繁华都市到穷乡僻壤，庙会无处不有，无处不在。

庙会起源于古代的祭祀活动。《周礼·地官·族师》云：“春秋祭脯。”郑玄注释：“为人物灾害之神也。”祭脯是一种禳除自然灾害的祭祀活动。人们对自然灾害又恨又怕，因而在春天和秋天举行一些有象征意义的仪式。这种古风在庆阳民俗中作为一种活化石被保留下来。《梦溪笔谈》卷二十四记载：“元丰时，庆州界生子方虫，方为秋田之客。忽有一虫生，如土中狗蝎，其喙有钳，千万蔽地。遇子方虫，则以钳搏之，悉为两段。旬日，子方皆尽。岁以大穰。其是旧曾有之，土人谓之傍不肯。”这些“傍不肯”保护了宋代庆阳人民的庄稼，得到了人民的敬重，修建庙宇以“致力农祭”，农民春季在郊野燃烧火堆祭祀神物，求得保佑。《庆阳县志》记载：“四月初，各乡村请阴阳先生诵经，宰鸡羊祭神，制五色幡遍插田中，谓之祭夏虫。七月又一次，谓之祭秋虫。”八蜡庙会由此二期。所称八蜡即为八种神：一为先啬，即神农；二为司啬，即后稷，相传为母所弃之不养，故名弃，后为舜的农官，封于邰，号后稷；三为农，即古之田畯；四为邮表畷，邮为田间庐舍，表为田间道路，畷是田土疆界相连缀；五为猫虎；六为坊，即堤防；七为水庸，即水沟；八为昆虫，即蝗螟之属，祭之以免虫害。八蜡庙是百姓为了杜绝蝗虫而建的。八蜡庙原为祭祀农作物害虫的综合性神庙，后来演变为专门祭祀蝗虫的庙。庆阳市有着浓郁的先周文化流风余韵，因此各县均有八蜡庙会，如《庆阳县志》记载："七月一日，八蜡庙演戏三日，夏秋在此祭虫。"

最初的庆阳庙会是随宗教祭祀活动的每月朔日（初一）、望日（十五）举办，但随着宗教理论的发展，供奉的神仙越来越多，越来越繁杂，庙会的名目也越来越多，越来越庞杂，特别是道教，除共同供奉的神仙外，还有各地供奉的地方神。不仅供养玉皇大帝，而且别出心裁地供奉起玉帝的"舅舅"达卯爷。所以寺庙越建越多，祭祀活动也连绵不断，庙会也就随庙兴起。据不完全统计，庆阳市除从正月到腊月大大小小的庙会就有上百次。这些庙会的会期不仅与岁时节令、风土习俗、宗教节日、神仙诞辰、寺庙落成日有着密切的关系，而且大多在相对较为悠闲的春秋季节（表 7.1）。

庙会文化作为一种民俗文化，不仅具有浓厚的传统习俗色彩，而且还具有鲜明的群众性、参与性和时代性。因此，庙会活动的内容丰富多彩，生动活泼、引人入胜。随着时代的变迁，庙会活动的内容发生了质的变化。由原来的为宗教祭祀、善男信女求神拜佛服务，变成了为群众生产、生活、精神文明需求服务。它的活动内容有：

1. 民间信仰

由于生产力低下，面对陇东黄土高原恶劣的自然环境的长期肆虐，民众感到无能为力，只能仰赖于超自然的力量的解救。把一切委任于神灵之后，便可获得一种心理上的平衡。在不尽如人意的现实生活中，民间宗教和信仰在很大程度上是下层民众的精神支柱和心理慰藉，它一经产生，就与民众的日常生活密不可分。

2. 商业贸易

随着社会经济的发展，庙会逐渐演变为物资交流大会，本地俗称"骡马大会"。嘉庆二年（1797 年）《重修石窟寺碑记》中说："于嘉庆二年三月十五日立牲畜会，以行祀典，所收税务一半输官，一半留为香火之资，永为定例。"每逢会期，摊贩商家云集，日用百货，地方特产，饮食小吃，生产资料，农具牲畜，应有尽有。庆阳传统庙会在形式上虽然只是供人们游乐和祭祀的香会，但若从经济的视角去看，庙会又有临时交易的集市意义。

3. 文化娱乐

为给庙会助兴添彩，群众喜闻乐见的曲艺说唱，舞台戏曲，杂技马戏，放录像，套圈摸彩等多种文艺活动也趁机参与，供人欣赏。在庆阳北部地区，庙会中必不可少的项目就是上演皮影戏。皮影戏原为宫廷戏，唐朝以后流入民间。庆阳是皮影戏的发源地之一。环县皮影在全国颇负盛名，环县兴隆山庙会与其他庙会最大的不同就是只请环县道情而不请大戏，后来虽然也有大戏上山助兴，然而三月初一到三月初三必须演三天道情皮影戏祭神。

4. 游玩观光

“借佛游春”“游陆”是民间习俗。逢这类庙会游人如织，摩肩接踵。作为传统的民间节日，庆阳庙会主要是在寺庙或者附近举行酬神、娱神、求神、娱乐、游冶、集市等群众性集会，人们除了到寺庙进香还愿、祭祀神灵之外，凡农夫特产、日用杂货、手工工艺、民俗用品、地方小吃等百货云集，客商纷至，戏剧杂耍助兴，地摊野场卖艺，热闹非凡。

5. 走亲串友

民众整年忙于劳作，走亲访友的时间较少。庙会一般安排在农闲时节，大家乘机可以拜访亲戚，联络感情。庙会期间在会址居住的群众家家都要准备丰盛的菜肴，招待亲朋好友，使朋友相聚，对饮叙旧，畅谈家常。

6. 相亲订婚

庙会对未婚男女来说是一次绝好的择偶机会。他们特意梳妆打扮跟随父母赴会或在介绍人指引下，相看对象，或男方宴请女方父母、介绍人、姑娘，让男女双方对面相看，初步确定关系。因此，庙会在农村地区是青年男女谈婚论嫁的媒体。

表 7.1 庆阳市传统庙会一览表

时间	地点
正月初九	庆城泰山庙会、宁县太昌青牛玉皇庙会、早胜院子玉皇庙会
正月十三	镇原彭阳夏川三义庙会
正月十五	宁县早胜白子阁菩萨庙会、城关武庙会、庆城王家岭子庙会
正月十九	庆城菩萨庙会、杜家寺庙会
正月二十三	镇原上肖北庄玉皇庙会
正月二十五	庆城东河湾显圣庙会
二月初一	合水西华池关帝庙会
二月初二	西峰寨子街药王庙会、宁县城关药王庙会、合水西华池南庄寺庙会、镇原南川原卢灵彩庙会、太平安庆宫庙会、上肖药王庙会、正宁罗川庙会、永正药王庙会

续表 7.1

时间	地点
二月初九	合水吉岘兰评山达卯爷庙会（传说达卯爷是玉皇的舅舅）
二月十二	宁县官河佐城观音庙会
二月十五	合水肖咀梅家寨子显圣庙会、吉岘罗家畔佛祖庙会、西峰董志城隍庙会
二月十七	镇原屯子太阳池菩萨庙会
二月十九	合水城关七里湾菩萨庙会、西峰万佛洞庙会
三月初一	华池柔远山无量祖师庙会
三月初三	西峰董志小崆峒无量祖师庙会、庆城三十里铺娘娘庙会、环县兴隆山庙会、宁县政平庙会（十月十二复过）
三月初十	镇原马渠三义庙会、南川白马庙会
三月十五	镇原王寨雷祖爷庙会、正宁罗川城隍庙会、合水段集玉皇庙会、店子吕家岘子药王庙会、西峰北石窟寺庙会
三月十八	庆城西河湾娘娘庙会，后庄财神庙会，宁县中村、城关南山寺、湘乐宇村显圣庙会，店子关帝庙会，镇原开边九龙庙会，西峰温泉公刘殿庙会
三月二十	环县车道万凤山三霄娘娘庙会、华池白马菩萨山娘娘庙会
三月二十五	西峰寨子街关帝庙会
三月二十八	西峰万佛洞庙会、正宁罗川小泰山玉皇庙会、宁县金村关帝庙庙会、三官庙庙会、庆城南泰山庙会
四月初一	宁县早胜活娘娘庙会（七月十八复过，早胜原最大的庙会）
四月初二	镇原开边鸡头山庙会
四月初四	合水固城文庙庙会
四月初五	宁县城关显圣庙会
四月初八	镇原平泉八山庙会、正宁官河麻子沟关帝庙会、湫头显圣庙会、宁县中村秦村寺庙会、春荣白公村张显圣庙会（七月十五复过）
四月初十	镇原南川二郎神庙会
四月十二	合水西华池关帝庙会
四月十五	镇原南川姜沟门娘娘庙会、正宁山河会馆显圣庙会、环县芦家湾白马城庙会、西峰兴隆观吕祖庙会（九月初九复过）
四月二十八	庆城普照寺菩萨巫神庙会、庆城药王洞庙会、西峰什社广严寺庙会
五月初一	庆城城隍庙会

续表 7.1

时间	地点
五月初五	庆城关帝庙会、庆城千佛寺庙会、华池山庄老爷岭关帝庙会
六月二十三	西峰财神庙会、庆城北门马王庙庙会
六月二十八	庆城北关庙会
七月初一	庆城八蜡庙会、宁县早胜财神庙会
七月初四	宁县早胜寺底村四郎神庙会
七月初七	宁县砚瓦川水利娘娘庙会、宁县太子望仡佬太白庙会
七月初十	宁县良平店头关帝庙会
七月十二	镇原方山关帝庙会、环县环城娘娘庙会
七月十五	西峰北石窟寺盂兰盆会、正宁周家药王庙会、宁县良平雷家八蜡庙会、宁县早胜玉皇庙会、华池城壕娘娘庙会
七月十八	宁县早胜活娘娘庙会
七月二十一	宁县良平傅家观音庙会
七月二十二	西峰火神庙会
七月二十八	环县曲子娘娘庙会
八月初二	宁县城关城隍庙会、宁县新庄庙会
八月十五	镇原城关城隍庙会、镇原曙光曹路玉皇庙会

【讨论与思考】

1. 什么是人文活动旅游资源？
2. 人文活动类旅游资源的旅游价值是什么？
3. 写出庆阳历史名人（不少于 10 人）。

第八章　红色旅游资源

【经典案例】

河北西柏坡——新中国诞生的摇篮

“2011 中国 · 西柏坡文化旅游节”18 日在河北省平山县启动。官方透露，这是当地加快“大西柏坡”建设、打造“大西柏坡”文化品牌推出的首场大型活动。

据平山县县长李彦明介绍，平山是全国著名的红色圣地。近年来，该县依托丰富的资源优势，大力实施“旅游兴县”战略，2010 年全县接待游客 526 万人次，旅游总收入 28 亿元人民币。今年是“大西柏坡”建设的关键之年，将通过做旅游、做产业、做民生带动老区发展，全力打造全国一流爱国主义基地。

据悉，平山县可供参观的红色旅游景区（点）240 多处，风景名胜区 14 处，旅游度假村 17 处，古文化景点 26 处。文化节将以红色革命文化为主调，集中打造一批具有全国影响力的品牌文化活动，塑造并叫响“大西柏坡”文化品牌。活动共分为春、夏、秋、冬四个板块，每个板块突出一个主题，如春季突出温泉汤浴文化，开展桃花浴、赏春花等活动；秋季突出红色文化，开展红色游、乡村游等为主要内容的活动。

西柏坡纪念馆位于镇区中心位置，随着旅游业的发展，每年到这里参观旅游的人次达 50 万之多。

西柏坡距北方小桂林天桂山 30 公里，距佛教圣地五台山 90 公里，距避暑圣地驼梁 70 公里，距中山国古都遗址 35 公里，距温泉疗养度假村 40 公里，是辗赴以上旅游景点的中转站。镇党委、政府借旅游业迅猛发展之势，修建了西柏坡森林公园，栽植绿化、观赏及各类经济树木 180 万棵。并在公园内增辟赶考、回归、科苑、十二生肖园等景点 24 个。景区内空气清新，百鸟鸣啾，柏坡湖碧波荡漾，帆影点点，是垂钓、划船、度假的好去处。同时，还修建了占地 300 亩，拥有 110 多个品种，30 000 余株牡丹的西柏坡牡丹园，每年的 4～5 月牡丹盛开时，举办牡丹节。

总投资 2.4 亿元的御景庄园项目开工建设；总投资 1.4 亿元的朔黄铁路温

泉接待中心破土动工；总投资13亿元的西柏坡会馆，正在作详细规划，进行“三通一平”等工作；总投资2.8亿元的佛光山景区正式启动……伴随着一个个高起点、高质量、大投入的项目紧锣密鼓的相继运行，平山县“大西柏坡”建设工作如火如荼，以项目为载体，正在构建大规划、大交通、大旅游、大产业的发展新格局。

挑选28个旅游项目，促进景区、景点扩区增容、提档升级。一是对重点景区进行升级改造和基础设施建设，保持持久的吸引力。天桂山景区综合开发项目，总投资 4 亿元，将对旅游路、步游路、银河洞——天桥山电瓶车路进行升级改造，开发珍珠洞、十瀑峡等景点，建设柏树湾综合服务区。驼梁景区基础设施建设及景区开发项目，总投资1.5亿元，将进行旅游路硬化，观光车道、综合服务区、大型停车场、民俗风情园建设，开发中台山、卸甲河观光农业采摘园、外大河野生苍鹭观赏站等新景点。二是开发新的景区，丰富平山旅游内容。总投资2.15亿元的北马冢观光园及滑雪项目，将为到平山的游客提供新的休闲娱乐项目。滑雪场设计占地450亩，拥有2条初级滑雪道、4条中级滑雪道、2条高级滑雪道。目前滑雪场雪道建设已基本完工，综合服务楼正在装修，预计年内营业。黑山关大峡谷景区开发项目，总投资1.5亿元，于7月16日正式对外开放。三是正在谋划的重点项目，将使平山旅游产生质的变化。配合省、市有关部门谋划的大型山水实景演出项目，估算投资 110 亿元，将打造以“三大战役”为题材的大型实景演出。西柏坡生态环保影视基地项目，总投资15亿元，将建设影视剧和综艺节目拍摄基地、动漫创意产业园、爱国主义教育培训基地 3 个基地和影视文化展区、非物质文化遗产展区、民俗文化展区及休闲娱乐展区4个功能区，景区面积7 000亩。

总结：西柏坡主要以“大西柏坡”的理念，以红色旅游为主线，结合休闲、娱乐、观光、养生等提出“红色引领”“环境提升”“产业升级”三大总体战略，提出“一抹红色带七彩”，推动大西柏坡地区产业转型升级，实现地区跨越式发展。

江西井冈山——中国革命的摇篮

为充分发挥红色旅游资源优势，做强做大红色旅游产业，江西于2001年在全国率先制定了《江西省红色旅游发展纲要》，提出了“弘扬井冈精神，兴我美好江西”的总体目标。在全省红色旅游发展规划上，将按“一个龙头、四个基点、两个集散中心、六条精品线路”来布局，即以井冈山为龙头，以南昌、瑞金、萍乡、上饶为基点，以南昌、赣州为集散中心，以南昌－井冈山－赣州－瑞金等六条精品线路为骨架。

同时，打造一批成熟的红色旅游产品，如红色文化研习游、革命摇篮体验游、红色故都寻访游、长征之路觅踪游、人民军队寻根游、工人运动探源游、秋收起义访习游等。“坚定信念、艰苦奋斗、实事求是、敢闯新路、依靠群众、勇于胜利”是井冈山精神的内涵。江西是井冈山精神的发祥地，江西人民对于继承和发扬井冈山精神，具有自己特殊的使命。

江西是中国“红色旅游”的故乡。2000年江西就开始打“红色旅游”牌；2001年建党80周年时正式提出“红色摇篮，绿色家园”口号；2004年10月20日起程，行程一万多公里的“2004中国红色之旅万里行”活动，成为我省旅游发展史上规模最大、历时最长、影响范围最广的一次旅游宣传推介活动。

发展红色旅游是“瞻仰一次圣地、净化一次灵魂”的政治工程；是“挖掘一种内涵、铸就一种精神”的文化工程；是“开发一方红，致富一方人民”的经济工程；是“三位一体”、利国利民的重大工程。

保持红色资源的恒久魅力，让这些丰富的红色文化资源活起来。近年来，井冈山创造性地整合了红色教育和旅游资源，把再现革命情景、体验红色文化、考验自我品格和锻炼团队精神等教育内容融合在一起，形成了红色培训的“井冈模式”。

井冈山利用充分的红色资源开展红色培训，创造性地推出集培训、参与、体验为一体的“六个一”体验式教学模式，通过情感再现、互动交流，把烈士用鲜血写出来的党史，变成了有血有肉的人和事，实现了历史与现实的“对话”，赢得了广大学员的共鸣。

（资料来源：http：//www.chinadmd.com/file/s33vwp6xpxx63usiziwsztp-3.html）

思考：你认为庆阳有哪些可以开发的红色旅游资源。

红色旅游作为一种特殊的旅游方式，在新中国成立后就开始出现，20世纪60年代逐渐形成框架，80年代随大众旅游的兴起而加速发展，到了90年代则发展成为专项旅游产品。特别是2004年2月，中央政治局常委李长春同志做出关于“要积极发展红色旅游”的重要指示后，全国的红色旅游迅速地发展了起来。随着我国旅游业的持续快速发展，广大群众对旅游产品和服务的需求越来越广泛，使得高品位的红色旅游地成为人们追逐的新宠，更富有挑战性。依据国家、省相继出台的红色旅游规划，庆阳市属于红色旅游发展的区域。我们之所以将红色旅游资源专门列出一章来讲解，是因为近年来，庆阳坚持“举革命老区旗、走红色旅游路、弘扬爱国主义精神和老区精神”，把红色旅游作为重点产业来培育开发，投资2.7亿元的南梁革命纪念馆、寨子湾陕甘边区军委、政府旧址、大凤川军民大生产基地、列宁小学旧址等景点已全部对游人开放，基本形成了以南梁为主的红色旅游景区。

一、红色旅游

红色旅游是在国家政策大力扶持下发展起来的主题性旅游活动。我国分别于 2005 年、2011 年颁布了红色旅游发展规划纲要，引导红色旅游的发展，取得了良好的成效。

红色旅游是指以 1921 年中国共产党建立以后的革命纪念地、纪念物及其所承载的革命精神为吸引物，组织接待旅游者进行参观游览，是学习革命精神，接受革命传统教育和振奋精神、放松身心、增加阅历的旅游活动。红色旅游是把红色人文景观和绿色自然景观结合起来，把革命传统教育与促进旅游产业发展结合起来的一种新型的主题旅游形式。其打造的红色旅游线路和经典景区，既可以观光赏景，也可以了解革命历史，增长革命斗争知识，学习革命斗争精神，培育新的时代精神，并使之成为一种文化。

红色旅游资源作为旅游吸引物，是发展红色旅游的依托和载体，有广义和狭义两种概念。广义的红色旅游资源是指能够顺应时代发展趋势，直接或间接地弘扬爱国主义和民族团结精神，凝结在一切革命和建设活动过程中的人文景观和精神。狭义的红色旅游是指中国共产党成立以后、新中国成立以前包括红军长征时期、抗日战争时期等重要的革命纪念地、纪念物及其所承载的革命精神。

二、红色旅游的特点

1. 学习性

红色旅游的学习性，主要是指以学习中国革命史为目的，以旅游为手段，学习和旅游互为表里。但是，这种学习不宜搞成灌输式的“现场报告会”，而应营造出自我启发的教育氛围，达到“游中学、学中游”，寓教于游、润心无声的境界。

对国民进行本国历史的旅游教育，在某些发达国家和地区已成为制度。如德国一些州就对中小学生进行反法西斯的修学旅游做了专门立法，要求每个学校都要定期组织学生到纳粹集中营等地游览参观，勿忘历史。中国人的旅游与学习总是紧密相连在一起，有着“读万卷书、行万里路”的传统。开展红色旅游，是这个优良传统的发扬光大。它完全可以归类于修学的大类，定位于朝觐“革命圣地”的专题旅游，列入学校、机关、企事业单位、党团工会组织的爱国主义教育的序列。

2. 故事性

故事性是相对说教性而言，反映出人们对历史吸引物的取舍观。到一些红色旅游点，给人的感觉是在参观“中国革命历史博物馆”的地区展览，千篇一律，千人一面，静态有余，动感不足，缺乏实景地厚重的历史感、独特的亲切感和“姹紫嫣红”的美感。这里除了经济条件落后、展陈手段单一等因素外，也是在英雄史观等陈旧观念影响下产生的人为缺陷之一。

要让红色旅游健康发展，使之成为有强烈吸引力的、大众愿意自费购买的旅游产品，还需要妥善处理红色教育与常规旅游的辩证关系，其中的关键是以小见大，以人说史。历史典故往往形象、生动、有趣，容易让英雄走下圣坛，贴近群众和生活，产生亲和力。因此，要深入发掘红色旅游中的历史人物故事，既要反映领袖、英雄等“大人物”在历史中的重要作用，更要通过“小人物”的故事，揭示人民群众创造历史的真谛，使历史鲜活和丰满起来。

3. 参与性

有些红色旅游景点的旅游过程较为艰苦，为改变这种状况，少数景点努力过头，出现城镇化、商业化、舒适化的倾向，有损害红色旅游本质特色的危险。为避免重蹈覆辙，红色旅游点应紧跟体验经济的潮流，突出旅游节目的参与性。红色旅游本身就是一种实践性学习。红色旅游的组织者要设计、组合出“原汁原味、有惊无险、苦中有乐、先苦后甜”的产品来。有些红色旅游景点开展了“穿红军服、唱红军歌、吃红军饭、走红军路”等参与性活动，这是值得肯定的，但多数还只是停留在化妆拍照、观赏节目、饭菜品尝等浅层次上。

三、发展红色旅游的意义

发展红色旅游，对于加强革命传统教育，增强全国人民特别是青少年的爱国情感，弘扬和培育民族精神，带动革命老区经济社会协调发展，具有重要的现实意义和深远的历史意义。

1. 有利于加强和改进新时期爱国主义教育

我国已进入全面建设小康社会、加快推进社会主义现代化的新的发展阶段。面对新形势新任务，爱国主义教育方式迫切需要改进和创新。积极发展红色旅游，寓思想道德教育于参观游览之中，将革命历史、革命传统和革命精神通过旅游传输给广大人民群众，有利于传播先进文化、提高人们的思想道德素质，增强爱国主义教育效果，给人们以知识的汲取、心灵的震撼、精神的激励和思想的启迪，从而更加满怀信心地投入到建设中国特色社会主义事业之中。

2. 有利于保护和利用革命历史文化遗产

党的十六大提出大力扶持对重要文化遗产的保护工作，扶持老少边穷地区和中西部地区的文化发展，其重要目的就是建设和巩固社会主义思想文化阵地。革命历史文化遗产是中华民族宝贵的精神财富。遍布全国各地特别是革命老区的纪念馆、革命遗址、烈士陵园等爱国主义教育基地，是社会主义思想文化的重要阵地。通过发展红色旅游，把这些革命历史文化遗产保护好、管理好、利用好，对于建设和巩固社会主义思想文化阵地，大力发展先进文化，支持健康有益文化，努力改造落后文化，坚决抵制腐朽文化，具有重要而深远的意义。

3. 有利于带动革命老区经济社会协调发展

革命老区大多地处偏远的地区，经济发展水平普遍不高。帮助老区人民尽快脱贫致富，是各级党委和政府的重要任务。发展红色旅游，是带动老区人民脱贫致富的有效举措，可以将历史、文化的资源优势转化为经济优势，推动经济结构调整，培育特色产业，促进生态建设和环境保护，带动商贸服务、交通电信、城乡建设等相关行业的发展，扩大就业，增加收入，为革命老区经济社会发展注入新的生机活力。

4. 有利于培育发展旅游业新的增长点

随着我国人均收入水平的不断提高，居民的旅游消费支出逐年增长，对旅游内容和产品提出了新的要求，迫切需要旅游业进一步调整和完善产品结构，更好地满足人们多样化、多层次、多形式的精神文化需求。红色旅游作为旅游业的重要组成部分，对于满足旅游需求、促进旅游业发展，增强旅游业发展后劲，开拓更广阔的旅游消费市场，具有积极作用。

四、庆阳红色旅游资源类型分析及评价

按照国家旅游局《旅游资源分类、调查与评价》，庆阳市的红色旅游资源主要包括 3 个主要类型：遗址遗迹类、建筑与设施类、人文活动类。其中遗

址遗迹类红色旅游资源有 17 个，占资源总数的 30%；建筑与设施类红色旅游资源有 34 个，占资源总数的 60%；人文活动类红色旅游资源 6 个，占资源总数的 10%。按照国家旅游局《旅游区（点）质量等级的划分与评定》的标准，对旅游资源进行定量化的打分评价（四级为最高），迄今为止，庆阳市有四级红色旅游资源 6 个，占资源总数的 10%（表 8.1）。

表 8.1　庆阳市红色旅游资源类型分析

类型	红色旅游资源内容	资源等级
遗址遗迹类红色旅游资源	西北反帝同盟军成立大会遗址	二级
	中国工农红军陕甘宁游击队成立大会遗址	一级
	寺村塬革命委员会成立大会遗址	三级
	包家寨会议旧址	三级
	陕甘宁合水县革命委员会成立旧址	二级
	阎家洼子会议旧址	二级
	豹子川二十五军长征经过地	一级
	中央红军经过地	一级
	悦乐战役旧址	一级
	将台战役旧址	一级
	“山城堡战役”遗址	四级
	八路军一二九师三八五旅旅部旧址	三级
	中国工农红军第一军团驻地遗址群（8 处）	二级
	刘志丹太白起义旧址	三级
	倒水湾整编旧址	三级
	阜城战斗遗址	三级
	板桥战斗遗址	二级
	午亭子战斗遗址	一级
	军民大生产旧址	四级
	抗大七分校太白造纸厂旧址	一级

续表 8.1

类型	红色旅游资源内容	资源等级
建筑与设施类红色旅游资源	陇东中学旧址	三级
	列宁小学旧址	三级
	木钵红大二校旧址	一级
	抗大七分校校部旧址	四级
	陕甘边区红军军政干部学校	一级
	抗大七分校旧址（卫生所）	一级
	华池县博物馆	一级
	南梁革命纪念馆	四级
	东老爷山红军长征纪念馆	三级
	八珠红色革命史陈列馆	二级
	三岔红军长征纪念馆	三级
	陇东地委旧址	一级
	中共陇东特委、陕甘宁边区陇东分区首脑机关旧址	二级
	陕甘边区苏维埃政府、军委旧址	四级
	河连湾陕甘宁省委省政府旧址	四级
	谢子长牌楼沟驻地旧址	二级
	曲子镇习仲勋旧居（环县）	二级
	宫河镇邓小平旧居（正宁县）	三级
	五顷原习仲勋旧居（正宁县）	三级
	习仲勋旧居（金村乡）	一级
	阎家洼子四十二烈士陵园	二级
	林锦庙	一级
	张岔烈士陵园	一级
	三岔革命烈士陵园	二级
	屯子镇“四八战役”烈士陵园	三级

续表 8.1

类型	红色旅游资源内容	资源等级
建筑与设施类红色旅游资源	潜夫山烈士陵园	二级
	宁县烈士陵园	三级
	王孝锡烈士陵园	二级
	任鼎昌烈士墓	二级
	九岘烈士陵园	二级
	西华池烈士陵园	二级
	太白烈士陵园	二级
	老城镇烈士陵园	一级
	店子烈士陵园	一级
人文活动类	马锡五审判	三级
	高隆清等劳模群体	二级
	《刘巧儿》	二级
	歌曲《军民大生产》《咱们的领袖毛泽东》《十绣金匾》	三级
	毛泽东为李丕福题词“面向群众”	三级
	大型现代陇剧《情系南梁》	二级

通过以上分析，我们可以看出，庆阳市的红色旅游资源在空间分布上呈现出总体分散、相对集中的特点，在级别上呈现出整体品质一般、个别资源价值突出的特点。

五、庆阳市红色旅游资源开发建议

（一）提高游客参与性，活化红色旅游产品

庆阳市的游艺设备、娱乐设施本来就相对缺乏，红色旅游景区的经验还停留在过去简单的遗址参观、图片和物品展示阶段，游客们都是以参观为主，缺少参与性、互动性和娱乐性，致使游客觉得沉闷，调动不起游客的旅游兴趣。

1. 改革解说方式

景区应该改革、提升陈列馆的解说方式，不再是一名解说人员带领一群游客挨个解说陈列物品，历史事件等。可以运用高科技的电、声、光等演示方式，让游客有身临其境的感觉，提高游客的兴趣。

2. 因地制宜地增加游客参与性的游览项目

例如，三岔毛泽东长征宿营地遗址，就可还原当年的情景。1935 年 10 月 9 日晚，红一军先遣部队经马渠、唐家塬等地，连夜赶到三岔，当即了解敌情，及时歼灭了敌保安队 30 人，活捉了保安营长白家惠，击毙了狗腿子白秀海，活捉了恶霸地主李藩清，为民除了害。可以让游客参与到当中，演反派的演反派，当情报员的当情报员。

3. 创建革命生活体验旅游区，再现当年生活场景

1934 年 11 月 7 日，陕甘宁边区苏维埃政府在庆阳市华池县南梁乡成立。现在的南梁革命纪念馆就是原址，可在南梁建立革命生活体验旅游区，让老年游客们穿上 70 年前样式的服装，在那里居住生活几天，体验当时的生活。

还可组织老年游客一起演唱脍炙人口的庆阳革命歌曲《绣金匾》《军民大生产》等，让老年游客重温当年的激情岁月。曾被搬上银幕流传全国各地，家喻户晓，人人皆知刘巧儿抗婚的故事，刘巧儿的原型正是华池县悦乐镇的封芝琴老人。可以用舞台剧再次表演这段故事，还可邀请老年游客扮演剧种的角色，提高老年游客的参与性，让他们乐在其中。

（二）采用创新宣传促销手段，提高庆阳“红色旅游”的影响力和知名度

加大与国家、省媒体的沟通联系，扩大宣传力度，抓住国家大力发展红色旅游，纪念红军长征胜利 80 周年等机遇，提高庆阳市红色旅游的知名度。积极参加国家、省的各类旅游交易会及各类活动，制作光碟、旅游画册，积极组团，参加各类旅交会，进行宣传促销。加强与全国特别是毗邻地区红色旅游的经典景区和旅游区的交流合作，为资源共享、资源互补、整体性的旅游宣传和旅游市场的开拓起到推动作用。

（三）加大培训力度，增强旅游团队的建设

近年来，庆阳旅游局多次组织旅游从业人员参加庆阳市红色旅游人才“千人”培训，聘请院校专家、学者根据革命根据地独特的历史就旅游景区开发

建设和管理等内容开展讲座，进一步提高庆阳市红色旅游资源开发和管理人员的综合素质、文化底蕴，掌握旅游业的最新发展趋势，熟悉旅游景区点规划、开发、建设的基本知识，提高红色旅游管理层次及开发水平，促进全市旅游产业又好又快地发展。

【讨论与思考】

1. 什么是红色旅游？
2. 发展红色旅游的意义是什么？
3. 结合实际，谈谈你对庆阳红色旅游发展的意见。

参考文献

[1] 马耀峰，甘茂枝．旅游资源与开发[M]．天津：南开大学出版社，2004．

[2] 肖自心．旅游资源与开发[M]．长沙：中南大学出版社，2005．

[3] 李天元．旅游学概论[M]．天津：南开大学出版社，2009．

[4] 张建萍．生态旅游理论与时间[M]．北京：中国旅游出版社，2001．

[5] 国家质量监督检验检疫总局．中华人民共和国国家标准——旅游资源分类、调查与评价[S]．2003．

[6] 蒋冰华．旅游商品的特点和分类研究[J]．安阳师范学院院报，2005．

[7] 卢云亭．旅游业可持续发展的理论研究[N]．西藏日报，2000．

[8] 刘治立．庆阳庙会文化散论[J]．陇东学院院报，2005．

[9] 班武奇，韩景辉．中国旅游资源[M]．北京：首都师范大学出版社，1994．

[10] 冯晓华．新疆旅游资源[M]．北京：中国环境科学出版社，2012．

[11] 华池县人民政府网站 http：//www．hcx．gov．cn/Html/hsly/index．html．

[12] 甘肃省庆阳旅游景点 http：//www．bytravel．cn/view/index540．html．

[13] 张潇．基于老年人旅游偏好的庆阳市老年旅游产品开发[D]．西安：陕西师范大学，2010．

[14] 载田．中国旅游地理[M]．北京：科学出版社，1999．

[15] 师银霞．庆城旅游[M]．西安：陕西旅游出版社，2013．